U0564247

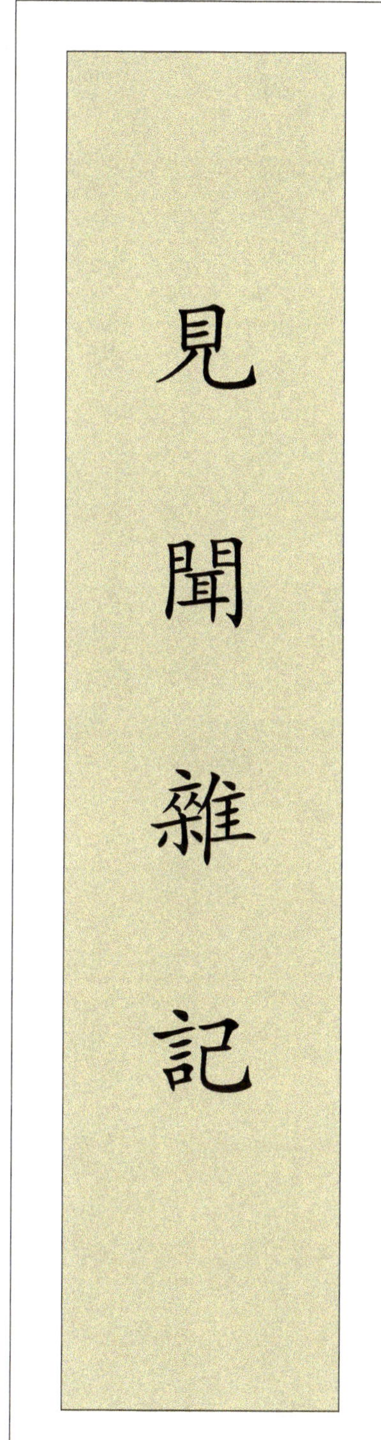

見聞雜記

〔明〕李樂 著

〔明〕萬曆刊本

下

江蘇大學出版社
JIANGSU UNIVERSITY PRESS
鎮江

見聞雜紀卷之七

吴興李樂彦和甫述著
朱國禎文宰甫校正

一

本朝開基

聖聖相傳之年分

洪武元年戊申　三十一年戊寅止

建文元年己卯　四年壬午止

永樂元年癸未　二十二年甲辰止

洪熙元年乙巳止

宣德元年丙午　十年乙卯止

正統元年丙辰　十四年己巳止

景泰元年庚午　七年丙子止

天順元年丁丑　八年甲申止

成化元年乙酉　二十三年丁未止

弘治元年戊申　十八年乙丑止

正德元年丙辰　十六年辛巳止

嘉靖元年壬午　四十五年丙寅止

隆慶元年丁卯　六年壬申止

萬曆元年癸酉

唐岑嘉州參送張升卿宰新淦

官柳葉尚小長安春未濃送君潯陽宰把酒青門鐘水驛楚雲冷山城江樹重遥知南湖上秖對香爐峰

三

五臟之神肝䰟肺魄心神腎精脾意若人恬淡則神定䰟清意安魄寧精不走失若人躁兢則神疲䰟濁意亂魄散精遂潰耗　張無垢曰快意事孰不喜為往往事過則悔者以他人有甚不快存焉豈得不動於心君子所

以隱忍詳復而不輕為　王肅家誡曰凡為主人飲客使有酒色而已無使至醉若為人所強必退席長跪稱父命以辭之敬仲辭君而况於人乎　墨子曰輕譽苟毀好憎尚怒小人哉　唐李文公問藥山禪師曰如何是黑風吹船飄落鬼國師曰李翺小子問此何為文公怫然怒形於色師笑曰發此嗔恚便是黑風吹船飄鬼國也　薛文清公讀書錄云促迫褊窄淺率浮躁非有德之氣象　王文成公曰眼前路境須令放開若太逼窄非

惟人不能近恐在已亦無措足之地　程叔子曰精神道德言動一切以收斂為主發散是不得已天地人物皆然　王龍舒勸戒文

喜怒好惡嗜慾皆情也養情為惡縱情為賊折情為善滅情為聖　以上述烏程唐守禮吏隱堂日鐫

四

聞人善則疑之聞人惡則信之此滿腔殺機也　士君子盡心利濟使海內人少他不得則天亦自然少他不得即此便是立命　宦

情太濃歸時過不得生趣太濃死時過不得甚矣有味於淡也　一念之善吉神隨之一念之惡厲鬼隨之知此可以役使鬼神　大約評論古今人物不可便輕責人以死　治國家有二言曰忙時閒做閒時忙做變氣質有二言曰生處漸熟熟處漸生　看中人看其大處不走作看豪傑看其小處不滲漏　餖飣子每教人養喜神止庵子每教人去殺機是二言吾之師也　奢者不特用度過侈之謂凡多視多聽多言多動皆是暴殄天物

任事者當置身利害之外建言者當設身利害之中此二語其宰相臺諫之藥石乎

乘舟而遇逆風見揚帆者不無妬念彼自處順于我何關我自處逆于彼何與究意思之都是自生煩惱天下事大率類此

出一箇喪元氣進士不若出一箇積陰德平民

救荒不患無奇策只患無真心真心即奇策也

吾不知所謂善但使人感者即善也吾不知所謂惡但使人恨者即惡也

青天白日和風慶雲不特人多喜色即鳥鵲且有好音

若暴風怒雨疾雷閃電鳥亦投林人亦閉戶乖戾之感至于此乎故君子以太和元氣為主

吳俗坐定輒問新聞此游閒小人入門之漸而是非媒孽交搆之端也地方無新聞可說此便是好風俗好世界蓋訛言之訛字化其言而為訛也

天下容有曲謹之小人必無放肆之君子

人有好為清態而反濁者有好為富態而反貧者有好為文態而反俗者有好為高態而反卑者有好為淡態而反濃者有好為古態而反今者有好為奇態

而反平者吾以為不如混沌為佳　偶談司
馬温公資治通鑑且無論公之人品政事只
此間工夫何處得来所謂君子樂得其道故
老而不為疲也亦只為精神不在嗜好上分
去耳　俗語近于市纖語近于娼諢語近于
優士君子一涉此不獨損威亦難迓福　羅
仲素云子弑父臣弑君只是見君父有不是
處耳若一味見人不是則兄弟朋友妻子以
及于童僕雞犬到處可憎終日落嗔火坑塹
中如何得出頭地故云每事自反真一帖清

涼散也　欲見古人氣象須于自己胸中潔
淨時觀之故云見黄叔度使人鄙吝盡消又
云見魯仲連李太白使人不敢言名利事此
二者亦須于自家體貼　夫衣食之源本廣
而人每營營苟苟以狹其生逍遥之路甚長
而人每波波急急以促其死　士君子不能
陶鎔人畢竟學問中火力未透　後輩輕薄
前輩者往往促筭何者彼既賤老天豈以賤
者贈之　人生一日或聞一善言見一善行
行一善事此日方不虚生　得意而喜失意

而怒便被順逆差遣何人作得主馬牛爲人穿着鼻孔要行則行要止則止不知世上一切差遣得我者皆是穿我鼻孔者也自朝至暮自少至老其不爲馬牛者幾何哀哉　只說自家是者其心粗而氣浮也　士大夫不貪官不受錢一無所利濟以及人畢竟非天生聖賢之意蓋潔已好修德也濟人利物功也有德而無功可乎　嗜異物者必得異病挾恠性者必得恠證習陰謀者必得陰禍作奇態者必得奇窮　待富貴人不難有禮而

難有體待貧賤人不難有恩而又難有禮
閉門即是深山讀書隨處淨土　以上述華
亭陳繼儒著

五

唐一菴先生樞曰自古建都多大河南北雍
豫幽冀之間雖欲居高以臨下而察盛衰以
秉天運則智者與造化俱伏羲神農都陳黃
帝都涿少昊都曲阜顓頊都濮帝嚳都亳堯
都平陽舜都蒲坂夏都安邑殷都亳周都長
安秦都咸陽漢都長安晉都洛六朝都建康

唐都長安五代都汴元都燕說者謂豪傑覷
天下之勢爭相據重戰而圖得之然而所以
覷其勢豈必襲故見而無所通乎故人事之
交值睽依闔塞造化顯呈於情境之間有不
容於去而取者而習治既延地絕脉水化味
又復不甚宜人况衝車所攻矢石所集積骸
洒血莽爲荆榛斷垣壞壁鬼燐滅沒蓋有從
道朱朴云去已衰之衰就未王而王不可謂
非論天下之勢圜變而無定在吾有以識之
北畿防禦之勢山西行都司當其衝萬全

都司護其背大寧都司藏其備薊州守備斷其徑萬全都司一衛一所嵌山西行都司之境瞭遠之道也大寧都司五衛一所嵌薊州守備之境夾持之法也　都金陵者守淮以防外庭守武昌九江以蔽上游守淮之勢東固淮安泗州自丹陽而揚州而淮安而泗州乃全淮之右臂也西固鳳陽壽州自釆石而和州而鳳陽而壽州乃全淮之左臂也東無淮安雖得泗州而不為用西無鳳陽雖得合肥而不為用上游之勢沅湘諸水合洞庭之

波而輸之江則武昌為之都會故湖廣省所以蔽九江江西諸水與鄱陽之浸滙於湓口則九江為之都會故九江所以接武昌而蔽金陵若用於天下則徐邳臨清淮安之應也洛陽鈞鄭鳳陽之應也荆州武昌之應也而襄陽又荆州之應也固荆州可以開蜀道固襄陽可以控川陝固臨清可以通燕冀固洛陽可以制潼關其西南守江西以運百粵其東南守浙江以治閩吳皆金陵之門庭帑藏云爾　儀真舊設臨江諸閘復新設攔江閘

於江口引潮水以濟諸閘且便停泊瓜州近設瓜口閘於西江觜諸壩之利也亦攔江遺意瓜州舊有通江閘後尋廢瓜洲既設似與儀真不異闢通江與十壩並發不亦可乎裏河運船十年一造江南船五年一造以往回越壩耳　國初定鼎金陵以真定之恒山為北嶽後遷都北平則真定在其南復以山西渾源州之恒山為北嶽　南方蠱毒有數種蛇毒蜥蜴毒蟯蜋毒草毒食之變亂元氣心腹絞痛或吐逆不定面目青黃十指俱黑驗

蠱法吐於水沉而不浮含黑豆豆脹爛脫皮嚼之不腥嚼白礬味甘皆是治蠱法飲白水牛血立効王氏慱濟方歸魂散必用方雄硃丸皆可

海鹽海塘連年葺治之費雖天闕丫义等處擊衝勢烈要亦人事未至攬胥利於創工董吏便於自逸乃故疎其謀工無永建有以也石塘在外所以防潮勢土塘在内所以固滲漏二者皆不可無其間土塘受患病於石塘先隳石塘之隳病於土築椿淺又病竈夫引潮以便抱甕所以不久成害即如

漕河砌閘土民利行舟停滯欲便經營之利私賂工師作為衝械　無襄陽則荊州不足以用武無漢中則巴蜀不能以存險無關中則河南不能以豫居無巴蜀則吳楚不能以奠枕　山東東三府隙地甚多皆可耕之區人事不修溝澮不立一雨成漫而旱則赤地千里雖古河額俱堙元虞集之議至今可行

山東平度州東南境有南北新河元時所開以避海運放洋之險其水源發高密至膠州分流為南北新河自膠州入新河二百四

十里至萊州之海倉口入海自迤北新河店置閘以達安東止八十里可通海歲久盡塞近王副使獻方御史遠宜力主開復并於馬家濠鑿山麓通海人溺便安不遂此議不可終已也　海運憚文登南之成山登州北之沙門此兩險多磧又成山突出當東洋之衝沙門旋扼處北洋之腹宜無靖勢新河一開可避兩險不爾則古濰水及沽尤河稍致力皆可免於兩險　太湖介蘇常湖三府之中北納荊溪百瀆南納雪溪七十二漊荊溪百

瀆上受金溧常廣諸水東埧既立宣歙應天之水皆出大江霅溪七十二溇港口曰淤若川勢濟嘉興分以東淺湖之所瀦自吳江長橋出合龐山湖以南入海為松江自大姚分支過澱山湖以東入海為東江自鮎魚口北經蘇郡之婁門東北入海為婁江又有胥口白洋灣鮎魚口三支流惟吳江長橋築而茭生沙壅松江之勢緩惟大石趙屯等浦淤而澱山水阻東江之勢緩惟七　盐鐵等塘滯而陽城水阻婁江之勢緩近来三支流盛瀉

白茅港北入於大江以達海而白茅港亦易
淤淺震澤注海三江松江一流已久爲淤上
海之南蹌浦口即吳淞江嘉定之劉家港即
婁江常熟之白茅港乃震澤餘流向北注之
揚子江者水勢東南爲順今盛流白茅港漸
淤於北則長橋所爲害其明驗也故陽城昆
承流壅滯浚吳淞江南北兩岸定安諸浦間
道北注劉家白茅二港又大黄浦流壅傍浚
范家浜閘道注蹌口皆引水北流以順其勢
而三吳勢占水利日盛莫知于何底止也

江勢至京口頗下丹陽一帶運河每患淺練湖高據欲厚所瀦而時洩之可濟緩急　黃河自蘭州入中國五千餘里至開封界不為患決溢惟開封大名居多二府地夷斥鹵津而下無山岡束隘且土疏善崩又下流所受已多旁無渟瀦而河身易淤冬春止丈許其湍駛不能遏固勢也古黃河周定王五年徙砱礫始失故道漢而下徙決無常漢武帝時已通淮泗宋太宗時始入淮自是南北交注今河水全達淮入海一道自開封蘭陽縣趙

皮寨口東南流由杞縣睢州寧陵歸德夏邑宿州下符離橋出宿遷縣小河口至清河縣入淮乃嘉靖七年新開趙皮寨口今盛流一道自趙皮寨口至寧陵縣南入渦河經亳州蒙城懷遠縣出荆山口之西開趙皮寨口今由焉一道自儀封縣北折經黄陵岡蔡家口縷水堤入梁靖口出徐州小浮橋下清河縣入淮其梁靖之行自宋初今流漸微梁靖以上至儀封北乃黄河東行舊道此三流之南又正統十三年徙開封西北滎澤縣孫家渡

口入汴河至壽州入淮弘治二年塞三流之北又新開榆林集口經虞城縣碭山縣四口衝出蕭縣出小浮橋今塞又正德四年決曹縣單縣直衝沛縣出飛雲橋今塞又嘉靖九年決單縣東北流衝出穀亭運河今塞又弘治二年決荆隆黄陵岡口經曹州濮州出張秋運河今塞　河南防河堤湖廣防江堤南直浙江防海堤一決而魚其人今日之事土勢岌岌人力詎詎　海運三道剏元伯顏建議自上海劉家港入海經揚州海門黄連沙

頭萬里長灘開洋沿山嶼而行抵鹽城縣歷西海州東海縣密州膠州放靈山洋投東北路多淺沙行月餘抵成山計水程至楊村馬頭一萬三千三百五十里至元二十九年朱清等陳便道自劉家港開洋至撐脚沙轉沙觜至三沙洋子江過匾擔沙大洪又過萬里長灘血沙放大洋清水洋黑水洋至成山過劉島至芝罘沙門二島放萊州大洋抵界河口其道差徑至正十三年千户殷明畧又開新道劉家港入海至崇明州三沙放洋向東

行入黑水大洋取成山轉西至劉家島登州沙門島於萊州大洋入界河口舟行風信有時自淅西至京師不旬日比二道尤便　通惠河元郭守敬議開引昌平白浮村神仙泉過雙塔榆河引一畝玉泉諸水進都城繞至通州置閘以宣節之後漸淤廢嘉靖間御史吳仲議修築立五閘閘置剥船六十每米一石減陸輓費銀四分五釐歲省漕價十萬餘兩　雷州直出海中有圍洲周廣七十餘里内有八村專業採珠　各省土田惟貴州無

頃畝冊應辦糧差各於土官下總行認納

淮以北土無定畝以一望為頃欺隱田糧律條未之能行也江以南户無實丁以系產為户脱漏户丁律條未之能守也　蘇松常鎮杭嘉湖東南財賦七府經界正而賦均惟湖為最圩無定畝賦逐户開常之弊久矣官田糧重蘇為害不可勝言嘉之征邑各不同積儲殊寡於六府迥不迨焉　在京各衙門俸米出蘇常二府總約十萬餘石其白米儘派蘇州　湖絲絕海內歸安為最次德清其次

嘉之崇德桐鄉杭之仁和此外取於四川係寧又順慶之南充渠縣廣安遂州亦次之而山東次之河南又次之　應天太平寧國鎮江廣德五府州以興王之地全蠲賦不征近節議畝派勸米今至四升　杭州種族自南渡時至者故多汴音鳳山門尤逼真以宋宮殿在也　廣州無京解至不能自給官俸取諸瓊州歲以萬計雷州無京解正德後并免廉解廣西無京解軍餉取贍廣東及福建海北之引塩湖廣之行糧南贛衙永之塩税

天下運船凡一萬二千二百有奇原設廠淮安造者十九臨清造者十一近移臨清所造於淮安各順所便竊意山東總遮洋總當於臨清便江南上江總當於龍江關　雲南土官非有沐府令牌不能調雖麗江每自大沐令至即處納　廣西左江兵不可用可調惟右江土官喜於見調兵人日米一升計價月可一錢俱為土官所得兵自齎糧且戲名倍役數以規糧給　北人食腥羶夜目不明睡則沈熟可乘被虜者每竊馬以逃但為頭墩

哨夫所害以報功　中都無城有陵在故以陵為城城可無設如得城則於陵守力疎又以臨淮城輔之可援應　定海一潮下舟山起陸八十里至沈家口出港十里許至烏家口出蓮花洋半潮至普陀　自安吉獨松關陸路至杭城元大軍取宋路　自杭由長興之金竺關入南都為捷徑　朝鮮貢道自鴨鶻關由遼陽經廣寧過前屯入山海關日本貢道自定海關經浙省過蘇揚至淮安臨清迂曲之行以示中華基勢　會通河元至正

二十六年開漕東南之粟罷海運始元漕至
濟寧舍舟陸行數百里入臨清衛河後由濟
寧開渠直抵臨清復於兖州城東築金口壩
遏泗水注濟寧以勝其高洪武二十四年河
决原武黑洋山漫過安山湖而會通河乃淤
永樂九年尚書宋禮濬通之十三年復罷海
運又用老人白英策築壩戴村社遏汶水東
入海令盡去南旺乃賴其利元亦曾引汶亦
借黄河為濟而近来患在於河一至而淤且
熯旱泉微反欲引黄河以濟此河引之至而

來之盛則又不能自勝其勢禹之順水之性而今若以逆焉則此河之不可常恃雖有善者不能必也近又有引沁之議　河東池鹽成於南風地在中條山陰窪局蒸燠薰成激蕩造化自然所結所患水少則池暍生硝水多又氣濘難釀調攝之計又在人事故雨漫而多或入北河濁水及東黑龍潭硝水皆大害常濬姚暹渠以瀉五姓湖乃得　兵法聖賢不漏之學心體全定則隨應普照所向無不克　兵之制始於軒轅其道貴一曰一者

階於道幾於神故謂握奇蓋言一也以天地風雲爲四正龍虎鳥蛇爲四奇正以出兵立老營以爲家奇以禦敵設陣勢以爲戰風后軒轅之臣乃司兵故謂風后握奇經正者所常居握而運之其惟所餘之奇奇隨時應用零出而不二故謂餘奇　李筌言曰兵猶水水因地以制形兵因敵以制勝能與敵變化取勝謂之神庸將以教習之法爲戰敵之陣不亦謬乎宋儒有不然其說蓋筌能言其意所以輕迹古法云善用兵者教正不教奇

古名將李廣賓嬰祭遵李勣等皆極廉約不私財故蓄惠不倦愛士能得其用這是世人命根此處得則我之根培於御人得則人之根益培根根相培造化日盛　請諸鄉先生立社會疏切念志士不以出處易學仁者不以人已異情達人不以遠近弛事壯心不以老少改力豪傑不以雅俗貳念況今際明時處善郡當無恙之身屬歸田之操而盛忘年之風如我湖不少槩見者乎故倡不可無和事不可獨成樞也晚昧深為是懼謀之棟塘

南茗二君二君曰約時結社寔予同心因屬樞居府城道路之中先爲縣事其事歲二會在春秋二社日當事者給饌治具先期一日到會所既會次日乃散會之所任當事之便樞今八月十六日奉候於峴山浮碧亭風雨無輟公私俱置衆寡不拘後先繹来出入任意供具不華一取相觀之益一勿盍簪之疑一温知舊之情一申鄉曲之款一寄登臨之興是會也止折簡不邀止長揖不拜止隱服不冠止論說不諱止陶情不醉止盟神不禱

懇願俯臨共成雅集

辛酉湖澇歲大歉人情洶洶衆問曰先生何以不向人道若先生曰古制三年耕有一年之積自己酉被荒迄今豈得怨天尤人衆曰貧家每歲不敷用烏能例古先生曰大則大用小則小用大有大積小有小積古人量入以為出所以盈縮登耗均停近多務繁文浪費只顧目下乃量出以為入故一遭歉乏便涉狼狽

論春秋乃性命之書春秋為賞罰之書非也無其位而寄空文於榮辱之間烏乎得也謂褒善而貶

惡亦非也聖人明道扵天下而欲以虛名動之可乎孔子之作春秋也所以立教也不得行道扵當時慮後學之求其依歸而不可得也而至理不容有言則又難扵先倫以為周行之示扵是即易陰陽之化消長吉凶之實而假世象以章之所以闡其玄以通之者至矣然猶慮夫中資之未能遽以曉也乃復以當時行事之粗迹一折衷扵性命精微之宜使知道必協於中而人心本體之靈達扵今古而不昧是故春秋是非之書也以別理欲

◎

而決王霸成治亂興衰之由者也大中至正之矩無過不及之學損之而自生其情也贅之而自肆其情也委之而自遏其明也紊之而自罔其迪也故春秋與易通無顯微精粗本末之判也　以上俱唐先生樞著

六

月到天心處風来水面時大丈夫不可無此襟懷海濶從魚躍天空任鳥飛大丈夫不可無此度量振衣千仞岡濯足萬里流大丈夫不可無此氣槩珠藏澤自媚玉韞山含輝大

大夫不可無此縕藉　陽明先生曰有善無
惡者心之體有善有惡者意之動知善知惡
是良知為善去惡是格物

七

恭題

龍亭庫犀

本朝令甲在外文武諸司遇
萬壽元旦冬至及
太子千秋令節則陳　御座於中堂陳鹵簿
儀衛於兩階陀幄中設亭亭繞龍文飾以黃

◎

金其中大書闕字以象

天子臨見群臣之座召稱為　龍亭長官率其僚屬吏民望拜庭下升而祝降而嵩呼儀節視　中朝無二直竣事之後　令甲不著奉安之所以故諸司往往雜諸器物置之居積之庫而庫又率在堂之兩傍失居尊之體閒有列達以崇之者蓋亦鮮矣隆慶巳巳烏程李樂来令新淦行禮之餘喟然嘆曰　君父之尊猶天也陋以其虛位置之堂側而眇眇臣子顧抗然居中以聽邑事仲尼過位之訓

少而誦之今安在哉邑之缺典莫斯為甚延相隙地建屋三楹其前為門繚以周垣扁曰龍亭庫專為奉安　龍亭之所而幄帳鹵簿從焉視　中朝所稱鑾駕庫者雖大小制殊殆髣髴其意矣翼趨進而觀之曰此不可以覘政乎世之居官者惟無敬　君之心故其所臨之民　君之體也而不知惜所行之事　君之政也而不知供所司之法　君之令也而不知守所掌之財　君之所需也而不知節誣上行私壞法亂紀皆自一念之肆發

之耳今樂於　君之虛位且知敬而尊之不習於故常而特為之計如此固宜其令淦未三載而善政種種莫非遵　君之惠以布之民也他日位益隆代　君之責益重亦惟無忘此敬而已庫在邑治之內學士君子鮮造焉而間有事其中類皆胥徒之賤冀懼其不足以知此而例以建制之末視之也故特表而著之庫創於樂筮仕之年十一月成於次年之春正月其旁併妝邑之圖籍以杜侵毀亦式負版之餘意也

隆慶辛未十二月新淦縣儒學訓導姚翼題

八

新淦縣新修城隍廟記

古先聖人神道設教明有禮樂以維民生幽有鬼神以司民命冥顯雖殊而其佑世安民理則一也是故禦災捍患悉載於祀典坊庸表畷咸列於八蜡凡以其有功於民也而況壘土為城塹土為隍蓄庻所聚政教所出國以之藩民以之衛則其赫靈顯化受命於天造福於民有非常祀所可同者此城隍之神

所由起也縣之有廟則見於李陽氷縉雲之
記然止稱吳越有之則唐制未達於天下也
宋歐陽修云天下皆有而縣則少則宋制達
於天下而諸縣猶有缺也我朝
太祖高皇帝洪武元年加以封爵府稱公州稱
侯縣稱伯三年　詔定百神之祀皆革爵號
獨封城隍爲鑒察司民之神郡邑建廟視其
公廳以爲高廣有事於山川則合食於壇有
事於厲祭則主祭於中令佐蒞政先與神誓
朔望行香次於先師夫名山大川萬古稱養

民之功者也神則配其亨先師至聖萬古稱
教民之功者也神則同其敬令佐司教養之
任者兢兢然尊禮致肅豈非以神之保衛民
生教養所基而不可以或慢矣乎淦據豫章
上游當處廣之衝為江省要邑則其高城深
池保障一方藩衛億兆丕著靈爽尤非他邑
所可同者廟在學宮之左歲久就圮祀禮不
稱隆慶巳巳吳興李侯来令茲邑廉公節儉
凡諸稅羨紙贖及省約公費之餘則合僚屬
庭封之以葺百廢建尊經閣修練公祠創官

店立邑倉將修廟而廟適火侯曰此更新之會也乃徵而新之高廣如式宏麗過昔費出於官而民不知廟成命邑人朱璉記之璉竊惟城隍衛民而設者也其神則惠民而立者也列代崇祀則以其有功於民　國家肇稱則命以鑒察司民是廟其神者凡以為乎民也不致力於民而能致敬於神者惑也侯之盡心民事一芥不私百廢具修節民之費葺神之宮遠得夫聖人神道設教之旨仰體乎

皇祖重民制祀之心是廟之新神必罔怨罔恫

吾意其風馬雲車而来駐斯宮城民固國而永妥其靈矣乎古之事神者思其所依思其所嗜城隍之神所司者惟民則其所依者亦惟民所主者正直則其所嗜好者亦惟正直侯於神所依者愛之神所好者得之其所以克當神心者不但穹窿其棟宇焜煌其丹堊而已故錫福下民者神之理也昭崇廟貌者神之象也李侯得其理而因以新其象後人瞻其象而可以思其理則侯之永庇於淦而淦之徼靈於神者其與斯廟相為終始也哉

侯尊名樂字彥和別號臨川以戊辰進士高等箎仕董役則典史李汝秀及老人陳輔李夫敬等工始於己巳九月訖於庚午三月外設重門中為正堂前有拜亭後有寢宮繚以周垣翼以兩廡齋宿有室庖省有所俱所當記者云

隆慶庚午孟秋邑人朱璉撰

九

新淦縣學新建尊經閣記

學校建尊經閣制也學校遍天下而尊經閣

不槩見非制也忘本始者弗修急簿書者緩修畏勞費者忌修而泮藻不澤俎豆不飾又未聞以課吏焉故為治急體要不随時變化之士或罕覯之噫勢也亦意也新淦學舊無尊經閣隆慶二年郡理唐公舜欽視邑卜明倫堂後創建之然棟宇僅立弗葺弗備再歲不治當尋圮三年夏烏程李公領令至茹潔懷芳節用愛人睹前政闕緒亟圖修之結重屋列門窓二進計十間周繚石垣翼翼殖殖與明制稱工始于五年十二月朔落成于六

年正月望乃蠲日率師生奉
國朝頒布經書秘而藏焉閣之下塏爽洞達便
諸生肄習其中一日因學博姚君翼徵松言
紀諸石拜手颺言曰
皇明列聖稽古右文秩官育材表章六經敷錫
之德意何殷盛也孔子曰畏天命畏大人畏
聖人之言夫大人莫尊於君父聖言莫大於
六經六經之言皆發揮天命引翼民彝之具
也世師弟子知所以尊天即知所以尊君父
矣知所以尊君父即知所以尊六經矣三代

之學所以明人倫也君臣父子夫婦長幼朋友之道具在六經猶日星然多士誦法先生躬行君子俾孝子忠臣真儒善治相待而成所爲賢有司敬君愛士之報豈渺小哉按郡志載淦文獻世有哲人昭代在實録者張太史之出處以道練中丞之忠節不群胡司成之文行振世陳司寇之耿介絶俗諸餘嗣興之士咸彬彬焉有其文質蓋縈淦金川毓爲仁賢其陶鎔淬礪積漸章徹非偶然也詩曰執柯伐柯其則不遠淦之士惟視其武熟趨

之耳矣侯為政庶不刻物仁不惠奸守官不殉俗造士不先華雖更僕未易指陳松也得夙通於紹介故睹記特詳如此且將告世之學與仕者曰士君子欲為堯舜之佐周孔之徒也察於三畏之旨斯可以語尊經矣侯名樂字彥和臨川別號隆慶二年進士敦五倫修三畏在任飭舊鼎新無限茲舉其一焉蓋大且重者

隆慶壬申仲春新喻劉松汝貞拜譔

新淦縣重建便民倉碑記

天下事多敝於因循而成於明決世之言政者孰不曰居成者易創始者難事可以仍舊貫焉吾焉用改作爲也嗟乎天下事將任其頽敝而不爲之所耶此庸俗之見非所以論豪傑也夫國之設官以裕民也官之子民以體國也事有弗便於民而仰厪國計吾一任其頽敝而不爲之所國與民將焉攸賴哉我

國朝財賦取給東南江之西當三分之一淦爲兊糧者約三萬有竒舊有倉曰便民者在南

門之外以貯一歲之入而發運於江蓋其事甚便歲久圮壞當事者憚於興作每歲入則貯於舟斂發非時稽察靡悉於是已有侵耗之弊國課稍虧民大稱不便久未有所歲已巳浙臨川李侯來蒞茲土既悉其弊則慨然曰茲有司事也顧舊基已圮且在門之外尤有未便視城中有基舊為藩司分署上官駐節不常司可無設請于當道以建新倉又慮工費無從乃捐在庫四差諸色暨歲泒餘銀共計叁伯有奇鳩工計日不擾於民不德於

素經始于隆慶四年九月落成于十二月計爲屋伍拾肆間而顏其廳曰體國裕民凡歲之入時而貯時而發奸無所容歲課無損民始大稱便走書屬震記之震憶昔在膠庠讀書湄湘之上當歲運時見舸船鱗次洲渚擔者負汗屬道舟人喧集有若漁獵所謂舊倉者鞠爲蓁莽則嘆其時未有以處之者茲二十年矣邑非賢侯顧見有異同或猶未盡燭其弊間有欲任其事又或憚於上議不愜工費靡措則委而去之如傳舍取給一昔昔廷

矣何則意見之未明而行之未決也侯治邑僅二歲其他德政班班無論即此舉罔疑罔滯積數十年所難者而一旦行之若無事然此其才識若懸鑑以照毫髮無隱若神劍以運千里不留上以體國垂經久之圖下以裕民貽子惠之愛其視隨時遷就累歲月以博華顯者可同日語哉今

國家軫念元元財賦為急侯且不日內召俾在廊廟經理天下庶務了然一心運而行之無不如意所向其裨於國與民益宏且深茲可

預卜矣夫破拘攣之見而成不世之業者豪傑事也享無窮之利而頌之不敢諼者邑士民分也震茲弗敢諉是用告于後之人其尚念茲舉也時爾貢賦毋或後先慎爾出納毋或耗損其有弊也循而葺之無廢墜也以仰稱侯體國裕民至意斯舉也尚永永有賴哉

隆慶壬申二月刑部廣西司郎中邑人朱孟震撰

十一

新淦縣新修養濟院記

嘗疑周禮憂民布德雖醫疕除骴煩恩之事靡不曲至而獨恤養孤老經不專見然觀文王治岐先四窮故可見古之聖人不忍於其民之不獲也惻怛懇悃惴惴予辜或不暇任人如此　我朝法古為政損益之天下郡州縣治令各設養濟院籍民之孤老殘疾者宅之寧宇時其衣糧生有養終有藏流恵九有無窮已時誠

皇仁令典也郡縣百執事固多奉

主上德意閒有高視闊步之夫旁睞不省大吏

過者或悶而不察此所以王澤壅閼而實膏鮮流也新淦養濟院舊在大南門外二里許歲久屋頹令尹浙西臨川李公覽之慼然掄材鳩工咼構之凡四十間繚以周垣固密倍昔一力一金不妄勸罰作始于隆慶五年十月訖工于六年正月成之日孤老扶携蒲伏懽沸如雷一日介書入喻道故且曰懼日月久莫志也請記諸石松乃喟然嘆曰古聖人之愛民也非臆其腹欲焉始與之也亦非臆其腹惡焉始除之也即天地生物之心求其

所以生之者以左右民而已仁人君子得百里而君之其於鰥寡孤獨顛連無告之民使之饑食而寒衣朝膻而暮息脫夭札沴癘之菑者亦不過因天地生物之心以補造化之所窮以釋聖人之所病如斯而已於乎此李侯置院之工侯之心必然而不可已者也語曰一根百葉一實萬食言種善則生施德則勝也此室未作時侯嘗憂四窮月糧不繼也曲慮慱計置官店於要歲取任金接濟給之闗白當道著爲定式語詳文移碑中繇此言

之此室不作四窮蚤德侯矧此室又作完密哉他日財成天地潤澤生靈即此方寸有餘地矣侯在塗潔已信心無毫髮干鬻緣飾之私法所欲鋤擊豪無避巨奸無暱近法所欲循拊衆所棄必治衆所忽必理大要嗜古修出流俗類此松羅溪野人也聞隣國之政欲執簡而書之久矣斯役也謬辱之故不敢以不腆辭侯名樂字彥和湖州烏程人隆慶二年進士董役者老人陳輔其志與才皆能善事侯心也得附書謹記

隆慶六年季春吉旦新喻劉松汝貞拜譔

十二

散筵　有仕歸田鞅鞅識者曉曰仕宦猶赴飲也有酒數行主人意不在客醉而即止者有午飲至晡酡醺而言歸者有秉燭盡漏酩酊大醉而後已者總之無不散之筵也然酒數行者賓主尚醒成禮而去至若酩酊者恐爲酒所使或有詈歐而散者矣不如蚤辭之爲愈也

剛折　老子之門人仕而請于老子老子曰若剛則取禍不可焉門人曰君子

以剛為貴敢請所以老子曰夫齒剛而先缺舌柔而存木之生也其條柔軟而枯槁也枝則硬直故剛強者死之徒柔弱者生之徒也

尚嚴　馬之日就鞭羈者稍加之策則見影而馳歷崎徑如越康莊矣其不習者脫卒然加之彼必驚奔肆出則有泛駕而佚爾故御民者不可一時弛法子產曰其次莫如猛知言哉

不祥　子墨子見齊王曰今有刀於此試之人頭倅然斷之可謂利乎王曰利多試之人頭倅然斷之可謂利乎王曰利刀

則利矣孰將受其不祥王曰刀受其利試者受其不祥曰然則戰孰受其不祥王思久之曰我受其不祥遂止伐魯

防邪　郁離子曰姦人之於人國家也一且不堪也而况慕效之相承乎腐肉之致蠅非特盡其肉而已矣蠅生蛆而蛆復為蠅蠅蛆相生而不窮夫何以當之是故君子之修慝辨惑如良醫之治疾也鍼其膏肓絶其根源然後邪淫不生

救急　梁武帝城且圍亟矣尤聚講老子臣有諫曰今有人焉邊豆靜嘉肴核維旅方

執爵獻酬雍容于堂序之上而火起寢室則將以爲勾客乎抑滅火乎必以爲且滅火也君當是時何暇治老子爲

浪傳

宋人曰令一人汲水于里許已而家掘井自喜而語人曰吾掘井似得一人里閭遞相傳謂真井中得一人也而聞之宋君君召而問之宋人告以故君曰嗟夫傳言之誤若此宋人曰君門寥遠指賢爲不肖指不肖爲賢皆類此也宋君曰然

殘異

子車子之豭其色粹而黑一產而三豚焉二則粹而黑一則駁而白

惡其弗類齒而殺之決裂其腎腸而後止其類於己者字之眴眴惟恐傷也淡玄子曰世貴同脫勿同即父子相噬若仇敵矣矧交手可畏也

輕敵

陳王涉以秦亂也有輕敵意慱士曰臣梁人有陽由者其力扛鼎骨騰肉飛手搏蹺獸國人懼之一日嗔其妻左手建杖右手制頭而笞其背妻恚而撮其陰由竟仆地夫以勇夫而劣於女子手者輕於無備也

厚望

子華子曰齊之憔瘁甚矣功曾不一二古之人而求治過之則何以哉窮

鄉下里其為叢祠也不過於卮酒臠肉之操而已其所以請福者曰金玉滿堂大小康寧鳱鶬足諸市利所挾持小所祝望者厚神其吐之矣

獨醒

士人有絜絜獨行而被黜蓋甚不卒也識者曰以子之行黜也固宜夫群飲而醉囂一人避席去之衆必奮臂而呼牽其裾惟恐後相與挼轄巨觥而爭飲之令酩酊而後已何則懼其獨醒也

掩瑕

夫素縑之微纇也染以為玄黃黼黻則可以薦於朝廟白璧之微瑕也鏤以為瑚璉敦彝則

可以享於神明大廈之腐棟以之削而為椽則不知其朽高崗之枯竹以之織而為籠則不知其枯淡玄子曰世有卓犖之才以小過而棄者悲夫

終迷　昔燕市有善酒者沉湎終日夜已而病入肺臓去死無幾所親規之曰病亟矣無已為糟邱之鬼乎其人大悟始斷杯酌見酒輙推而去之曰毋溷廼公為也未幾而唇腭焦枯鬱鬱無以遣乃自解曰試小嘗之無傷也已而大嚼如故遂不可藥而死

極反　挫鋒子曰物極至則反火之

將燼也其焰必沖水之將竭也其流必駛木之將敗也其實必繁鐘之將毀也其聲必震故體將僵者先亟奔佚心將迷者先察錙銖

豚餌　語云貪夫死利𢦏衛人釣而得鱮其大盈車子思子曰子何以得之曰吾始下釣垂一魴之餌鱮過而勿視也更以豚之半肩則吞之矣故高爵重祿皆豚肩也世之不爲鱮者希矣

執迷　郗子以惡諫而不奔於道謂御曰吾以賢爲人所攻御曰臣里鄙人跨驢之市觀姜謂產於樹市者云土所產

鄙人弗信曰如若言當吾以驢予若否則若所售姜予我質之行道之人謂土所產也市者携驢而去鄙人張目曰即失驢然姜終樹產邾子大慚 逢知

田翁得寶玉於田所以示隣父隣父紿為恠石歸置廡下是夜光照一室田翁家大怖以為真恠而速棄於野隣父無何盗之献魏王立賜千金食上大夫祿為常夫寶一也匆知者棄之為恠物知者竊以受上賞然則賢才亦顧知與不知者爾 修備

晉伐虞虞公曰吾享祀豐潔神必

據我無虞也宮之奇曰吳鄉人患蚊入市貨藥驅之有道士黃冠者曰若持吾符歸而懸之蚊即息踰於藥鄉人喜而聽之蚊如故也謂道士謬已也往而執之道士與俱而察焉曰否否吾之符懸在帷帳即驗子懸諸壁若之何止今備不修而聽於神吾恐虞不祀矣

性習　虎豹之生文章未成而有食牛之氣鴻鵠之生毛羽未傳而有翱霄之志性也獮猴之舞應節鸚鵡之語若人齊女工於刺繡襄女工於織錦習也

甘繊　昔蜚廉氏

有二馬一者朱蹴白毳龍骼鳳臆驟馳如無終日不釋鞍竟以熱死一者重脛昂尾駝頸貉膝踶齧善蹶奔而散諸野終年肥遁是以鳳凰不憎山棲蛟龍不羞泥蟠君子不茍潔以罹患聖人不避穢而養生

妄藥　夫無病之人少有不和當静攝自愈不可妄投以藥石稍寒而投以熱則火熾熱熱而投以寒則水洩水火相搏則元氣日熱遂成沉疾而難於救藥治國家亦猶是也獘不極不可以輕變

反神　老子曰聰明即用必反之神

謂之大道故人之死也藏骸扵野委其形于
外也其祭也祀之于室存其神于中也知死
可以知生矣　易濁　老子曰盆水若清之
經日乃見眉睫濁之不過一撓即不能見方
圓也人之精神難清而易濁猶盆水也故曰
勿撓勿攖萬物将自清勿駭勿驚萬物将自
澄　大匠　楚王為臺材已具矣召群匠之
良者而計之群匠咸環待扵陛礪斵鋸持尺
繩視其材而将斧也一匠獨無所持竊俯仰
周視默然若有所思恍然似有所度衆皆目

而笑之楚王曰此大匠也卒用之而臺成混沌子曰古之大臣不動聲色而奠我王家者其此之流與　以上俱述贅劉廬州太守所著原不書姓名

見聞雜紀卷之七

續見聞雜紀卷之八

吳興李　樂彥和述著

朱國禎文寧校正

一

里中陳桂月先生觀司教亳州與寅友某別數年某轉嘉禾學諭桂月先生子文奎年十餘歲家貧不能延師往某衙讀書其內人有二子視陳子猶子朝爲櫛髮夕爲整衾凡食飲衣鞋悉與二子無異焉僚友誼敦可爲古今絕倡而桂月先生遣少子遠遊非脫灑曠達何以有此

二

夏六月按院臨湖余訪茅鹿門翁翁舍其寓舟居也問故曰被歸安將房屋固封以待他郡邑官至余問縣有帖子来不曰無帖畧無忿愠不平之氣時范司成同往余曰兄若以身處之不知怒到恁田地司成曰余信不如也又一日董宗伯宴茅翁及余座客其衆中呼茅翁譏其好利而不自揣度則好利之尤者也翁付之一笑不荅故余常服茅翁器度迥不可及其享上壽宜也

三

予為童子入鄉塾蒙師訓其弟子往往多讀小學孝經迨予四十以後讀者鮮矣至晚歲又見有袁黄四書黄進士嘉善人官兵部主事全不用朱夫子註又見塗抹四書凡圈外註全塗抹其正註學庸十塗一二論孟十塗四五嗟乎若

當

二祖朝此等人服上刑奚疑所以然者末世人不善教子急于進取故妄為簡省而不顧竟不知其有一字不容增損者在也

四

余戊辰舉進士謁古和雷先生先生時爲少傅工書矣訓予輩曰吾壬辰中進士時每同年四三人共一寓所一室置二床相對而寢出入騎馬間騎騾今若輩一人一寓所必獨力僱騎與膴仕不異吾甚駭之不知有何倖禄修用到此

五

里中唐少華虞魯官中翰家亦中産亦不至甚乏童僕一日余過訪之留酌呼其子國柱

可去請鄭阿叔来（靜沂公也）桂應之無難色俄而靜沂至予寫羨其為賢子弟云

六

吾鄉邇遠人家子孫貴顯其祖父未有不始於篤朴儉約者董潯陽先生之祖不識湖州府偶及見問這大墻門是何人家父封翰林編修字良儀平生款客未嘗設饅頭一日施西亭憲副訪之亦止設捲蒸座客咲曰董良儀饅頭一生喫他不成矣他如沈果齋翁鑑夏雲泉公（儒）及予先贈君不相約而從儉如

有品節限制然盖儉則殺生少用度節為天道所默祐故子孫並發云

七

分宜柄國子世蕃熾惡延吾潯上紀明齋濂訓其子館賓二三載而紀亦未嘗不通賓客却以禮義自閑嚴氏敗分毫無累無議可謂士之善守其身者乎

八

予侄妻黨某生好親近父母官所至父母官必愛之試必首案高等自以為勝算也予語

之曰秀才只不可得罪於提調爾若親愛相厚非宜彼不以為然無何蔑視法紀自投憲網併秀才亦不可保且有大費子曰人皆曰予知驅而納之罟擭陷穽而莫之知辟其生之謂乎

九

郡邑正官分巡分守皆得據所見施行移風易俗賴之若曰地方積習如此不必更張便是無志向的人杭州三天竺及西湖諸寺院春二三月任婦女燒香遨游寄宿僧舍莫之

禁戢萬曆癸卯春按察僉憲何公湛之己丑進士南京留守籍無錫人特加嚴禁婦女行及闌闠風而止孰謂世道非賢人君子所可挽回者

十

京官主考各省　先朝行之今日復之未見不可若止為士子作弊而設此差則莫若做江西巡按邵君陛内外簾皆用硃卷足矣且京差所費不貲揭榜之後多招物議累害門生不如仍舊巡按專掌之為便也　有一山人曾讀書者余方在禮垣時謂余曰會場事

余有一妙策公可上一疏問何如曰大主考兩公不必言其同考諸公請如吏部陞官事例每位各擬陪一員以憑
聖裁厥可以防奸止嚣余曰汝山人說得我若說了便做箇癡給事中貽笑士大夫矣

十一

上饒楊止庵時喬久矣在告一旦赴南太僕丞任道經吾里綸巾布袍步訪李子於東皋之上李子隨後訪之處一客舫中有同行二三人非儒生蓋商流也時餽余止茶二包敦

朴簡淡之風市人初不知其貴顯也賢矣哉

十二

趙康靖公槩與歐陽文忠同修起居注文忠意輕之他日文忠被誣康靖上書曰修以文學為近臣不可以閨房曖昧之事轉加汚衊臣與修蹤跡素疎修之待臣亦薄所惜者朝廷大體耳公之厚德視睚眦之讐必報者奚啻天淵

十三

不佞令淦臨江府學歲貢生坊牌銀五十兩出辦于淦不佞當拆封時如數兌下固封一

口下府置之篋中方抵寓貢生来謁出而予之人有言此弊省貢生浮費可四五金為民父毋皆能推廣此心民豈有不被其澤者

十四

二十餘年来士子作文變怪不必言矣凡公府告示余一日偶出城得見之詞古意深倉卒不能句解若令細民仰讀何以洞見官長心術余不知其何意

十五

萬曆二十年間江右王給事如堅朱光祿丞

維京二公以諫上立儲爲民歸相會於浙之西湖余先具飯款之用豕肉石首二味二公堅辭豕肉止用魚下飯其憐余之貧不應至此景象亦精奇矣哉

十六

友人施太學豪常言地方凡聚衆至百十人以上不論事之鉅細皆不當隨衆混入其言極爲有見萬曆三十年冬北直長垣縣地方作義勇武安王會人衆不知其數想乘騎雜

沓至傷人百口以外可鑒我事聞邑令時以公出僅議罰俸而官無恙三十一年吾浙金華地方作神戲閉門拒客俄而火發死者凡八十二人六人踰墻獲免

十七

分宜嚴氏之籍沒也吾鄉錢公貢鍾公繼元皆以撫按之委與監督焉入其邑鄉黨親友咸曰

朝廷處之太過若不以爲罪當者何也分宜止流毒縉紳而害不加於近地也如掌家永年

素見親幸然見士大夫雖卑職亦必叩首不敢長揖何等有禮不知相君家僕皆然乎否間有不賢者放利而行播害必自近始鄉黨親友十有四五切齒之而難作之時欲求人之不幸其災不樂其禍焉可得也

十八

吴江令張公明道嘉靖十年前人物愛民若子守官如水時有督粮僉憲臨邑頗多需索公吐詞太峻促渠去僉憲罵公公亦不讓至欲辭官去上官堅留之鄉官某完錢粮每遲

公在席間縛其掌家者至具完始得釋中貴私人擇邑中諸富家誣以他事欲恣厚索上官俱不能制公痛責數人因之戒以後次復来必笞至死其人哀懇縱之去果不復来迄今七十餘年人譚及者無不思慕痛快立有專祠祀之

十九

徐鳳竹先生栻常熟人巡撫江西余為塗令每入見必問民疾苦而於徵收事尤惓惓焉先生令門子持一小手摺余有陳説即時手

書余還邑不多日而先生文移已行各郡邑矣初見命坐整椅余不諳整先生座在下先生曰我座在上命茶余只作揖而飲不行跪他日同諸同官飲茶俱先行跪先生皆不余較也其開誠廓度如此

二十

余為舉人時見烏程令蔣公問地方有賊否余荅曰甚多現有慣賊某在縣獄蔣問何以不餓死予為具述所以得供送狀别去不四五日蔣命獄禁絶其食而死焉迨予為給事

及歸田相見邑大夫則問民間事者絕少矣夫不佞不改其素亦未嘗以私惡陷人地方賊人惡人或相對面講或移書相告邑大夫又若見信予者絕未有見之施行而衙門吏胥則其言反易入而深信何也時移物換當官者另自一機局使然也

二十一

六科初選命下後科中即有儀註一冊送來內開拜部院大臣在宅則拜不在宅投帖即上馬不得守候良久予性拙恪守之一日訪

太宰則見諸同寅列坐而候又一日途遇一尚書路直無可迴避只下眼罩勒馬聞尚書不悦他人處此必造門謝過余不然此余所以僉憲而出也況科塲一疏甚忤大老雖欲不僉不可得已

二十二

安分身無辱知幾心自閒夫知幾心自閒這工夫不易造詣安分二字人或可勉強學得人誠不安其分其間便有萬千受累里中一市人自看得能事不肯讓人一日恃強罵了

巡司官巡司官只得忍他去不久又罵一典史被典史打一場畢竟喪其身命此非不安分之顯禍歟

二十三

孟嘗君薛公食客常三千餘人狗盗鷄鳴二人其效勞報德頗是難得更難得一箇馮驩每事獻忠逆耳不諛順薛公薛公若無驩時結果也不見好可惜今日士宦家也稱有門客来不過逢主人之意成主人之惡而已學得馮驩十分之一也少

二十四

杜靜臺先生偉當每月朔望日必以潔淨帋書

至聖先師孔子之位八字正衣冠面北行四拜禮仍侍坐移時方做工課弟子問故先生曰可以為收放心一助

二十五

延平大忠祠為文文山先生建也其碑文內云先生當宋末造不絕聲妓之奉說者以為先生憂國念切知已者慮一時忿激而沒故

設此以解之非也先生家有聲妓乃在國家無事之秋迨至國步多艱先生以一身肩承一腔憂國之心身家且不計舊時聲樂悉屏去不御事具本傳何必曲為之説

二十六

歸安陸貞居隅令江右大庾庾人府吏有寵於太府其父曾充隸前令竟延作鄉飲介賓公至召隸且命穿鄉飲巾服来至剥其巾服入庫笞二十遣之此時太守尚在郡也自是郡邑鄉飲嚴肅不敢濫赴公後改令高淳以

高淳食無魚挂冠歸

二十七

元世祖也算得不仁不智的人君矣我文文山先生這條性命儘可饒得況先生即不見殺亦必自尋死路決不肯偷生在世豈非兩得其道所謂大元不殺文丞相君義臣忠兩得之乃竟殺之是不仁不智也

二十八

士大夫當斷不斷最是誤事之大者余在告同年史君朝鉉來守湖當酷暑病瘧可憾諸

同寅拘故事開宴款之而史不固辭余訪之
睹其顔色病甚且曰小弟明日上省余危言
止之不聽省回不旬日而故矣僉閲時同年
蒋君知建寧能舉其職第尊人止生渠一子
家人來報病欲辭官去諸當道不允商之余
余曰當道止有為地方留賢未有促兄行者
須兄自斷爾卒弗斷事亟遄歸尊人故弗及
視含殮也初在塗同年李君理刑吉安亦若
病猶承上司委出查盤遇之於道力勸勿行
不聽不一月而故夫三君之所遭不能逃命

雖斷亦故不斷亦故然君子見幾明決即死也討些從容處置而忠言不見信柰之何

二十九

張江陵初政不無操切之意然却有一段可觀南科給事余懋學極論其操切之害為民去耿楚侗先生時在閣對余輩曰何嘗是操切自我看来還是操而不切旨哉言也

張江陵丈量田地之議不可說他不是他意思儘是向好只有司奉行的大約不善區處所以害了許多百姓他只說清查浮糧假如吾

桐一縣原額應辦糧幾萬幾千某都某圖糧不虧額不必量今一縣丈來丈去徒費精神而豪奸巨室大肆欺隱代書算做了一場大賣買何可盡歸咎江陵得

三十

項少參篤壽嘉興人官南考功柄京考人稱不私又官北職方能守法不阿弟不詭合於江陵僅轉東廣少參出公家事頗鉅少與予師沈梧山先生幾先同筆硯先生寒素士也公有女嫁先生子為媳竟忘其貧超邁時俗之見

迴不可及

三十一

嘉湖間時俗淺見凡祖父客死其柩皆不入室何以故子孫云冷屍入後人不利也然則子孫為利而逐其祖父祖父為不利而不得入其所創之居可哀可笑甚矣吾邑錢正郎槐江卒京邸其子夢得夢傳迎柩入屋兩家自槐江故後寢昌寢隆絕無一毫不利豈不足訂千古四方之迷哉余謂二子此舉違俗從禮便是家道興隆之象

三十二

沈亞卿少吳嘉靖六七年間為諸生當時提調官與諸生體統尚懸絶後官亞卿回閩提調官上任諸生有通賀儀者不勝驚駭予曰何止於此諸生具花幣賀太府余嘗目擊之矣至萬曆二十年後提調官呼諸生相契厚者之號諸生安然受之而忘其為非此惟桐邑為然恐他邑或不如是

三十三

余館滆中及見錢姓號石崖者家可二三千

金爾顧畫船歌童演戲出入聲聞邑侯至發
極繁解户不三十年子孫產業蕩盡至賃房
棲故居水濱足為侈靡不安分之鑒

三十四

司空劉清惠公麟僦居長興富室黃氏欲聘
其孫女為媳公不許公之子竟許焉女既歸
黃黃氏舅姑以其為司空孫也百凡順所欲
崇奉太過司空故而漸衰媳已不堪矣厥舅
督其子讀書太亟聞詈媳於閨閫之外媳亦
不遜未知的否若謂舅有新臺意斷斷無之

也自是劉與黃構訟黃遂以通姦家人事誣媳狀屬歸安李令公令托友人周君寄訪周受黃賄以有姦帖令令信之訊問拶劉氏指劉氏不勝忿忿奔赴巡道訴不納乃出袖中刃自觸其咽喉而死劉小姐死節世遂傳名舅竟謫戍事在乙丑之明年范司成未第時好遊曾過長興訪黃之侄不甚加意乃黃氏則隆禮事焉心感之乙丑值高第其冬奉差還黃不無殷勤之禮黃方繫獄求司成一言保外度歲得從所請若其初事在李則司成

毫不與聞也朝野不察司成辛受汙衊非天下古今之大冤乎近復有四明屠君隆上陳太府敵至謂黄氏子從亂命不勝悖謬之甚嗟乎士大夫處交游辭受詞命之際信不可不加慎矣李公名松壬戌進士北直隸大城縣人

三十五

余嘗自恨氣質粗劣語及時事輒多忿激不平一日謁文貞徐公階公曰吾松往時巡按臨府則四府節推皆至本府太府作主款之

而僚友陪席其四節推亦未嘗荅席也乃今太府而下各伸欵四節推又各伸荅凡爲盛筵者十以一倍十所費不貲每送下程用燕窩菜二斤一盤郡中此菜甚少至賂節推門子市出而成禮焉語聞擊卓盛怒恨欲復其故不能也文貞公道學溫粹論事猶然則予之憤激不平不足爲恠矣

吾浙方公燾新昌人知松江鄉士大夫招飲公曰公等只用水菓酒殽不過五六盤方敢赴多則不赴一時士夫相信俗爲丕變盖公素有以信於人

致然也

三十六

趙監廟素有羸疾或教之曰服鹿血則愈趙買鹿三四頭日縛一枚以尖鐵管插入其肉間少刻血凝滿管乃止鹿日受此苦血盡而死趙果膚革充盈健飲啖晚得病遍體生異瘡陷肉成竅痒無以喻必以竹管立瘡中注沸湯灌之痒方息終日不暫寧両月而卒

三十七

余聞之長老有云嘉靖初年分巡官臨桐邑

邑令爲蔣某由甲科分巡在司而皂林河下又有一上司經過蔣迎之分巡開門令不候已而大怒命皂加責令曰知縣處兩難之地非敢慢老大人倔彊而罷時府節推南君在邑亦出皂林相迎分巡怒曰知縣掌印官不得不出汝何故也出命皂責竟笞五板南不久擢南道御史去分巡因此告回嗟乎嘉靖初年去今未遠也分巡得以朴縣令節推而下官不敢違逆其時綱紀士風振肅槩可見矣今日下官即有罪求上官震怒者亦不可

得況行責执或曰鄒彥吉迪光無錫人知黃州府曾欲箠黃岡令以諸府佐下禮求解而罷然則鄒當乎曰不知鄒發怒時中節與否未敢以為當也　楊公承芳繼宗知嘉興屢臨各邑邑令姓錯朴責以為常此亦長老傳聞之言然此天順間事也

三十八

吾里侍御錢君夢得自京還由嘉興太守王公貽德廣西人過訪止用下程儀一兩此外毫無洊加之禮使一涉世情人處之恐非一二十

金不可王公盖近日郡守之特立者　亞卿
少吳沈公應龍被論田籍寓居湖城烏程令
張公冕福建人止用下程一副及菓盒酒相
拜絕無花幣盛儀後亦不聞其開宴盛款此
嘉靖乙卯間事

三十九

楚侗耿公撫閩出巡興泉二府余同二司諸
大送之門外止用行李二擡雖非奇節亦見
簡約之風

四十

里中陳靜學先生序中永樂庚子科鄉試不倖及見試録察使一人居首監臨由監生巡按御史次之布政司又次之蓋時尚執法故臬司尊重如此取士一百餘名每一行書二名其儉朴貴楮細書成文之風可想也

四十一

里中張公正以貢為蘄水令陳公觀以明經止官廣文張橐橐頗充田宅頗富陳終身清約類然一小樓而已垂四十年張之子絕嗣且無卓錐土而陳氏書香不絕隱隱家業漸

起天道福善禍淫誠然哉

四十二

士大夫名節雖貪污無耻苟不至斃人杖下也壞得有數惟是足恭曲謹降志辱身阿附顯達以求好官如宋趙師睪林間犬吠之徒敗壞不知到恁田地

四十三

寒山拾得即普賢文殊菩薩其詩句時有忿世罵人者葢亦只是要人學好心腸不是修行工夫未到猶露圭角

四十四

天下土音皆真唯蘇松不真何也少年各尚纖巧而自立其說也天下哭死皆真唯嘉湖二三百里失真何也牽扯生人事多而哀痛絕少也可恠可笑

四十五

古今甘貧之士儘多狀元及第如羅一峯先生倫至缾粟常空對客坐談心能不動其天質學力恐不在顏子之下薦三大臣劾三大臣氣魄亦自浩然先生生長江右貧瘠之地

地位既高而鄉黨親友亦必以財貨蠱惑之者故益以成其高若吾東南地方則風氣元帶此富貴態來況成人之美不成人之惡者甚少所以全靠自家站立得定方成賢士大夫

四十六

鄉飲酒禮說

唐虞夏商之世養國老於上庠養庶老於下庠夫老一也而國老庶老異其名養老一也而上庠下庠殊其所其文備其義深矣我

朝稽古定制郡邑歲舉鄉飲者再義無夫尚齒尚德而僎賓介主之位列焉不知何年何人作始郡邑僎位大都以丞處之席各欹斜不正不倭簉新塗凡六主鄉飲則嘗六仍其陋然而心竊疑媿弗自安也頃從司馬敬菴許公孚遠商之公曰

高皇帝神聖主也何事不講求精密顧令鄉飲大禮紊亂無章至此耶斷斷乎其不然也遠慨習而不察著有鄉飲會通一編當奉尊覽編未及繇適閩中丞張虎東氏鹵所校刊

皇明制書（即大明會典）弘綱細目無所不備而鄉飲酒禮之文具矣首律儀次酒義若日月之有定位四時之有定序昭然秩然不容以私意僭差也監於成憲中丞以之立言破俗司馬有焉均於世教有補余因鋟梓呈之郡邑大夫尚與一洗陋習以佐　昭代文明之盛治乎此雖不佞之上願而不佞亦何敢必也萬曆壬寅冬十月呈　湖州太守及桐鄉縣令皆改正

内外官考滿照例得蒙
聖恩封贈臣子之至榮也贈者行焚黄禮考
會典並無本縣正官至鄉官墳上朝服主典焚
黄儀注近年唯嘉興郡縣有之不知何據想
初時曾有鉅卿家行此郡邑丞奉偶一爲之
今遂習以爲當然耶　嘉興郡伯趙公瀛丙
午試儒士已而又試童生余皆在試中鄉大
夫士未聞有開揭子弟姓名求進者况受他
人囑以求利乎鄭端簡公極口贊嘆趙公
詳見年譜

四十八

嘉靖壬戌會試余同年祁君鯨北上途遇同年二陳公（俱四明人）謂祁曰春中主考定是吾鄉元峰袁先生論語題定是事君能致其身年兄須先著意務要做得好吾鄉錢鍾二公同舟同作同中榜二陳亦同榜祁竟下第隆慶戊辰二月初余訪章丈稷峰（禮會稽人）問題章曰論語題難料中庸坐定舜其大知也與快去做余竟受其益章同榜中式三公者開心見誠不少隱諱登科一念視人猶已其賢於人

遠矣

四十九

吾邑沈憲副烝先爲濟南太守以賢能最稱延吾里中張秀才王化訓其子自德州登陸入省德濟南屬州也其他縣不知凡幾張身所經歷州邑聞太守所延師俱請見有餽張謹守禮法一切謝絶不相見不通姓名其志操可云不凡矣予喜而書之

五十

余嘗寓　京師崇國寺元旦見兩廊僧来謁

住持長老下拜住持端坐而受不荅禮余訝之僧曰舊規如此國子祭酒司業奉高皇帝監規堂官作揖亦坐受不知何人改而荅揖馬馬孟河先生一龍為司業始復之余受業親覿也馬先生而前馬先生而後難言矣

五十一

余為童子時見同邑鈕姓子隨母改適沈姓長為諸生繼父以訟事謁郡伯趙公瀛生隨其後口口稱父親趙公曰某汝讐人也何以

稱父為此論在六十年前有之今日非惟百姓不知而官府亦不復道矣

五十二

余初仕為淦令家兄輩以余不理會民事欲請一老主文同行余曰主文在衙焉保其不生事吾心先為所牽罣這官何以做得暢莫若只如秀才赴試不知主司論題出處只仰屋猜作浪做終無大害不意三年在官無大罪戾叨冒行取以出還近日友人作令縱主文行者十有四五非惟無益而反有害甚至許訟成大獄可惜不知慎始之道

五十三

人一有急性便會輕喜輕怒輕喜之害小而

稍緩輕怒之害大而且速齊家治國平天下都着這一字不得唯用兵不然

五十四

儉德之共美德也世人只患不知儉不能儉今人一儉人便誚讓輕鄙不知何心吾湖素以儉名自有諸大宦家一變而侈靡無筭中人家倣之甚至立破歷歷可數余當嘉靖庚戌入泮親友作賀有遵古例用白金五分者今邈乎不可追矣惜哉

五十五

庖鱉鱠鯉雖古人所不廢予守廣信建昌太守王介石来謁飯之席出鱉王君咲談曰此物不當食余問何也曰知府在良鄉庖人曽剖鱉腹中有一戴紗帽官両皂傍侍知府目睹不但畧似人形而已盖鱉交都於水面窺見船中官皂遂感而肖其形如此由此推之鱉之為物大約不食為宜夫鱉且然至於宰牛之慘非他物可方况食之屡屡中毒河魚亦然可不戒乎

五十六

余在閩中時大座師石麓李先生罷相家居且有太老先生之喪同年官閩者凡五六人約具候具奠而歐君以書来報分用二十金許余復之曰讀来教嚇倒窮酸弟不能與歐君不悅責余首其議余為大削之各分五六金畢事余同麓先生本房座師也時為祭酒一日以書候之用閩絲二疋延平推官姚子余先生同鄉也知之白余曰據推官愚見老大人此書不如空致為妙二絲殊令發嗔怒爾余不從大約今之仕宦在地方則以地方

之財致情所親所尊余爲分別公私公則用
地方之財私則損俸薪之積雖違衆不顧也

五十七

隆慶戊辰三月蒙
上賜恩榮宴於禮部每席粘諸進士姓名於上
余初入而識之及拜諸大臣禮畢走席則諸
席所陳品物一空矣盖棍徒皆用叉口搶去
莫之禁而虛靡
朝廷盛典此必有任其咎者可慨也當入災異
誌

五十八

家有仁義道德則其富不驕其貧不促自然氣象悠長若無仁義道德則其富也勃焉其貧也亦忽焉不侫盖屢有驗之矣　友人内子赴京奴僕衆盛有力者僱騾僱驢得其所矣一奴司烹飪非漫遊者乏力竟步走三千餘里隨行主人不之顧是豈有人心者所為乎此所謂家無仁義道德其貧忽焉者也

五十九

近地一二百里間主人有喪親友弔之七終

則主人必登門拜謝予却疑之所謝必盡富貴家若貧賤者足跡恐未必遍及也况此謝於禮無考無據宋人未見有行之者予以此意反覆對許敬菴司馬言之敬菴止謝郡邑治我者及平生師事者他友若不肯信然謝郡邑止當拜於大門外投帖即去近日必欲衣麻入内與有司覿面爲親又不可曉

六十

禮有以多爲貴者有以少爲貴者差之些微不得吾湖仕宦拜郡伯入延賓舘坐候郡伯

轎至二門外下則仕宦出二門外迎之同入是以賓迎主非主人迎賓之意余固守不出二門恐於禮爲正此余之所以因老廢禮而不入郡邑也

六十一

福建省城林公春澤正德甲戌進士官至知府子應亮官至侍郎侍郎子如楚乙丑進士官未艾余僉閩憲林公巳一百二歲建有人瑞坊髀生平嘗食松梅九老不絕色慾九十前生女身嫁之又見產甥卒之年一百五歲

天下固自有不衰老者吾鄉饒裕之家晚年舉子其兄弟族人便指曰抱異姓者將以利其有乎然却有一等人實抱他人之子不顧紊亂宗枝甚是無識見不諳事理

六十二

新淦黃仁山太守予作令時年八十餘矣府回便道訪之留酌供茶供饌皆子弟在學者儒巾藍袍服役未嘗以爲耻此吾浙士大夫家所未易有也

六十三

宋學士陶穀曾于太祖前誣詆人行致不得其死厥後穀雖令終而傳記有言其屍棺為人所殘毀者豈天道報應錙銖固不爽耶

六十四

少年挾妓宿娼固非美事然娼妓業已墮落吾特不能介守為其所搖惑爾若良婦人女子一片真心原無瑕玷而用意用計用財以挑迷之此陰騭最大造物之所不宥殃之所必降者後生可以知戒矣

六十五

鄭端簡公曉嘉靖癸未甲科至辛丑凡十九年矣以吏部副郎作會試同考仕不躁急可見

世宗朝尚有古意今人若有端簡大學問十九年尚為副郎定然怨天尤人悶悶成疾何以後面有大結果　萬曆間陳禺陽為掌科兩進會試作同考只此便見不退避處後面受了虧所以古人重辭讓

六十六

吾鎮二府何公挺必欲將民間義米貯常平

倉作爲官米以邀功干名已是差了然猶為義米也乃代之者夏公尚忠惡其瑣屑申分守道將米價三百餘兩分貯烏程桐鄉庫備荒義米竟改為庫銀不知卒然歲凶分銀分米孰便孰不便孰賤孰貴天下大可咲之事今亦不知其銀存否下有此申詳上有此批允世道蒼生將焉攸賴

六十七

里中馬姓者幼兒四五歲兩手用銀鐲飾之其族人貧無賴者哄之荒野間殺而奪焉賊

不及到官自盡君子曰是亦爲父母者與有罪焉

六十八

不佞在塗三年以地方事用地方財不知凡幾何自初任以至考滿自巳身上事止庚午秋七月布政司差吏請入覲賞吏銀五錢考滿一紋弗費也由省囬縣亦不見士大夫下顧稱賀逮不佞歸田諸令君考滿差人赴京皆云費五百金得之烏程袁公面語亦然若繁文綢繆教官諸生上舍俱迎至北新關塘

棲則唯吾桐邑變恠可恨

七十

倪子良問心之精神是為聖若於提撥不起柰何先生曰用志不分乃凝於神思之思之

又重思之思之不通鬼神将通之非鬼神之力也精誠之極也精屬水神屬火古謂精無人神無我無人者自析之道專無我者所用之化遂精一有人則易流流則散神一有我則累私私則滯精散乃亂於思神滯乃溺於志其要皆失其心之官也通於先生之旨則養生生生之道備矣

七十一

正道如刀口上立差過一些便是異端而無所用心者不與焉孟子願學孔子虛明中正

天道本然之實乃是正學楊氏以為我求心墨氏以兼愛求心許行以齊物求心子莫以執中求心告子以強制求心淳于以言語求心孫張以功利求心白圭以省用求心這便各有所著孟子辭而闢之以明心體之大一自小即非正學近世只知斥佛老不知異端不在佛老亦不在世俗凡人乃在學道而有著者或以節操或以文藝或以簡退或以任事或以講論或以和同或以矜異其氣魄足以移俗其聲望足以流風其興味足以集事

為正道漸增赤幟而人莫之知要其歸昭的於小物而不能充其量墊湮於意見而不能存其主標獵於膚毛而不能入其精所以堯舜之道孝弟而已無別等伎倆孔子之道忠恕而已無外面工夫原是平等法門易知易作驗之以難聞之談故天下無真知矯之以峻烈之事故天下無實行堯舜孔孟知有吾父母生吾身從而親之兄弟吾父母所生從而愛之吾之有是生夫婦以為配君臣以成治朋友以輔德從而義之別之信之推而百

姓夷狄禽獸草木凡肖形宇宙皆吾一氣從而仁之愛之根苗既植暢茂油然盡此道於心之謂忠推此道於心之謂恕若學術不正便泥於所著只要行自家心願便令此處顛倒錯亂所厚者薄

七十二

里中一友人邀酌此友兄弟三四人余入門即語之曰令兄輩不妨同坐主人先實不邀其兄含糊應曰家兄不在餓而其兄自外至曰舍弟不請我我聞老先生在故來陪主人

大不快此同胞也又一同宗兄弟余館潯中時辱其兄相邀有弟不之請弟剛而滑者揚揚揮扇自外來語意亦類前而狂主人大不快陪酒不及平生之半竟沉酣不省人事家人扶進嗟乎爲惜半卓酒饌出醜至此凡今之人可以飲食細故而不慎哉

七十三

諸進士觀政九卿衙門

祖宗固有深意蓋欲堂長司僚與之朝夕試以事觀其人之端邪能否或文學政事風節慈

愷所宜何任以時上之天官天官惟以爲銓注也今之觀政者東西兩房分坐終日嬉笑劇談何嘗試以事來三月二十日間分撥各衙門至六月二十日取選去并進士面孔不識認的尚多何可以言知人也　先朝今日得人不得人所以懸殊也

七十四

余讀書古山虗谷楊道人畜一犬咬人道人縛之齋房卓間日夕諄諄教之曰汝咬人我必受害今後再如此我當賣汝屠狗家受刀

斧鉞鑊之慘不可如此意懇言切旬日後解縛狗竟回心不復咬人嗚呼可以人而不從諫不信諫不改過反此狗之不若乎

七十五

伯夷叔齊餓死首陽古今第一等奇崛人宜乎嫉惡太甚然却不念舊惡何等寛恕今人但怨人且不問自已招致如何只管怨去不解直到死而後已只當痴迷一般可惜可惜

七十六

嘉興太守鄭公應奎一日上司副憲駐驛鄭

入見副憲公偶閱文書出席相見覺遲郭呼門子下曰上覆知府無久站之禮竟出憲副公對少府以下力自白非作意復相見兩公皆前輩人風味也

七十七

天下大壞極敝不爲南夷北虜也不爲運道不通也不爲水旱頻仍客問何等人壞之曰非禮之禮非義之義大人之所不為者舉世樂為之又况姑息之仁穿鑿之智錯雜並用将

祖宗紀綱法度一切倒闒如何教天下不壞得

七十八

林退齋先生雲同閩人嘉靖丙戌進士官至

尚書臨終子孫跪膝前請曰大人何以訓兒

輩先生曰無他言若等只要學喫虧此三字

即五祖忍辱二字有味乎其言之也從古英

雄只爲不能喫虧害了多少事

七十九

彭越既就誅敢有收瘞者族高帝之禁令非

不嚴矣欒布非不知之也而使齊還乃奏事

越頭下哭而祭之埋之此曠古以來忠臣烈士假令宋室道學諸公值此不知作何區處

八十

巡撫之設洪武前無有也太祖不欲以重臣合典錢粮兵馬永樂十九年勅尚書侍郎都御史少卿等官十三員各同給事中一員巡行天下是謂巡撫宣德間令巡撫官每歲八月一赴京議事蓋不欲踈遠以懸機重景泰四年統差都御史其意尚在執持風紀有故則入參廟議而握毒之柄則

有司存自是則曰整餙曰提督曰總制曰鎮守又復以兵部尚書侍郎之職兼都御史百寮群將俯首聽一人之謀似於兼制少踈故復以巡按權殺之然表裡異同病癢或不相關其司鋒鏑者每掣肘不能自盡天順間石亨曹欽請罷巡撫正德間劉瑾取回巡撫皆不為無意

八十一

余少及見蔣恭靖公瑤入郡太守鄭公以下送至大門外公傍站西向太守以下面北同

揖其儀畧如師弟子然此嘉靖庚戌年事固太守之重公亦公之能自重使然也公器度能容一日施璉川公在座里中有無知者呼公名詈及二門将至廳事罵尚不絶口也公命家人曰若醉矣勿較可語若罵四品以上官有罪後勿如此璉川嘆服

八十二

嘉靖甲辰余從沈冶村先生於容印寺弟子凡二十餘人朔望必群集面試次日分等第粘之中堂諸生雖年長在學者必呼名晨揖

先生先生止回半揖先生有毋舅朱姓者未爲知禮郤於甥舅分甚嚴一日来看先生先生面北恭拜朱西面傍立稍舉手不荅揖也今也或是之無矣

八十三

沈巽洲先生塾子壻錢繼脩士完官南吏部先生爲友人唐子貽之書稱繼脩止曰吾子不似俗喬賢坦某某云

見聞雜紀卷之八

見聞雜紀卷之九

吳興 李　樂彥和述著
朱國禎文寧校正

八十四

乙卯同年錢君錫赴會試道病卒於閘河之蓮兒窩其兄鎮庚子舉人同行遭弟喪殯成禮訪窩中大姓有戈者求借一室停棺戈不但諾之無難色也開正門延棺入家人俱為衣麻及次年而返古道厚德戈殆罕其倫匹焉

八十五

鄱陽劉姓者初未嘗貴顯也其祖業醫術里人某病用藥調愈之其人貧甚某又濟之金若干弗索償病愈者有山地若干巳而欲售夜夢神語之曰此劉家墓地非他人得奪也某又用高價售之葬其父母生子即仕為柳州太守嘉靖戊戌會魁洵予郡二守治都御史應麒皆公之後人也劉遂為鄱陽著姓科第代不乏人

八十六

苦節之士雖賢人君子也學他不得南昌太

守丁公應壁壬戌進士山東壽光人予爲令江右目見之治會省首郡劇繁綽有條理堂上堂下然氷清人猶勉強到得唯公澹薄自持衙內經月進豕肉不過二三度宰生絕不爲也此豈人之所易及哉當以豪傑定其品格

八十七

晉人落魄不拘如劉伶酣飲荷插隨後曰死便埋我此於死生甚看得透乃王子猷雪夜訪戴及門而返曰乘興而來興盡則止此雖帶得些些脫灑氣味然亦有何高處至千載而

下人猶喜譚士君子喜談此等事便是好奇作恠之漸非世道之幸也

八十八

沈鏡宇亞卿節甫言嘉靖初年以前巡鹽侍御按浙鄉士大夫止送侍生帖不用治生此蓋傳聞之言也雖未當理亦見前輩稱謂不苟晚近世恤刑監兊相與亦有稱治生呼老公祖者謬矣

八十九

古人重身教所以大學云其所令反其所好

而民不從今日試院先生出示必言舉子文字如用佛經老莊語者不取據余月見中式文甚少然何嘗無佛語老莊家言至序文必言平正通達務黜奇詭然奇詭至不能解讀者中式甚多故天下文體大壞皆所好所令自相違悖致之也後生小子看這樣子焉得心術不壞

九十

許敬庵亞卿孚遠督學關中入境登華山山有三清殿及陳摶眠像處皆於主峯有妨碍

即日命縣官毀之其果斷剛決與胡顥經畧廣東相似余問希夷似可免荅曰希夷祠本山别有故亦在毀中

九十一

民間風俗淳澆這機括下邊全看著上邊舉動吾烏程有里人父死已塟年餘乃誣告親叔打死其父令不察准詞竟雯屍檢之毫無傷痕也這等人子雖未必當擬極刑然亦輕恕不得今當場父有剥屍之慘子不蒙笞責之辱豈懲惡勸孝之道可為湖下一大災異

事

九十二

余性拙闇不能悟佛理讀佛典見釋子亦不喜今世士大夫相聚大都講些堪輿話又說些星命學此是有益之事獨是譚禪若以爲必悟禪而後人品始高者余以爲總不如講孔孟之道於身心性情尤平易親切

九十三

董懋德與余相處日久其人所不能及處儘多不親僮僕不罵詈僮僕不鞭撻僮僕不詼

容不慢容大者事繼母最孝扵尊公行事必極力救正力不可為付之慨嘆而已可惜家奴少馴謹一二事得罪士大夫爾

九十四

荒鎮徼天之倖借重祖臺下車以来恩威並著盜賊知輯蒼生已安枕矣若蒙謝署長興台駕久駐何福如之顒望顒望敝鄉春蚕一事事之最大者柰何十年以来民間好利心癡本無桑葉多牧小蚕意圖葉賤可獲大利一旦高價則委而棄之河水凡一筐該蚕百

千命十筐盖不知幾萬命十筐以上不知幾萬萬命蚕無辜也殺之不祥其傷天地之和召災致疹有自來矣今數兩前後正收蚕時也萬懇祖臺出示豫禁有仍前不量力計桑臨岐将蚕投水者許諸人首告重治廉地方相警而太和之氣可回矣其他種種欲言統俟面竭　右啟尚少府公祖

九十五

吴昂海塩人弘治間進士任福建方伯能氷玉其守時適有反獄之變方面被害者多贼

獨蘆公不加害歸田值邑令其貪甚一日訪令邑前坊牌有牧愛二字出門公呼令曰老父母坊牌上何以書牧受二字謔而箴也令爲色慚嗟乎今之不牧受者鮮矣然欲如吳公之面箴於時非宜於言巽或不可乎

九十六

唐先生常言天下事貴在處分不在激烈吾鄉嚴尚書震直道逢　建文君只吞金自盡便了卻君臣大分何嘗貽累父母妻子宗族來此所謂善處法也里中唐進士世濟令福

建寧化採礦内臣高彩入其邑先遣人遠迎復厚禮款遇内臣上下俱悦投刺平交身不屈而道自尊賢於他邑前亢後卑多矣况寧化因此獨得免稅所省民膏不貲又有足紀者乎

九十七

唐先生將終之前一二年治具於木鐘堂邀門人仕宦者數人為一席閩教樂與焉時有某宅差家人見先生下跪叩頭先生深揖荅之已而又命自己人仍跪叩頭謝之其敬主

及使如此　先生未嘗口談人過是日不知緣何談及董公份顧公震謂董曰官至尚書至貴矣端陽止應在家同兒孫泛蒲觴奈何不憚勞親謁郡邑送節謂顧則曰子静本是封君可惜做得太早了蓋二公皆先生門人得以訓誨深冀其聞而改之也　又一日論及旱澇先生曰遍天下皆乖戾之氣烏得雨暘時若　劉南坦司空清奇高品能令人竦然起敬然先生不深取之謂其非中庸學問也弟子問故先生曰長媳入門初見偶有元

實一錠五十兩在篋出而予之不二三年娶次媳值空囊數金弗能也若用五十金時念及次媳便當節縮預計何厚薄懸絕至此

先生宗侄將爲賈若於無本商之先生先生曰汝往市中問許多業賈者其資本皆自己有之抑借諸富人者乎侄還白十有六七借人者先生曰富人有本只欲生利但若人失信負之爾汝未暇求本先須立信信立則我不求富人而富人當先覓汝矣

九十八

唐荊川先生自登高科後聲望大震先後按院屢有餽先生坊牌值者先生悉辭謝不受今仕宦有幾位辭謝上司餽者開口便議先生　余師唐先生屢應　詔合當補官先生亦有喜色嘗云情愿做箇典史不愿做翰林編修嗟乎其抱不伸其詞可哀矣荊川先生久高卧已而復出人亦議之余謂先生出也是立身行道何可議得其出為巡撫禦倭失策此是可議處　唐先生著宋學商求一卷凡宋室以道學鳴者八十一人悉加品題有

韓范不及富歐富以事功勝不及宜也乃歐文忠蘇文忠皆不與先生之徵意可推矣二公固以文詞勝者耶

陳摶　种放　高懌　李之才

聶崇義　黃晞　徐復　鄧孝甫

張巹　譙定　張詠　韓琦

范仲淹　胡瑗　孫復　石介

周敦頤　程顥　程頤　張載

邵雍　司馬光　王安石　鄭譙

張九成　陳祥道　李覯　劉安世

呂大鈞　呂希哲　朱光庭　李籲
馬伸　楊時　謝良佐　游酢
呂大臨　張繹　尹焞　孟厚
侯仲良　周行巳　蘇昞　劉安節
胡安國　羅從彥　李侗　胡宏
胡憲　劉勉之　劉子翬　劉清之
王蘋　李郁　李衡　朱熹
呂祖謙　張栻　陸九淵　陳亮
魏梴之　蔡元定　黃榦　李燔
李方子　黃灝　張洽　廖德明

趙師淵　杜知仁　陳埴　薛季孟
程洵　陳傅良　葉適　李道傳
楊簡　真德秀　魏了翁　何基
陳淳

九十九

先生之學大則參贊經綸微則閨房瑣屑無不討究無不體貼其教門人弟子亦然一日言及濯足曰人有教人濯足者不知父母生我二隻手作何用蓋教人濯足也是一件肆志事纔肆志便漸漸流於怠荒故不可不謹

也況富翁公子又有教婦人濯足浣體者乎

杜静臺先生曰天生我二隻手自家儘好著力不必全靠家人亦唐先生教之也余令新淦庚午蒙劉按臺諱思問河南孟縣人召入秋闈先五日前同官十餘人皆列坐閱諸遺才文卷公真率老成人也間有門子不在侍時公親手向閣板上自取文卷盖按院中之大破俗調者公差滿首薦余越八年公復巡撫福建余再為屬官造冊延平相與几二十日余時具殺餅入院聚話公出二子拜余囑余曰後

一青盻且手抱一幼兒呼余曰臨川此我前年所生公年尚少毋自諉也惜予尚未有以副其望云

一百

立志是為學種子期王而王期霸而霸試欲行十里若行十一二里便覺倦十五里便覺厭二十里便病以其原志不及也所以凡事必志以行之但中間邪正小大又貴辨志古人為學一年而離經辨志今人且未說辨的工夫只求有志者尚不多得志於道德功名

不足以累其心志於功名富貴不足以累其心其不累者以志各有在耳志於富貴民斯為下今之志富貴者幾人試觀世上人孰不欲富貴畢竟求而不得何也情分氣散未嘗專志於求耳其心熱事纏只一時意興所發一心鴻鵠隨物有遷朝立夕仆今日立明日仆今年立明年仆殊非貫始終等夷險合表裡之道不足以言立安望其濟即如人欲富專於取利欲貴專於取官有發舒而無翕歛譬之天行四時無元氣以為之本立志是植

此元氣元氣既植開發收閉自然生出許多節序豈有歲功不成佛家所謂婆子氣道家所謂結胎皆能實用此道不謂吾儒輩乃甘心玩愒歲月猛省猛省　古時氣化厚人不易偷後世澆薄之甚胎骨裏已帶病痛加之以積成俗態過眼即移舉心成學古人胎教少儀小學又蕩然不存而世教不明義外風熾欲不汩溺蓋難矣所以世間人都不肯挺然自做人都是喫別人飯穿別人衣說別人話行別人事容作自主翻覆乾坤間有小圖

主宰得其影響者便得手勾當轃洎軒昂次亦小成家當人生瀾倒不振是誠可哀也

張子建問道大難弘不能一蹴至誰何以為從入先生曰道理平平妥妥可知可行至箇至易中庸其至矣乎只是日用常行中而庸者便為極至道理人却不肯知不肯行看做天来大海樣深的殊不知這箇天則昭然自在乃因驕心起便飛揚而上吝心起便卑墮而下躁心起便縱放而前怠心起便廓落而後侵心起便攘攘而右怯心起便委順而左

奇心起便索隱行恠巧心起便機械變詐所以中庸不可能若種種心俱泯即是平平妥妥的即是察乎天地但這種種心從久積習難得消磨排遣故道不明不行其或念而圖之又出入悔吝脫縛交勝不得光净打疊故學不易成　此三條皆先生所著刻木鐘臺集中余讀之晚故失列於述

一百一

君子一言以為智一言以爲不智況士大夫矧爲言官其舉動尤四方之所瞻仰者萬曆

癸酉山西某君與余同入省垣不一二月即論吾浙王陽明先生僞學陽明先生固未易輕議而

主上礽登極事體必有切要於論陽明者余謂此疏可無進也

一百二

當官者衙門固欲整肅而用刑尤貴得當當之一字即孔子所云中也若不中令人何以趨避有一等偏責衙門人自謂嚴治然衙門人獨非蒼生赤子乎陶淵明戒子待童僕曰

彼亦人子也須善遇之此意可以治民束下

一百三

徐文貞公階嘉靖癸未parenthesis甲官翰林編修以議大禮謫延平推官公如初仕為推官者然在任留心民事剖决刑獄暇時巡阡陌問疾苦行屬邑咨賢否與今遷謫諸公逈異時耶人耶

一百四

有官守者不得其職則去有言責者不得其言則去此去全屬自已身上内省之學專而

恬退之風著也今去全屬主爵者罕見有說
自巳不得當去及先幾早去之人

一百五

不佞甲午年自警　朝裏官多做不了世上利多取不了古今書多讀不了親友事多管不了閑是閑非聽不了頻頻收拾身心好辛卯小像自贊顛髮蒙茸顇乎其容既似江上之漁翁峩冠大帶譚時氣雄又似縉紳之巨公爾曾叨大夫之祿耶胡然而屢空爾有攬轡之志而不遂耶又胡然而坦衷今人其居

與俗通古人其心上皇風

一百六

宋時官制最善者舉進士必先除縣尉最不善者不待三年考績屢升屢降士大夫歷二十載有為官二三十任者何以求治　本朝洪武中第三甲進士俱選縣丞亦宋邑尉遺意可惜行之不久　正德初年二甲進士初選尚得為御史今行久任知縣推官博士行人等必三年外或六年而後補御史給事中又不輕任人之意也

一百七

人臣有分職無分心唯職有專責則心隨之而異用爾孔子嘗為委吏為乘田為中都宰何嘗擇官而仕萬曆間聞有知縣選為南道御史者大負不平之氣直於吏部堂上忿爭太宰不聞上疏區處其量真同文潞公婁師德矣

一百八

宋室諸君視臣下真有家人父子之意然律之君德以剛為主則胥有失焉野史載丁謂

廷試名在第四人謂不悅上曰甲乙丙丁汝
正該第四此等話但顧傳者謬誤若果眞豈
朝廷上所宜有耶王荊公自恃多學可以轉
移世道却視得神宗柔懦徑情自用已蹈不
臣之罪矧奸惡如檜簸弄其主羅李忠定傾
岳武穆又士論之所必誅者哉張江陵天分
儘好事業也有幾分可觀只一日上疏内揚
自己輔相庶幾小康　陛下不欲用臣則已
如欲用臣云云似有唯其所欲而人莫敢言
之意這心腸這筆端何以令人心服無議恐

皇天后土亦不祐之冥冥中也

一百九

近世末俗有大惡大不義之事而已不知其非人亦不以為非彼婦人視之似若以為當然而不媿者何也主人之於僕媳是也痛省痛省然亦有因是而己身被絏者歲歲有之萬曆三十一年癸卯山東兗州知府其臨清州守其皆被絏總之不出床笫之事

一百十

孟子七篇道性善本仁義稱堯舜祭前聖所

未發功甚鉅也其喫緊爲人莫如夜氣二字最喚得人醒即行盜之人清夜非無良心萌動所惜旦晝牿亡嗟嗟凡民無足論矣曾口讀孟子過的何不猛想

一百十一

孔子不取聽訟而貴使民無訟使之一言有許大源頭工夫在先文王所以使虞芮質成也不越此道今日非奉勅旨明文不知誰人作俑倡爲息供二字原告硬中需索被告悉如意即具息到官官一

切准允不加詳察雖撫按衙門賢者在上猶然甘心爲之嗟乎此勸民好訟之妙術余不知其可也

一百十二

士大夫看得迎送一節爲細故竟忘却律條有禁止二字又有牌行禁止而卑官失迎及迎弗遠者往往蒙盛怒鞭撻此不知何意萬曆間吳江令遣丞迎一過客天寒氷結丞墮水莫救死匿故不以上聞若在

祖宗朝恐難逃於根究也

一百十三

莫之爲而爲者天也有所爲而爲非天矣因材而篤者天也篤之不因其材非天矣日月風雨露雷霜雪皆天也有私照私被非天矣官以天名俾人可求可測是謂自小其天

萬曆甲辰大察考功郎馬公大儒山東陽信人質直詳慎大察不能干以私有一縣令不職守巡兩道庇之公去令併處守巡兩道入覲諸公還具言其事如此可不謂難矣哉

一百十四

狄梁公仁傑巡按江南所至淫祠悉毀之止
留大禹吳泰伯伍員季札四祠武三思妓素
娥有殊色梁公請見之忽失所在堂奧中如
聞語曰其花月之妖梁公正人也何敢見焉
嗟乎為人不可不正也如此夫

一百十五

余嘗與董懋德游　京師
天壇頗知道家嗜利自来無漫然留客者戊辰
觀政與胡年兄同在禮部一日午後胡忽約
二年兄過余云游

天壇去余問曰何人治具決當懷金兩許以行胡曰兄任行不必問二兄亦不言意謂道家必晋款也余勉隨行道家一茶之外更無留意乃空腹往返四十里事雖微亦冥行取困之一端歟

一百十六

蔣恭靖公瑶與中貴人會勘民事中貴受賄欲死被誣者公潛戒行杖者曰我命汝笞數多汝須勿重其人死我亦死汝輩被誣者已而獲全中貴大悅而罷先輩員機應物類如

此

一百十七

宋王恭武公德用勳名蓋世中丞孔道輔等因事論劾遂罷樞密出鎮復貶官知随州久之道輔卒或有譲公者曰害公道輔卒矣公愀然曰孔公以職言事豈害我耶可惜朝廷亡一直臣爾士大夫服公雅量

一百十八

王沂公曾狀元及第還青州郡守遣父老倡樂迎之近郊公易服乗小騎由他門入遂謁

守守驚曰方遣人奉迎公何為遽抵此公曰不才幸忝科名豈敢煩太守父老致迓是重其過也太守服其遠器李子曰沂公特幸而當宋盛時又幸而青產故得遂其高雅爾若產吾東南則在千里外戚屬隣里凡欲求媚納交者必蒲伏蛇行孔道為塞公即欲變姓名從他城門入焉可得耶覽今思古重有慨焉矣

一百十九

用明扵内者見已之過用明於外者見人之

過見已之過者視天下皆勝已也見人之過者視天下皆不如已也此智愚所以分歟此言可為終身師座右銘

一百二十

冦萊公年十九舉進士時太宗取士多問其年年少者往往罷遣或教公增年公曰吾初進取可欺君耶高大學士儀嘗教諸進士曰減年入齒錄嘉靖辛丑以前無此事近日始有之諸子慎勿為卒無人從先生之言者致齒錄與同年敘會大相矛盾恬然不以爲非

嗚呼何怍乎人品不萊公若者比比然也

一百二十一

宋太祖初仕周世宗於澶州曹彬爲世宗親吏掌茶酒太祖嘗從彬索酒彬曰此官酒不敢相與自沽酒以飲太祖古之人臣即細事亦不欺其主如此後太祖卒大任彬豈無試而漫用之耶

一百二十二

滕公（伯輪壬戌進士閩建寧人）官浙巡撫時妾生一子夫人在家公卒于官歸襯夫人不賢甚誓欲

殺妾及子襯未至礪刄相待素無疾一夕忽奄逝母子得無恙焉蓋公雖有長郎而不諳人道説者云此天不欲斬滕公後也其事稍與宋劉元城所遭相類人皆異之

一百二十三

包孝肅公家訓云後世子孫仕宦有犯贓濫者不得放歸本家亡殁之後不得葬於大塋之中不從吾志非吾子孫凡三十七字子孫皆押字其下吾嘉城錢懷蘇公名文同癸丑進士初仕為祁門令官至太守清貧如洗又不

壽殁後其父卬之将葬地售之他姓或有傳其毀屍市柩者狀甚慘不知果否厥父少爲理刑衙書習成慘刻余幼時曾識之嗟嗟此貪夫孝豈但孝肅之罪人盖天下古今士大夫之罪人也

一百二十四

人生至樂莫如讀書至要無如教子富者之教子須是重道貧者之教子須是守節然欲教子必須先生子子不生教何從施生子之訣柰何曰聚精會神施惠強恕

一百二十五

東廣方寅所亮工辛未進士知烏程有按察驛傳道行縣送鄉官某某各折儀共二十餘金仰動支無碍官銀及本道紙贖送繳方回曰並無前項紙贖官銀可以動支將原票徑繳道銜之若在今日則須曲處應命求欲如方難其人已

一百二十六

王文正公旦最是寬厚長者張師德狀元及第已爲諫議大夫視知制誥循資非驟至爾

文正乃以兩及門為奔競曰後生待我淺也遲而不與古之大臣其用心固如此後世必以不及門為疎安有惜其兩及者

一百二十七

閔僉憲公遠慶執母喪扶柩不廢俗禮邀余題其母氏神主登余舟相請痛哭涕零余自中所未見者子云喪與其易也寧戚閔公有焉

一百二十八

韓魏公琦為丞相每見文字有攻人隱惡者

即手自封之未嘗使人見　杜正獻公衍歷知州轉運未嘗壞一箇官員其間不勤者即委以事使之不暇惰不謹者諭以禍福俾之改過自新或咎公持心太恕公曰為政去其太甚者爾　胡文恭公宿知湖州前守滕公大興學校費錢不貲滕去群小菲然謗議通判以下不肯書其簿公當坐折之曰滕侯之謀儻有不臧何不早發侯其去乃非之豈古人分謗之意一坐大慚　韓魏公曰人能扶人之危賙人之急固是美事能勿自談則益

善矣　丁晉公雖險詐亦有長者之言仁廟嘗怒一朝士再三語及公不荅上作色曰叵耐問輒不應謂徐奏曰雷霆之下更加一言則虀粉矣上重其言　傳獻簡公言以帷箔之罪加於人最為暗昧萬一非辜則令終身被其惡名致使君臣父子之間難施面目言之得無訒乎　鍾離瓘為江州守有女納許氏聘将嫁市婢從嫁間因得故令之女於胥氏權惻然傷之移書於許欲将已備嫁奩先嫁故令女已女改明年許曰遽伯玉恥獨為

君子君何自專仁義願以前令之女配吾子君別求良家以嫁君女於是前令之女卒歸許氏焉　受人之恩而不忍負者其為子必孝為臣必忠　有施貴勿念受施貴不忘趙康靖公槩與歐陽文忠同修起居注文忠意輕之他日文忠被誣康靖上書曰修以文學為近臣不可以閨房曖昧之事轉加污衊臣與修踪跡素疎修之待臣亦薄所惜者朝廷大體耳公之厚德視睚眦之讐必報者奚啻天淵　宋哲宗自在濮邸即有賢名及還

入内良賤不及三十口行李蕭然無異寒素有書數厨而已聞者莫不相賀　魏公雖在外然其心常繫社稷至身老而心益篤雖病不忘國家或聞更祖宗一法度壞朝廷一紀綱則涕泣終日不食

一百二十九

鄉同年馮小山敏功平湖人余仕途為令公已作江右少叅矣移書不佞曰凡初入仕不可有立異心不可有好名心纔好名便要立異纔立異不久便要破敗唯平易二字可終身行

之余佩服其教

聞雜紀九卷終

續見聞雜紀十卷

天興 李樂彥和述著

一 朱國禎文寧校正

袁州學記皇帝二十有三年制詔州縣立學惟時守令有哲有愚有屈力殫慮祗順德意有假官借師苟具文書或連數城亡誦絃聲倡而不和教化不行三十有二年范陽祖君無擇知袁州始至進諸生知學宮闕狀大懼人材放失儒效闊疎亡以稱上意旨通判潁川陳君侁聞而是之議以克合相舊夫子廟

陿隘不足改為乃營之東厥土燥剛厥位面
陽厥材孔良殿堂門廡黝堊丹漆舉以法故
生師有舍庖廩有次百爾器備並手偕作工
善吏勤晨夜展力越明年成釋菜且有日盱
江李覯諗于衆曰惟四代之學考諸經可見
秦以山西鏖六國欲帝萬世劉氏一呼而關
門不守武夫健将賣降恐後何邪詩書之道
廢人惟見利而不聞義焉耳孝武乘豐富世
祖出戎行皆孳孳學術俗化之厚延於靈獻
草茅危言者折首而不悔功烈震主者聞命

而釋兵群雄相視不敢去臣位尚數十年教道之結人心如此今代遭聖神爾表得聖君俾爾由庠序踐古人迹天下治則譚禮樂以陶吾民一有不幸尤當仗大節為臣死忠為子死孝使人有所賴且有所法是為朝家教學之意若其弄筆以徼利達而已豈徒二三子之羞抑亦為國者之憂

一

薛文清公瑄要語近萬言各自成段未嘗為長篇大章然而傳布久遠後有作者不能過

何也先生以人品勝以道術勝而不以文詞勝也試摘三四條有切於身心者粘之座右常目在之

敬録○讀書不體貼向自家身心上做工夫雖讀盡古今天下之書無益也○一念不謹即作狂之端兆一念能謹即作聖之端兆充其極則堯桀分矣○大丈夫心事當如青天白日使人得而見之可也○常默可以見道○張子曰無天下國家皆非之理學至于不責人其德進矣○多言最使人心志流蕩而氣亦損少言不惟養得德深又

養得氣完而夢寐亦安

二

禮部尚書于公書(公名慎行)同年中如翁丈相違最久彷彿偉貌之言斗山可望也乃至芥雁軒冕高卧雲松耳中之清謦可聞牘中之大名可捐而千仞之羽不可下也則吴越之間如翁丈幾人蓋不肖弟心醉而神竦有年矣歸卧山樊已踰一紀關河遼邈附問益難而得從門人楊君備聞近履且述芳規盛範化孚里人自謂師承之幸盖停杯對語望南雲

而竦慕如將見之弟小年下德何足品題而揚君橫以交游之私仰干鴻製明珠遠道光映琅函所以寵靈下走亦過當矣然使不肖弟得從數千里外聞數十年之音徽其欣忭又何可言使旋附此奉謝頃當和歌奉祝附楊君以獻惟翁丈加飡順和以膺壽祉不具

三

范方伯書公名■徽州人側聞門下修身濬德垂數十年進則澤加蒼黎清聲遠播退則林泉為政示法鄉邦士與民罔不交口而揄揚之夫

身隱而道尊名可聞而有司不可見維風化俗默為轉移厥功偉矣生濫竽甸宣之末殊負耆舊桑梓之懷睠言高蹈每切趨承雲樹參差無由躬侍杖屨析名理求化源以裨謭陋何虇如之謹撳屬吏持尺楮虔修問忱倘蒙台慈不鄙夷之片語發蒙四郊沭惠無量則亦諸父老之所願也瀕緘神馳不盡詹企

四 此以下皆樂所著

楊守禮號南澗山西蒲州籍直隸安州人正德辛未進士歷官憲臬以尚書都御史總制陝西三邊加太子少保予告為人闊大不拘細節嘉靖乙

閒值地震大變州人争搶奪殺人不復言官法上司闢風畏避莫知計所出公時掾二十鎗釲矣先期出示曉以　朝廷威法其亂猶故再越一二日仍亂公不得已幷牛皮帳用家丁率地方知事人斬首亂者四人懸其頭於四城門而亂遂定嗟乎公雖抱雄才大略倘死生利害之念一萌於中則無其位而欲便宜行事浩然之氣將不索然而餒乎此豪傑大過人之作用難與拘儒道也尚公欽陽言其詳如此○添設尚公從試蒲州人一言不苟一

塵不染以嚴凝蒞官以謙恭待士大夫前守病過慈紀法蕩廢吏胥各役人人得行其私胥近八十人公至不半載裁其半升堂無一胥傍侍衙門肅清决獄是非不爽無勞久候亦不令人費錢夏五月雨不降公竭誠祈求合衙茹蔬者兩旬晨興靡神不禱雨卒應旱不為患民甚德之卒因水土不伏病一士人又以寸啓数言觸忤遂求去惜哉大計劣處不知其故

五

世風淺薄西吳為甚凡父兄登科第者其子弟大都憑籍起家何況奴僕然利害倚伏醜態萬狀乞哀免禍余竊目覩而心傷之茅鹿門先生官顧顯兄乾叔儻有俠氣家人賈商為業弟艮篤朴安分嗜農桑利曾不倚恃鹿門剝削殘虐細民各成大家卒以府判藩幕終其身二家子孫亦多讀書登科嗟嗟俯視今之齷齪鄙瑣滿面染坊者天淵矣〇茅族丁頗衆盛富貴貧賤紛雜皆能務本力穡其貧〻賤者不屑仰于富貴家而富貴人待其

宗人亦固守卑幼之禮能勿失較之他鎮卑謟倨傲全無敦睦意不但婚喪杯酌不通即相見亦多艱阻其不逮苐甚矣〇鹿門弱冠游學餘姚師事錢應揚先生先生有美婢臘梅見鹿門之丰姿而注意焉屢屢求合嘗更深至書房呼猫鹿門厲聲曰汝丫鬟何深夜呼猫應曰我非呼小猫呼汝大茅爾鹿門正色拒曰我父命我遠出讀書若分心於汝何以見父亦何顔以見先生我必不就汝毋再来也臘梅曰我心切想汝汝不應我我有死

尒一夕果投後園井中幸井枯得不死主人索而出之價不滿其色嫁焉公當少年其立志弘遠堅貞若此可以為難矣卒以文章鳴于世而子若孫昌大也宜哉

六

天之生才不一朝廷儲才不同調元秉銓大臣須要賞罰予奪稽衆獨斷務得懲勸之宜方有裨化理今不問異才庸才上等廉中等廉異常貪酷平等貪酷混依故事處置豪傑何由特知奮起諸君子博古通今獨不見虞

書知人安民之訓漢高祖所以成帝業只在知人善任使五字乎

七

萬曆丙午北畿鄉試有士人姓綦者中第四名其文乃割裂北方名士綦硃卷取中士曾作館師於治中衙治中曾閱其文與第四名刊卷同故及發覺上疏正罪聞舉人問革充軍當矣其巧計狠毒割裂士卷之人余謂奪造化之權竊主司之目律雖不載法所必誅今聞未必死法司高見玄遠殊不能解

八

萬曆甲辰會試程文論語不知命篇不知翰林先生何人所撰精確古雅即王文恪公鏊讀之亦必點頭余不勝嘆羨時義古道再見也惜乎主試先生能以此呈

聖覽不能以此律上中式文字下二條根上命字者多殊失書旨作到奇怪深奧後生不能句讀恐於世道有關非細故也

九

余由禮科給事還　朝道經南宿州〻無正

官夫銀想入棍徒手容至乏夫供役凡鄉人出市者用強拿之囚於空室臨發令夫頭押以送行余行二三里有一夫訴余曰小人有家出入乘馬何嘗為人肩輿昨為夫頭所苦耳余責夫頭二十差人押之僱夫以代釋是人去其人叩頭致謝嗟嗟天下事棍徒得利平民受灾如此類者何可勝計哉但吾輩不肯加意爾由宿至徐徐孔道也夫苦亦與宿同此中多官會集大費朝廷錢糧有何難處

十

洪武間蘇州太守姚善安陸人洞達政體周悉人情屢請郡賢咨求治道隱士王賓居陋巷善舍車詣門賓開門延語及賓報謁面府門再拜而返又將候韓奕先生奕避入太湖善嘆曰韓先生所謂名可聞而面不可見者歟錢芹者自守甚高善願見不可得使人先道意芹對使者曰芹誠願見公然芹民也禮不可往見于庭若明公弘下士之風請俟月朔相會于學宮善如期至迎芹置上座芹授以戰守制勝之策時猶未有靖難事也今蘇

州有三高桐抑郎王韓錢三公耶

十一

桐邑令陸公培吾杭在邑五年守頗廉潔政亦平易人猶可及家常熟離桐一日夜之程爾終其官無一親戚故人投刺屬託留衙損譽百姓以事入官一面後久久識認人不能欺此古賢者所未易能也今之從政者鄉里親舊接踵塡門已不以為非上官亦不以為怪可笑

十二

江右史公星塘泰天性簡約清苦以道學鳴世除河南汝寧太守未入郡蹤跡寒素諸役吏人無有能接太守於途者一日忽帶一僕肩一竹箱至任與僚友相約行禮止二拜節推某行四拜禮公不答後二拜直受焉賢而過者也節推公不從僚長之命足恭取辱何耶

十三

士大夫有不善處貧者亦有不善處富者貧而務奢好施與如翰林脩撰沈公懋學結債

至二三千金其卒也不知曾償人否失古人量入為出之道同年姚華麓（體信）有田二三千畝口食不給時稱貸於富家翁余諷之曰第止田百畝歲食外尚餘三四十石買蔬菜姚非不善處富之徵乎○先進遺風一書楚侗耿公（定向）所纂也叙本朝名臣自宋文憲公（濂）至李公（謙）凡五十六人嘉言善行靡不可為後進楷法其意可尚矣先生講學大意不貴勇往直言而貴退巽和柔吾師唐先生之見亦然○余少聞蘇松間婦女夜走城市

步月樵李則目及睹之不意湖城敦朴地二十年以来亦踵其陋風恬不知耻至于設席則湖尤在蘇嘉之上盖作倆於大宦家可慨也

十四

閩按臺某江右人本長厚可取但臨各屬作揖雖倉塲驛遞官亦深荅揖與郡邑長官同不知於禮有所據否余淺學失考然却不敢從之僅：舉手荅不鞠躬也

十五

近年當路太拘文法太重時套耿楚侗定向先生撫閩建陽縣令方入覲回邑其官無碍也聞其用五十金售一美少年先生即单本勑之席不煖羅織去○閩中又一縣令浙人也年未甚高但苦病狀其龍鍾拜跪艱起每見余余極憐之輙問衙中令郎輩俱在否恐其忽故乏人張主也然與太宰至親按君欲留以充行取之選却不致仕去亦耿先生論其有疾罷職

十六

嘉靖壬戌年予讀書家兄小莊黎明有湖州兵船十隻許約百人從莊後過問何事曰張太爺差捕賊祝阿龍也先一日阿龍委在鎮宿娼風聞先遁去不能得亡何桐令曾某亦索阿龍差一二善捕者密縛阿龍立至若運掌焉嗟乎阿龍一也不得其機則百人捕之而不足得其機則一二人縛之而有餘夫大軍亦然將兵者當先機矣

十七

古人重世德重家教二者得兼子孫必不淪

落即命落必不大狼狽余目見呂通政公希周崇德人湯通政公日新秀水人嘉靖戊戌狀元吏侍茅公瓚杭城人三公歿後子孫皆不得其所徙步自肩米者有之敝衣行市中頭不備冠者有之甚或寄食親故者有之必其世德薄家教弛也有志於持盈履後者可以鑒矣

十八

浙江巡按任滿故事定於平望接待寺交代湖州嘉興公同支應自萬曆十年後節推某公固請按君至湖時方盛暑將大艘並封帮若

干隻用板平鋪覆以蓆又厚蓋以松枝暑無由入也两按君飲畢大悅去以後湖州交代遂爲成規三司各府理刑無不遵按臺十八中或二三公謝絕二縣令夙興夜寐食不以時奔走勞悴繼之以病下役苦被笞楚不待言也節推公之貽害大矣哉今幸稍〻不循故事矣

十九

余年七十外所見皆後生纖巧淺薄可厭回首往事近古者邈不可追因紀二三事以識

羨慕○朱方伯約齋奎汀右人己未進士余僉閱時憲長也余同寅文王在吾自外道入省盤桓數日而別朱公銜切近吾兩人銜公令一門子隨後捧餅二盒面送予兩人曰此敝銜手製菓餡餅也備途中用究似鄉村徃来風致責以貴游中人安可復得也○里中王君紹白漢齡衣冠文物之後家業儘裕入會城每見其步行數十里不以為倦老於世故卑已尊人赴人酌屢見其苦辭專席僕從甚簡其所用意深遠矣○封公夏雲泉儒以子貴封奉

直大夫自少至老色無他御每與不佞相晤猶暫呼不佞老大人予先兄時秀與公父最善歿且五十年公對余道往事必稱時秀阿叔云云蓋先兄最貧人所易忽余以是益服公賢不易及也○官無大小皆稱曰老人無老幼皆稱曰翁曾於題跋中見此四語哀時也今以老字復加於無官年少之夫謬舛甚矣予少為舉人時表兄亞卿沈公還里陳竹山先生年長於亞卿止稱曰少吳未嘗稱老亦不稱翁先贈君亦止稱少吳醫士金樽

年頗高其見先贈君必高聲呼曰毋姨夫今
家人伯叔姪兄弟相揖不口呼其尊行者多
矣稱子姪之號者亦有之嘉靖時不如是也
二十
名以命之器以別之故曰名器不可以假人
孔子為政必先正名邑大夫於諸生為提調
官今呼諸生曰先生先生長者之通稱也以
長者目其弟子為先生可乎○俗僧為人作
道場迎佛焚屍僭張黄蓋或青蓋郡邑想不
知余謂即知之未必加罪何也錢可以通神

也趙高指鹿爲馬古今以爲怪然馬與鹿皆四足兩耳鹿之老大者或與馬並高今錢神一通四足可兩兩足可四曾有杭州一官檢婦人屍傷者驗之卒是男子身盖換屍巧妙皆錢神所致有志于世道者焉得不扼腕長嘆耶○人間巧計趨利避害極矣今日只靠得一天在上時常發露莫之爲而爲昭然報應所以人略有忌憚心何曾畏着王法來或曰然則王法可廢耶曰王法何可廢貪官污吏廢之又有一種軟熟自號長厚之人聽其

廢而莫之禁雖有善者恐無補於禍亂之將至也

世宗肅皇帝英毅神断最嚴於夤緣科目故以翟閣老之貴寵不能庇其二子終

世宗朝嚴分宜徐文貞子弟何嘗有干鄉試者入隆萬年間何須閣老顯官凡有財富人皆得以曲計中榜科道官秘之不以上聞即有聞亦不見究竟發落然往往見此輩多不壽不能享朝廷厚俸大禄此是天理發見處可畏也

二十一

程嬰公孫杵臼立孤死難人皆相傳為一時事孔文谷先生天循陝西人嘉靖乙巳丙午間浙江學憲作文文山黃冠歸故鄉論獨曰二公者一死於五十年之前一死於五十年之後萬世而下皆不失為趙氏忠臣先生之言必有考據余故存之

二十二

唐武后淫穢無婦儀君子所羞稱也然覽駱賓王為徐敬業草檄猶曰有人如此而使之

淪落不偶此宰相之過也其知大體固如此今岩棲穴處之士未可謂無人有人不用宰相曰責在吏部吏部曰責在撫按不舉既舉而不用又曰責在文選未有引以為己辜者豈冠裳男子反婦人女子之不若哉世路只從行處熟人情不以節為甘也

二十三

萬曆辛丑春三月翰林檢討朱公國禎拜南國子司業戒行不佞送之潯上因講師道立而善人多立之一字滋味甚是含蓄所關於

世道甚大公此行與他尊官之出迥別不可不思所以立也若看得立字淺時難道許多尊官大吏一向只眠坐不成平涵深以為然時有杭嘉二郡生列坐聽余言而訝之想以為迂闊不近人情也○退一步行安樂法道三箇好喜歡緣此二言不知出自何人之口夫知進而不知退知存而不知亡知得而不知喪聖人以為動而有悔則退一步行是誠安樂法門矣乃逢人道好不為佞人則為鄙夫如何使得然斯言也余閱世既多知人情

難處不是三箇道好即賢者亦未必交歡乃嘆斯言非世道之幸非君子處已處人之成法也

二十四

劉司空南坦麟故人龍西溪覓有弟歸葬司空送之柩臨發司空向扶柩諸人曰列位大哥有劳你擡我龍三哥穩當忒遂雙膝跪地高義邁古振今非特以貴下賤為可稱也

二十五

歸安雙林鎮一人與沈中丞為隣其人殘忍

不仁毒害磨騾騾未死時忽作人言數其人之罪惡如何害我性命至天明死中丞毋夫人親聽之常以戒其子孫孫某肄業舍下對余道其詳

二十六

萬曆甲辰歲余欲製藥需黑荳命僕輩求之姑蘇嘉興皆不得乃一肆中盈筐則在舍西百步內冬十月覓一穿井人旬日不獲而僦房人善其事者在咫尺間且日持穿井器行市中李子浩歎曰心不在焉視而不見道在

邇而求諸遠其斯之謂與人薄妻房而昵他色讐兄弟而交匪人舍近圩而耕遠畝皆此類也

二十七

畢松坡先生鍇為吾浙督學使秉公殫明多得名士已而為右方伯左方伯入覲去先生視司事既畢司故有例金皆諸方伯所不辭者庫官悉出以獻約千金先生義形于面卻不受其文詳三院籍而貯之庫焉嗟乎豪傑之士固非常格俗品所能束縛也後遷戶部

尚書余浙人都掌科力摭余論劾之余不敢從而止未幾余轉閩僉以出

二十八

王鳳洲太倉人博學攻文章雅稱才子弇州集若干卷内載三十三天来歷詳備言雖有據不無荒唐總不如張子由太虚有天之名一句創見近理誰為鳳洲諍友而削之

二十九

唐人詩有關世教者儘多求其痌切民隱者莫如昨日到城郭歸来淚滿襟遍身綺羅者

不是養蠶人二月賣新絲五月糶新穀醫得眼前瘡剜却心頭肉我願君王心化作光明燭不照綺羅筵偏照逃亡屋貴介公子及富家郎其父若兄不可不自少以此講解令子弟熟聞二十年来東南郡邑凡生員讀書人家有力者盡爲婦人紅紫之服外披内衣姑不論也余對湖州太守陳公幼學曰近日老朽改得古詩一首太守曰願聞余曰昨日到城郭歸来淚滿襟遍身女衣者盡是讀書人時郡中諸公俱作客余叨陪席故言此〇文

房四寶筆居其一吾湖製筆之鄉也余少時所見一分一矢者儘佳迨嘉靖末年乃有三分一矢者矣近年作恠云有三錢一矢者余未之見余亦上書太守極言此是地方灾異事不可不嚴禁士人所戴巾製作恠同在書中太守俱不見施行

三十

萬曆間閣臣某與太宰某途遇太宰擧手與閣臣會閣臣不為禮夫大臣義不受辱况太宰百僚之長乎大明會典無途遇擧手儀注

不知此事曾奏聞

主上聽處分否又聞陸五臺先生為太宰不避

閣臣趙瀔陽轎不知何故余偕謂當太宰舉

手時閣臣必當答禮為　朝廷存太宰體若

太宰失禮自應謝過失不在閣臣今若此閣

臣終自存體不顧太宰體爾山野之見未審

如何

三十一

桐鄉縣舊誌載儒學藏書　宋徐龜年潛軒

集十卷　莫蒙集十卷　貝清江集二十卷

清江詩集四卷　程都憲巽隱集四卷　鮑恂西溪漫稿四卷恂嘉興人　宋陳簡齋詩集二冊　楊觧元述蘭谷集四卷述崇德人　舊縣志七卷天順五年教諭危山纂修　續縣志十四卷弘治十五年鄉進士錢榮纂修今廢

正德五年冬十月，虎入縣境，在梧桐鄉見，喜村縣令張公痛自責省，為文遣之，虎即日不復見

三十二

余年十六七歲時，有一箆頭漢子常為余箆頭，忉一向余說里中一大家某妻妾四五人

篦頭皆用我余訝曰豈有此理已而他詢男

然此姓人頗横老少皆不循規矩家兄欲以

一子為其贅婿時嘉靖四十年也予讀書台

山作書近尺許力止家兄且曰其家不久必

破敗無卓錐地家兄然余言寢贅不數年基

地房屋果為官家所有家兄子名造為諸生

少有作文資筆然好賭錢窮晝夜之力不自

惜以嘔冊㚉亡可為後生戒

三十三

朝廷大內有惜薪司

祖宗崇儉深意今民間畧成家者婦人不知艱苦便不愛惜柴草可憾可憾故曰家道窮必起於婦人凡兄弟不睦之家必自婦人不賢始

三十四

浙浦江義門鄭氏

高皇帝曾幸其第駕旋對　馬皇后盛稱其孝誼　后曰陛下以匹夫成帝業然則鄭欲幹大事易易乎

高皇召其族長問之曰汝家緣何得同心如此

對曰臣家無他善狀只不聽婦人言唯遵祖宗訓爾　帝默然此傳聞語恐未必真　賜號義門鄭氏坊額曰江南第一家

三十五

禾城談時雍者號繼岩世嬰兒醫也神術冠一時余宿其書舍晨興約一時許遠近抱嬰孩至者不下四三十人視畢無不與藥辭金大約十受二三此特小者爾余通家徽人開典於禾長郎中痘瘡本無恙諸醫故言不佳索厚謝與談亦素交夜趨視之視畢諸醫皆

在談不敢明言第叟主人遠去附耳曰令郎症好不藥無碍後果如其言徽商設席酬以百十金笑而不納嗟乎孰謂醫僅小道哉如談可以警貪風世矣

三十六

吴江朱大經由吏員任倉大使甫半載乞假訓蒙度日取予不苟令公劉峙俊叩訪求邑中善士鄉耆或以大經對公書扁具豐禮差義民官旌其廬此猶可諉於公家財易辨也復有四六莊啟與移尊官大吏不殊或問之

衙人曰劉公親筆也公一念揚善導民之意真迥拔時套者哉○公治行懲惡與勸善大都非人所能從史亦非人所能勸止初政上官不甚悅後頗相安行取去語云千里馬常有而伯樂不常有余與公未嘗識面不知其人之詳得之耳聞心竊異其為千里馬也姑論其大畧如此

三十七

言官論劾大臣必須一段公心是非不枉兩下對證而我毫無媿色至如論元輔太宰本

兵須先下工夫看見眼前何人可代得代者必賢於去者必有益於國家此善於進言亦忠於進言者也若只做得這篇文字打出自已名頭毫於國家無補不如緘口不言反於言責無損

三十八

唐先生對諸弟子曰人生一身只是脾胃受虧弟子問曰何也先生曰酒色財氣四字酒字還兼着食味來今人説自家傷酒致病者尚有其傷食傷色傷財傷氣諸病痛人却不

背伏罪人若問及何症一槩混推脾胃不佳脾胃是一件出官搪塞人的物事何等受虧

三十九

不拘郡邑官要做得好時須先屏遠吏胥門皂不容近身使其言不得到耳根即有問斷差錯百姓也亮得我過不然人便說滿堂都是官了聲譽何由得起淦令勞公樟崇德人雖由鄉科任却不蹈這病人號勞鐵耳祀名宦百餘年矣○淦縣治本在紫淦山隋開皇間令李子樂遷今治公名與余僅多一子字

亦奇事也予後修葺譙樓不欲因一時之工而泯滅公名皆仍其舊不改焉唐末又有李中亦淦令多善政著碧雲集不知何許人明有李樂號臨川在任著金川紀事蒙行取歸田著見聞雜紀淦人今號一劳三李○余自淦入府城每由陸路約六十里遇寒月則沿路里長二三處必帶平定巾青衣來見〻必以大茶甌瀉酒入鷄子四枚敵予為各享其半收去這景象分明有父母子民之意不容多得若富家翁辦了攢盒來供非不鄭重却

無古朴儉率意思近年嘉湖鄉士夫宴郡邑官者動言客席須銀一兩一卓余不敢隨衆竊謂用銀一兩辦殽百盤主人固不稱賢主其客亦焉得為佳客哉胥失之矣可慨

四十

嘉靖戊午余讀書古山州亞守蒓川王君洲先期約治具入山訪予越數日值重陽君自苕上歸以詩来曰為訂登高約風帆掛月来莫嫌供給少懶下讀書臺由今戊申追數已五十一年矣感而傷之蓋公殁於萬曆癸酉

去今又三十六年也時俗但見例貢出仕輒以為不通經史而公實讀書觀其詩烏可忽其人也況多厚德清修可重同堂兄濟即雨舟先生亦讀書善詩行有高誼並載烏青誌

四十一

朱都御史紈蘇州人嘉靖二十三年間始巡撫吾浙前此久未設也嘉興知府趙公瀛陝西三原人端凝嚴重有古大臣風迎朱都御史於三塔灣不下跪用黃傘蓋立其下吏跪口稟知府接爺朱大不悅隨移檄委趙往福

建漳州平寇、、平還郡朱不能沒其功仍薦
之後擢易州備兵憲副以行
四十二
漢書屢見磔市之刑磔即今之凌遲刑也禮
記月令云季冬命有司旁磔出土牛以送寒
氣磔音責裂意也○胡羊一獸尒白晝不交
人前不交可以人而不胡羊若乎
四十三
龍賓野先生訓僑寓吾鎮仕終學諭少羸弱
多病六月常穿綿觧褁脚亦至傷風然保身

多方靡所不慎屢同宴會衆飯先生度不饑止挑一二箸起卒年八十二可見人當保養不宜全諉之命数也○龍家貧居館師日多教弟子及其主人不必言矣暇時併教服侍童子温和真切童子粗暴者皆化之○里中陳竹丘先生文奎見烏青志人物傳善行難以枚舉曾作館師於錢氏一日責其弟子弟子問何罪先生曰睡起如何不理衾穿衣庀遽不提領先生父作教于亳門人来淅爲二司官召先生問曰聞尊翁坊牌傾圯修理需

若干金意欲厚之也先生不敢大其費謹條開十金外以復生平自束脩以上大約少受人禮物道逢大雨步不為亂後生雖有放肆者見先生亦必斂束也

四十四

臯林巡檢司宣德五年設至萬曆甲辰改衙門于石門鎮知縣楊公日森從巡檢金麟角之請也司係桐邑北門外有鎖鑰之意緩急不可少他日必有議復故址者金淮安人行甚貪惡亦楊公不察大計倖免

四十五

鎮之北五里許吳江地方有高三者行盜二三十年專匿六里壩夜殺人少府羅公斗檢其家贓物如員領金銀帶扇墨牙箸等無不具備他可知也成獄死獄中不及正罪人謂其有餘辜也羅後以酷去官坐提問劾章有誣良民高三爲盜等句皆本郡節推公手筆上司不察而過聽之天下古今之大冤也節推公年未四旬而卒未必非誣善之報歟

四十六

相國少師申公時行少與吳江金生粟崗者同筆硯曾有婚姻之約以殤子不果金生卒相公歸田後念金生欲以孫女許金生之孫其媳難之相公夫人諭相公意竟許焉相公躬送孫女於金厚其嫁資一切禮幣皆謝不受君子曰念故不遺門楣不計而厚嫁薄聘相公可以風世厚俗矣

四十七

添設二守褚公國祥武進人庚辰進士寬平簡易清守不緇北柵姚姓者妻以久病亡其父告

◎

壻毆死公准其詞不發行下午特至北柵下後不知所之爲何入姚姓家妻尚未殮也驗無毆死狀呼兩造而俱釋之不聞有一錢之費也○一日公出更深回衙適轎船落後命一門子同快兵持手燈步回地方不知爲少府公或病其褻無官體余以爲古道可取焉

太守陳公幼學主持近祀入名宦李子曰褚公爲官所謂三事克修者初任浦城孰不謂當行取乃因越囚三人不與陞二守又值吾鎭添設清苦百倍稱貸三百金供應上官過

客卒以終養去補官東兖治河非其所長復
議調歸未久而病卒也天於廉吏何不垂憫
至是哉

四十八

桐邑生沈惟藩應正貢偶跌損成疾縣學起
貢文書俱送陪貢生陸日新沈自揣狼狽約
陸曰我當讓汝言訖淚如雨陸惻然曰兄疾
尚可瘳寬心尚有好日一生辛苦何遽讓我
時親友多勸陸貢陸不以為然值洪宗師考
陸生扶掖至案前禀云沈生昨日投文偶跌

損正在調治試畢得貢後漸愈選處州縉雲學訓数歲歸沈不忘本結為婚姻縣以事聞陸蒙德行賞洪於諸生前極口稱之陸今任嚴州府學訓其子懋元負俊才清年食廪人以為善報云

四十九

真定大佛寺觀音大士高十丈餘鎔銅所鑄先是大士託夢於道者令其募銅於外郡得銅即投之井凡幾年不知銅若干斤及鎔銅時寺傍一井銅源源湧出鑄方畢銅隨盡其

殿宇木料亦託夢道者俟風雨晦冥日至城外江上候木木果如山積乘風浪来若鉅若細無不備也殿之落成特假手于匠氏尔所謂天造地設神運鬼輸此事誠然乎大士之靈真儁矣神矣

五十

数十年来屢聞人言僧有坐而火化者訂日衆念佛會送之若云真佛故能如此余以問唐先生先生曰不然終是邪道一日里中寶閣寺朱道人者坐龕中打坐聲響如雷余偶

隨先生視之先生曰此邪火也五祖六祖不聞如是

五十一

嘉靖庚申余館滸上董宗伯公延舉人陸抑齋赴京訓其子而抑齋長郎適初婚母氏不欲其割愛遽行也余亦對抑齋述親友之意思家或成疾姑遲其行何如抑齋曰若吾子果爾這等兒子要他何用莫說病死了我也不惜竟同去父為子綱抑齋得之子後登科官四川別駕○沈鏡宇亞卿余訪之留酌子

演侍禮部郎也公嘗余前責演不讀書闕過目演惶懼父子皆可謂賢矣

五十二

蘇州有一潔烈奇偉之士家貧止卓四張每讀史至秦檜殺岳武穆便以手拍卓高聲大罵卓幾碎其妻勸而止之罵曰若曾與檜有姦情耶畢竟無一完卓而止嗟乎此君若在檜時當必有些好事做出

五十三

嘉靖辛亥壬子間湖郡庠有生曹魯者嘗烏程

公季考諸生曹亦赴試盖以門生求媚也時教授陳先生言丁未會魁謫官當堂責曹生奔競長跪許久更加箠責諸生竦然嗟々今之二邑有試而府庠生群趨之者恐責之不可勝責矣然教授風靡知之而不言者多也況望其有口責朴責者乎

五十四

近年官員陞轉都憑邸報然走報人有行者少或假捏求賞者有之曾見一二司官急性過信走報言便辭撫按而臺竟坐虛羞慚直

至告休以去○文貞徐公在朝時有一京官正郎以悞聽自云轉浙江學憲後不果竟陞王府長史所謂求利未得而害隨之

五十五

凡入覲年赴京大小官其家口必宜還家遠者或寄寓大城郭爲妥吾湖有一先輩官方伯矣家眷留西蜀卒以年老罷職往復携家費了許多心力可鑒也

五十六

南大司成劉公曰寧江右人動遵監規持法

不阿吾湖一上舍貴介公子也馳馬傷其面公不發懲愆廳行責面笞之揭衣見內褌大紅盛怒加責先生風厲士類愛而知勞類如此數十年以來所未講也

五十七

古人言利必言害言得必言失言福必言禍三者相當自是盈虛消息之理士君子只為貪卻目前竟貽後患一日與平涵太史（國禎）論及吾湖兩尚書既卒皆不敢奏聞而撫按亦未有憐而上聞者沈（丘卿節甫）封翁墊以尚

寶卿蒙賜葬祭榮在兩公之上何也毫釐之差千里之謬知得不知失知利不知害知福不知禍有自來矣平涵深以余言為然

五十八

湖郡守陳公幼學曾為河南確山令語余曰漢時令某公苦旱求雨雨不應公竭誠求必得令民集薪于祈求所云雨終不應吾有縱火自焚爾已而果自焚死時一丞一吏傷公死俱入火殉公雨卒大沛沾及旁邑今祠其公神位在上丞西向吏立而東向凡入祠未

有不哀不淚墮者嗟乎人臣致身事君殺身以忠王事者自古有之求不惜慘禍死烈火中如公非數千載而一見者乎貪官汚吏驅民于雷火者睹此亦可愧死矣

五十九

大學士徐文貞公階語余曰大凡書本上話頭聽信不得者多即如長平坑卒四十萬恐世上無此事今有一千卒於此請公為我坑一坑看自然不易得應命不得况進而萬又進而十萬四十萬乎大意坑害也今人亦有坑

殺我的話疑是此意之誤

六十

余一日偶訪湖郡庠諸博士董宗伯潯陽先在諸博士送之大門外然董却守少游郡庠禮不走其中道中門由東廊上出此目睹者聞張莊僖公永明潘尚書季馴諸老皆然不三十年而吾湖有二三士夫途遇郡公祖不避其轎在輿拱手一公祖荅拱一公祖不荅付之若不睹焉嗟乎何廢禮放肆至此於風俗大有所關

六十一

俗吏不達禮但以從俗爲恭比比而是湖郡府官上任齋宿城隍廟有酒大約演戲者多自太守笱塘陳公幼學始用蔬酌罷戲桐鄉縣送秀才應試及童生新進大約演戲於明倫堂萬曆戊申春二月李子臨川作主酌邑侯湏日華之彥亦不用戲士夫傍觀者皆以爲嗇嗟嗟此豈論豐嗇哉

六十二

漢成帝遊後苑欲與班婕妤同輦班辭曰自

古賢聖之君必有賢臣在側三代末主乃侍嬖女今欲同輦得無近似之乎帝乃止南史宋明帝於宫中裸婦人觀之王后以扇障面帝怒后曰宫中自有樂事何至姊妹裸體相視以爲樂耶婦德懿行不從主欲古今罕及

六十三

奇技淫巧奢靡之物自古無不敗壞自古未有能傳子孫者吾湖有仕宦内人造珠冠者用銀四百餘兩闘不久即轉之他宦家理或宜矣近又有闘四百金少者耳更有千金者

珠麤鉅異常也

六十四

薛方山先生武進人督學吾浙臨湖謁廟退而諸生訟書與諸生講解經二時反覆不倦維時郡邑止照舊茶飲未嘗設菓餅及飯亦見古風余在諸生中目睹盛事

六十五

宸濠之變其未出師也南康太守陳霖湖之長興人時未有人告變獨上疏云宸濠必反臣衰庸之軍旅才請代臣為知府者即致仕

去較以戀位不怙臨難僨事者豈不賢矣哉
公之孫昌言後入名深中浙江己酉鄉試博
學知才多所著之宦終知州
六十六
萬曆癸酉聞江右建昌羅近溪先生汝芳以
道學名于時入京師謁相國張公居正極加
禮重先生上坐當大賓禮聞其言甚正極論
持盈守滿之理相國悚然
六十七
太史公食貨傳以本富為上如務農桑起家

者而巧富所不取焉里中一人恃兄貴淩人兄卒未久被讐挐至家呵之跪下以糞灌其口訟未畢而家隨破矣潯中又一生恃叔貴起家數千金被讐扶至慈感寺戮辱備至亦以糞灌其口塗其身者弗論也其他仕宦明經爲屬託被人毆冠裂衣刑溝泥塗身於郡邑門者不可勝數衆欺財之誤人甚大而人卒弗悟已

六十八

蘇州文衡山先生徵明戒孫曰吾歿若等

慎勿為我求入鄉賢祠子孫問故曰吳泰伯孔子所稱至德季札才近伯夷公子中之最賢者二公儼然在上吾安敢濫側其中耶先生不居已於賢而賢卒為人所稱其可重也已○羅念庵先生洪先父官州守江右人鄭澹泉先生父吾核公官學博海塩人皆賢而祀之祠者念庵澹泉二先生見鄉賢濫觴不忍其父之混名其間也皆抱其主歸二先生之見其大異於近世士大夫家所見矣

六十九

桐邑沈生性善少貧賴上舍王君化起家王多所扶助莫大之恩也後有小嫌沈生行本可黜華疑王為之地卒成大讐親友莫能解王卒家廢沈之子貿王地為父墳扶柩停穴所王之甥壻鄉人輩共舁沈柩投之河載浮載沈者兩日夜骸骨解散不待言矣君子曰夫王今而後得反之也天道不昭昭乎○里中一人余家至親也其人奸詭百端不可名狀夫婦雙柩將入土舟載已至穴所矣風發舟覆雙柩上下顛倒鄉人亦曰天道昭昭宜也

七十

里中沈雙溪先生祐訪一友人董姓者其家鎖一負券人於小樓上先生睹鎖者面容不佳謂董曰可亟放之其人至家當夕卒○長興臧堯山先生之父開典于城門内偶至典中值一鄉人贖典物者與家人小忿爭臧翁不直其人其人遑忿以手撲翁面者再家人欲痛辱之翁不許反送其人至門安慰而别其人到家甫三日即死○莊僖張公永明初仕蕪湖令甫三日未行一事也有一民扯公

輿大罵公異之不加刑思所以處之之法未得詰朝厥父兄母皆來請罪云吾兒癇疾發狂請痛治之公曰既是狂疾吾且弗治可領回調理其人三日後亦卒公之大度能恐如此安得不享高爵垂名竹帛也○堯山先生名繼芳仕為松江太守多美政居父母喪三年不茹葷不入卧內在松江值徐文貞公當國巡按公令府建坊落成巡按公以奠神憂拜先生但佇立不隨後拜人問故荅曰統於所尊不敢拜也

七十一

平湖陸胥峯公官主政三子光祖即太宰莊簡公光祚光裕皆登科第而祚官顯所居對門某家屠豕為業卻非貧人家可三百金屠豕腥血淋漓胥峯厭之一日命家人多市磚灰砌塞店門阻其出入三子皆不知也既知齊往其家再拜謝過其人感德無言終易三百金以上之屋具禮而送之別居焉嗟乎今之仕宦家求如陸氏三公睦隣厚道未易得矣

七十二

禮有三不葬市井之地不葬庵觀寺院之基不葬罅隙之地不塟○前人已塟之地不論賢否萬分不可毀掘毀掘見尸必有顯禍子孫受害無涯

七十三

桐令高傳岩公梅四川人受鄉士大夫生員禮甚狼籍金華火腿至堆壁間一日召木匠入衙工畢木匠懇其家人曰我有子患痢思此肉乞一小塊家人将一大隻賞之不知此

須價四三錢也公子先還蜀所帶回珠花值銀兩許一朶者頗富至荆州遊娼家娼家想是叩頭為恭公子未嘗與娼有情率以珠花行賞二十年後高有親周姓者作湖州照磨云與高門戶相對余問高家事今若何荅曰家事蕩然矣傳若尊人官方伯析産頗鉅宦囊亦稍充胡遽至此盖子或不肖不諳守成所致歟

七十四

萬曆丁未春二月桐尹須公上任嘉定人戊戌進士

故事鄉縉紳有公酌〻之余謀之所親曰此分子要從厚問何也曰客席一卓舊規治殽百盤須銀兩許余不從家整薄席款之須公頗恱諸公都厚費併力然出於廚夫包辦弗佳也嗟乎主人固不可有慢客心亦不可有媢客心慢客媢客皆非禮也然而媢客品最庸矣○士大夫一飲一啄一言一動皆當為世道慮為地方風俗慮萬分不可只眥目前徒逞已見不但出處辭受大節所關然後於貽〻地伸其節也

七十五

都御史王公汝訓淛撫臺尊人家業儘大然恐盜入其室也終夜防守多至廢寢公委曲勸其父曰財身外物也何乃自苦如此乃召其宗族至親執友亮情分析約十去其過半防守既解尊人得以高枕卧者皆公散財一著地位高也豈世上守錢虜可同日語哉

七十六

嘉靖間嚴世蕃倚父當國鬻爵賣官受誅宜矣然當時門路不雜今雜出矣清濁分明今

混淆矣不但君子難做連小人也不好做得
奈之何○或有問于趙山人曰墨吏狀若何
山人曰不忍言不忍言譬如娼家一般然當
時也存些廉耻掩房避人如今徑在大路上
淸天白日淫嫖全不怕人看見何怪道不幸
至此竊恐天心厭亂國家或有不可測之禍
奈之何

七十七

自昔相傳云郭璞題湖州　永無兵火之灾
終有魚龍之患不知果否果是郭璞有此題

鄙見以為未必釁豈應今日可患之大者何必兵火服食太奢僭宦族太恣肆人心太奸險衙門人役索財太縱橫生員太不知有郡邑法紀絕不似嘉靖三十年以前氣象無兵火而已究何必魚龍作擾也

七十八

趙甬江文華視師本浙一時氣焰頗盛其在嘉興也不知何人作主宴之鬧湖中飲酒時酢後連擲玉杯二三隻於湖玉杯貴重之器胡草芥視之至此甬江富貴已極意滿心迷

不足責矣彼為主人者既可與甬江獻酬則方其擲杯一隻時何不拄住致使一而二二而三至寶輕投大是可惜所謂富貴則親戚畏懼正此之謂歟

七十九

提督荒政給事楊文舉按嘉興聞太守王公貽德欵之送代席金十兩楊不悅呼船頭欲賞之王公曰此是知府俸金老大人看得甚輕自知府看之甚重不是賞人之物若賞船頭不如仍還知府命手下人收回訖噫當衆

人簇擁奉楊之時王公獨立不懼如此可敬
也夫楊渡江蘇州巡撫兵道差人去探前路
款待事宜當時若有一二當路如王公其人
有主張有正氣者在則蘇州諸公何以病狂
喪心沿及嘉興嘉興兵道治酒委一縣丞料
理縣丞囑廚夫曰今日是我性命所關汝不
要害我嗟乎一給事且然若 朝廷駕過將
如之何堂、天朝貴官大爵不意無人到此
田地可哀可哀

八十

詩云天之方蹶無然泄泄朱夫子註云泄泄怠緩悅從之貌今天下主上精明衆賢戮力固未有顛覆之狀如周室然而怠緩悅從者未可謂無其人也夫怠緩悅從所包甚廣未易指數樂姑擧三事論之入覲齎捧表文大典也入覲約二月辭朝除雲貴廣西四川最遠八月可抵原任齎捧九月辭朝與入覲事同明年正月二月可抵原任今據目見至十個月外尚多在家理事者恬不以為異不謂之怠緩而何新

官初任人臣事君之始優游在家怠緩與入
覲齋捧同前輩不敢為此見撫按亦有忌憚
心今先是撫按恐得罪下官来遲絶不問故
而吏科限愆者俱務寬縱不照舊規皆所謂
悦從也余竊欲撞
朝鐘擊登聞鼓請問諸
君在
祖宗朝
世宗朝敢如此否今
主上寬仁始不許較尔一旦
乾剛奮發如法處治不少貸諸君復敢如此否

其斷然不敢無疑也孝子不因父慈而迕逆
忠臣不因
君仁而越律犯紀有世道之寄者已往不追亦
可防其將来矣

八十一

雲間王起雲嬰兒聖科也一鄉大夫晚年舉
子中痘起雲視之回曰不佳大夫集諸醫並
治痘愈脫殼大夫大開宴謝諸醫亦請起雲
實醜之也宴罷起雲曰恁老先生開宴令公
子痘終是不佳大夫盛怒碎其卓已而兒果

殤或問其故曰一身痘只是一箇種子不好脫殼不得其為術亦神奇矣哉○起雲子亦業醫術大不若其父或問之先生何不傳之令郎曰小兒不濟事纔見銀子便要更無一點精進向上心腸如何做得名醫来醫如王君可以闡道不但術高一時也

八十二

萬曆丁未某月

上特命差行人某召故閣臣王錫爵故禮部尚書于慎行　南吏部侍郎葉向高入閣禮部

侍郎李廷機見在京不旬日先入閣此
主上至公至明定自
宸衷　登極以來第一舉動四海風聞莫不欣
懽嘆羨不知廷機緣何不得人心紛紛指摘
廷機固辭
上不允從天下又仰服
聖斷非衆言所能搖亂也臣樂歸田三十載
與廷機未嘗有交竊謂　朝廷用人如醫者
用藥今天下在位諸臣固皆賢人君子然不
無一二貪濁者廁于其間譬如人病火症一

般用廷機未必不是清涼藥試而不効効之

未晚方奉

上命而言者疊〻何也同寅協恭開誠心布公

道端於

廟堂諸老顒望以贊雍熙之化焉

八十三

萬曆甲辰嘉湖蘇三郡数月間有四大變異

事平湖縣吏某為失一雞不值銀四五分爾

致隣人毋子於邑丞〻〻不察拶其毋夫自外

歸直入官竟剖子腹以明心跡禍甚慘焉或

云此是邑幕事非丞也○乞丐船　大都出淮陽人今又不拘丐首善騙術菓餅内置藥幼兒女食之啞不能言即抱入舟浮舟他去人不得其踪跡幼女長大美者淫之賣棄得高價其醜者或瞎其目或斷其手脚指教以求丐話行乞焉乞所得不如數痛責甚慘嘉禾有一被害家得實首之官官受囑從輕發落方出門地方人公忿群毆丐首三人于市立死乙巳丐首又犯吾鎮太守陳公繫之獄杻繼死不及成遣○房憲副公名寰官提學

御史素不囑公事偶訪郡丞諸公時夏六月湖鄉雨郡丞以下俱步禱公謂郡公宜節勞而告災亦須七月不宜太早與諸人意左諸人不勝忿忿遂鼓譟將房公毆傷其面衣冠俱裂蓋冠裳之被辱自古及今所未有者○張獻翼者號幼于蘇人善詩文年垂七十用價典一婦其夫以原值取贖張慶之或過又懲之官而夫故健卒也遑忿昏夜持刀入張張與僃役張男婦榻連宿客凡七人已而健卒卒自殺○李子曰一雞小物也邑幕厚其

吏致幼子受慘毒死法當抵命後不知作何發落丐船積惡一旦亡三命孰不謂天道昭昭然聞仕宦有受丐賂者恐無是事房公受異常辱不因私囑召禍但六月之望非望七仕宦登舟入郡之時張幼于耆年七十而典人少婦贖不如原數亦可情寬況戀之官過矣六人俱斃波及宿客傷哉

八十四

太守陳公幼學無錫人可謂清慎勤萬曆甲辰十二月上官次日即取獄中死犯淩緣重笞六

十閱数日復笞死此犯與紀勝童罪皆干閭門神人胥忿勝童丁未冬亦死其死施敏荇悪皆地方所大稱快者凡公刑威所及大都積賊積棍積賭積年教唆之人自未有及無辜者人或私憾謗公過嚴辟如農家芟草一般惰農夫時根深草長四五尺不大芟治何由見平地成良田公非殘忍刻薄人也至於冰清玉瑩菲飲食惡衣服自是公之天性致然矣○公不能無過過在性稍亟輕信人言自已亦輕出言然胷次洞豁是非烱然逆耳之

論多所茹納事有議行而報罷者或平涇公朱國禎之力諍不佞樂之懿言與有力焉今之君子可惜動以聖賢責人而未必以賢人自處於公不將功過準然而丘民之口夫有不深嘉不樂道者公其二千石之最良者歟

○公清慎不待言公不憚夙興夜寐一日之內在政事堂者約五時三年考滿足可當他人六七年其勤有大過人者撫按二臺雖知其賢何人肯薦語及此

八十五

本鎮裁革巡捕官略本館設有巡捕一員承

上接下似不可少但昔数十年来一官署務

便仰視積書五六為師塩不経心盜置末務

盻視

守巡二道及本館禁約専一接受手本擅理民

事一詞繞入非銀数錢不差人及至問詞大

約官須五六錢書手二三錢為例事情稍大

賄及二三兩餘本鎮民俱以小本為生捕官

輙指呈堂為由往来非四五日不了民所最

患偃脫衣典當揭債求免刁民大戶欲逞豪

勢以酒食結納授詞凌雲此官在鎮一日官與積書亏兵非日六六一所不充其欲一年不下七八百金膏髓暗抽涕淚日墮民間隱痛未有甚於此者衆議集思唯有臺端嚴示禁約刋立板榜不得擅受民間一字庶幾大害可杜蟻芥安生陰功無量蒙三臺各上司嚴批永永裁革不得再行擅受

八十六

太守官尊自秦漢來已然而漢尤重宋亦不輕入 國朝洪永宣順成弘間亦重至嘉隆

萬曆間而始輕然萬曆輕不可言矣輕則褻褻則下屬百姓咸卑鄙之令不行禁不止有太守名無太守實矣其重也必自重而人重之其輕也必自輕而人輕之不可他尤也嘉靖辛丑壬寅間嘉興知縣李君時行東廣人業已陞主事將行太守某發其不職狀寧但褫職擬軍行原籍定衛當時不聞而臺二司得以寬釋之也○嘉靖丙午丁未間嘉興太守趙公瀛陝西三原人嚴重有體屬官相見不聞留茶何況舉酒壬戌以後少松滕公令

東廣番禺其守某少松語余曰三年內未嘗留茶余問守行誼若何少松荅曰好不意今日氣象萎靡倣效成習若以為不如是必不可以用世嗟乎非禮之禮大人弗為自少讀過至入仕而忘之皆宋儒所謂讀書不識字也○余戊辰舉進士己庚辛壬皆在新淦生員相見余必南面而臨之未嘗傍竚不聞生員有謗聲迄今三十餘年縣令諸公皆不傍竚行師生儀若兄與弟並立而揖者多矣惜哉世道人心今亦可古緣何縣官新任遇謁

退卑巽失禮的人生員反以爲好稍〻執禮方嚴生員同聲便說不好此豈生員之罪哉一爲父母官者憂讒畏譏之念重屈已狥人有自來也

八十七

易之中孚曰中孚豚魚吉言至信可感豚魚也余以一事證之聖人說話更無一字謊人余家有一犬畜之多年狀甚頹敗余憐之日以魚肉人飯餵之知其不久也時有二犬素同食者恬然相安更不奪其所餵必是亮余

憐老一念真切故能至此夫犬且然豚魚可類推矣豚魚猶然況人惟萬物之靈豈有至誠而人不動者乎故孟子曰行有不得者皆反求諸巳

八十八

凡公家事不係一身一家者莫只為自巳筭計須要合人巳通筭方妥在朝在野皆然六科琉球差渡海風波軀命所關誰人要去然輪着也須付之天命不由人躲萬曆某年間一友人應輪着先期告病歸自謂得計不久

遏京察降級改縣丞轉知縣隨卒盖得便宜
事不但人忌造物亦不相容也○萬曆戊寅
已卯間琉球使臣左給事蕭崇業行人謝杰奉命至
余分巡駐延平日也採木造渡海船使臣自
張主船頭意向口嘴關民間利害在呼吸間
其来各州縣採木拖損已種之田拆毀久住
之屋荼毒萬狀一日余入省二司公宴余曰
臣子祝　聖壽萬〻歲不待言琉球國王也
須活千歲方好諸公詫異問故余為述其状
諸公始知之余去閩不三十年國王又薨差

使臣如故事里中唐存憶世濟令寗化還為
余詳道其嵜照往日尤甚是差中朝久有議
将
聖朝勑文　欽賞禮物具在閩海口令琉球國
人来領不知緣何做不来此須閣部大臣協
力肯擔當方纔做得○夫所謂擔當者即任
事之謂也纔任事便要任勞任怨任天下萬
世之重如伊尹放太甲直把商家天下挑在
身上何嘗有些小顧慮纔顧慮便任不成一
日與友人書笑而且憤大略云今天下大矣

要時便有時的人然却非孔子之時盖時套之時要和便有和的人然却非柳下恵之和一盖和同之和要清的人世界上儘有不可云無然却要如伯夷不念舊惡又少了只任之一字難言假如本朝事孰有大於治河向来豈無人承任然只與秀才猜做論題一般更無確然有見有才成始成終者〇王敬所先生（宗沐台州人）跡海運事刋有成書其言鑿鑿可信然中間利害相當不免覆溺船隻傷多人命如何容易任得任来亦必不久欲畾可久

須從習熟上做工夫使人得海之利不習熟則望洋而怖心生不得海利則惜身而懈心作是求通海而壅塞之也何以濟得大事為國家深長之慮者必不可廢而不講已〇徐文貞公面語余曰海船用不得釘用錠樣鑲成用釘則海水鹹釘不久隨要拔出這話想是書本上来的恐不可見之行事

八十九

果報是佛家話聖人所不道也然積善之家必有餘慶積不善之家必有餘殃實是果報

聖語若無這二積字安能生得二餘字來問人欲積善從何處做工夫起曰從忍耐上起凡事含忍得不計較人不求勝人此便是善世人以捨施念佛持齋爲善誤矣

九十

張江陵子中狀元次日禮部尚書汪公鏜率諸翰林公入賀汪首致詞曰老先生功施社稷

太祖成祖在天有靈篤生賢嗣世世作 國家輔相江陵荅曰昌吾後者非今日二子指狀元榜

眼還是第四箇小兒方纔能繼我江陵此言極深極狠

九十一

太宗伯陸公平泉樹聲在家日久方出爲宗伯不數月告病歸翰林沈公一貫沈公懋孝當晚携榼報國寺訪之公談笑自若無纖毫病意兩沈公請曰先生亟歸意若何公曰我初見　朝時承江陵留我閤中具飯甚盛意也第飯間江陵從者持騌刷刷雙鬢者再更換所穿衣服數四這舉動必非端人正士且

一言不及時事吾是以不久留也見幾而作不俟終日陸公有焉動乎四體不善必先知之江陵之謂矣　余入雲間拜徐文貞公時陸公已在家文貞公向余曰別位尚書我不慫慂臨川去拜陸平泉不可不拜余往拜陸先是陸在禮部余遂上科場疏而陸公為余覆本蓋知余也語余曰先生正人君子今去北補諫垣不須多上本淂只默默靜坐於朝端也自有益嗟乎孰知余之命蹇才劣卒負先生之獎與哉

九十二

余僉閩憲左轄沈公人种右轄吳公文佳一時相敘沈入覲與吳交盤庫藏故事請臬司一位監盤而樂以兩院命往兩公詞色大不相能蓋吳拆銀封兌嫌輕也故事亦不兌若封丶要兌過須一月前交盤則可今在兩日前勢必不及余為寬解而別已而大計兩公皆註不及考時撫按二公註兩公考初無不及字此必兩公互相揭吏部難處而均處不及耶語云人無害虎心虎無傷人意兩公者

人耶虎耶

九十三

天下人上智下愚者少中人之性可導而上下者多如太守廉能則同知以下必化之知縣廉能則丞以下必化之此常理也必不可化自有國法在吾湖太守陳公幼學一時廉能特著同知吳公從誠湖廣潛山人尚公從試蒲州人皆一塵不染雖兩公秉性故然而太守薰陶之助與有力焉可惜余所睹記者歸安縣一丞儘廉潔弟峭直不能阿承長

官意大計以下考黜嗟乎寃枉如丞者其人多矣當路不可不察也

九十四

天下事逃不得一箇真天地於人若真孝真忠眞清眞直婦人眞善守貞節天地報之自然一毫不爽吾於本里中二三節婦有驗甚矣人不可作偽也

九十五

隆慶丁卯余寓國子監前因董懋德識山西蒲州楊氏昆玉父太宰虞坡公翁得窺其卧榻

薦席皆用草無繡裀錦衾之襍陳也僕從質素絕無大官家態豈天地烟熅無華之氣獨鍾於西北如是耶可羨可法

九十六

余嘉靖己未入南雍晤錫山俞友問渠貴邑鄒君家某某鉅富今聞喪敗曷故俞曰弟兄相鬩訟之官官下之獄膏粱子弟不耐窘辱互相求勝用銀不暇稱兌唯意所撮亦唯家人張主一日不知凡若干焉得而不耗散也凡今之人莫如兄弟何昏迷至此

九十七

隆慶元年

莊皇帝踐祚謁

至聖先師孔子特起翰林宿儒趙公貞吉為禮

部尚書充

國學堂上講書官陞座飲茶已而蒙

賜賚儒紳極榮也尋拜相趙公號大洲為人峭

直鯁介不阿隨當分宜柄用時議論常不合

至援 先朝故事欲與分宜同巡邊晚年拜

相寔出望外公嘗自言趙大洲有箇閣老做

人生信有命不用安排公言非特自道其素抑欲後進之士凡事皆行法以俟命乎

九十八

雲間胡公涵白名嗣敬由官生判湖州府事偶以公事至鎮鎮南柵一人活活故殺六歲兒詐人財業已經縣和處歸結矣吾黨偶談及公曰　朝家豈有此法差人拘來另鞠依律擬文軍罪一時上官無不允從者若在今日不以胡為生事必以為出位孰肯挺身為此兒雪是冤哉當官避事毋道陵夷一日不

如一日矣噫

九十九

哱拜者故也本桀驁難制巡撫党公馨驟欲裁抑之彼已不堪又追比倒馬贓銀扣減月粮而冬衣布花等項且不以時給拜父子逞忿乃推劉東暘為首以督府腹削為名殺党及備兵副使石繼芳石党之姻親也懸首牌樓妻拏受辱上損朝廷威重下玷衣冠體面後之當事斯土者可以鑒已變在萬曆十九年

一百

吏部掣籤選官於古無考云自孫公丕揚始非良法成法也不意垂十年餘因仍不改本欲示公而實濟其私至被蒙選下僚面加詆刺朱夫子所謂欲詐為善而卒不可詐欲揜其惡而卒不可揜殆今日之謂矣少宰楊公時喬本清修士也一入世網遂艱超脫手不能措口不能言深為可惜

一

徐文貞公階由編脩謫延平推官只當進士

初選一般且牢實做推官事非專謂
世宗英明不敢閑坐在家人臣之誼本如是亦
前輩人心腸在家眠坐不穩王陽明先生謫
龍場驛丞久居其官講學過日意亦如此今
日貶秩諸公百無十九在官在家讀書賦詩
作善事的固多飲酒遊蕩囑託公事的也有
賢不肖之掏去公論具在也然律以靖共匪
懈之誼均之為偷惰不職矣請問諸公設以
身處
世宗朝也敢如此無忌憚否

二

張江陵當萬曆丁丑戊寅間鑄錢之念甚切鑄錢便民行使貧人受益不可謂其無策但地方原有錢處則不必開局費事余巡延平地方自有舊錢余不敢迎江陵意虐開一局然亦不聞嗔惱可見仕君子還以自守爲正不必曲學阿世

三

薛方山先生考校爲程諸生其自謂傑才考居二等前未見其爲屈也手捧花紅紙幣而

出嗔怒之氣達於面目口舌誶語識者知其非受用器矣後果黜革俾以壽終○自古及今天下更無毀謗父師毀謗郡邑官的秀才日後會長（上聲）進成就者何也總毀謗則其心術便不良心術一不良則天地鬼神必不祐之即有成就時亦必不永于世余往往驗之○秀才讀書作文如人醫自己病痛一般真知病症從其經絡上受虧用藥不差病自痊可既函峰先生甲寅年三月歲考湖學余名在三等第七俗人見謂不是知己然先生批余文

三篇清而未裕切中余病余將此四字粘置座右蚤夜以思如何到得裕處真有寢食不皇之念讀之踰年為明年乙卯自覺討得些裕来綫裕便見文字不单薄清空至八月遂叨中鄉試先生為余之恩師固不在考列一等一二三名也先生余不及補報及見其子自華孫以愚竭力崇厚報之視猶骨肉不枉生平

四

予為延平巡道聞前道毛公鄞人也而延平

守林君懷玉仁和人入見既見驟雨集毛自慮差人持傘以送毛不言林傘夫會意執傘蓋其守閽毛微有言林不悅回首云汝分巡豈貴爲天子乎兩君大不相怡如毛公自處處人胥失之矣○鄉同年馮小山（敏功平湖人）余仕塗為令公已作江右少參矣移書不佞曰凡初入仕不可有立異心不可有好名心絕好名便要立異絕立異不久便要破敗唯平易二字可終身行之余佩服其教

又

裴晋公豁達大度報失印不介意既獲亦無喜色是已

文淵閣印惟閣臣撊方照萬曆某年曾失則或以銀鑄而盜者利之奏聞改鑄福建延平府少府署印渡水覆舟失竟不可覓姒却無罪乃四川布政司萬曆間亦失印七日而獲之榛莽中聞左使劉公在事萬一終不可得左使何以自安其後不知

朝廷何以處治居官者豈可以不慎也哉

五

聞

成祖皇帝朝有一大臣入見賜坐

上偶當飯大臣侍飯

上問曰卿顔色今日何故忿鬱對曰臣妻不賢

適來與臣相爭故形於面容爾

上曰卿第飯少頃一武卒提婦人首至矣即大

臣妻也

聖主念賢臣則殺其妻而不顧

英斷真超萬世矣哉

隆慶壬申五月余與同年友湯君蒙　内召
江右止吾兩人湯先余北去諸同年會餞余
於滕王閣謂余曰年兄與湯共事一時湯差
人往北不知幾遭數年兄靜坐一般也行取
去一勞一逸同歸如此余笑曰普天之下伶
俐人也喫飯癡呆人也喫飯從古如此○余
自少愚朴不諳機械徼倖中會試至臘月取
選愚本部選出新淦知縣至行取時江陵初
在政府加意考選而太宰楊公虞坡又同心

嚴試論一篇奏疏一篇絶與故事逈别至第三日始定衙門二大事余俱聽命五更枕上皁隷来報始及知之撫今追往僅四十年爾乃今日自倉場巡務至五品以下各官無不先期謀及先期講定行取両衙門未判争論紛然市朝真同市井臭穢萬狀

祖宗成規倒敗如洗有志之士寧不撫膺長嘆也哉○余既備員禮科太宰楊公謂其同鄉趙御史仁齋曰昨日原要将李其註吏科却被劉應谷要薦湯某故李改禮科趙以語范

屏麓云云太宰原意如此可憾山川遥隔太宰薨余不及生哭一拜已而其郎君某以主政榷杭州南關税余非不知可惜余家貧乏通候儀物竟致缺情大約余於故人往往廢禮不特一太宰也

七

漢哀帝問尚書鄭崇曰卿門何以如市對曰臣門如市臣心如水此特取辦口給語爾天下豈有其心如水而其門如市之大臣耶余乏書失考鄭崇何如人品姑論其理如此

八

凡為官諸公素不能自樹立為士大夫所輕忽故士大夫敢於囑託又從而聽信之變亂是非貧人受害其品愈卑下矣或問何以為上曰能自樹立使人不敢進一言為上若地方災沴所言公公言之則郡邑先當請教商確不在此例

九

一方外人姓包自稱孝肅公拯之系或假託也稍知醫為人診太素脉服其藥亦不見効

又自謂一百幾十歲曾見閻王放還有何證[illegible]佐余晤之祚溪越月許来下顧坐間口呼王陽明先生名曰我喫了王守仁狗骨頭的戲可憾可憾此等人若為守土之官決當以法治之遣之出境為士大夫當與絶交會而不然是蔫信而不好學矣近聞老賊已死於荒廟中

十

嘉靖壬辰癸巳間浙督學汪白泉先生湖廣崇陽人藻鑑精明一經奬與必發高第公不待言也

第課士甚嚴入試之日允犯規者必罰跪行責吾桐　君嶅試首名因不記論題仍不免行責令人若既首名文宗必不割捨了何也慮其中後不以為恩而反以為怨也這念横生便欠光明正大所以今人終不如古人爾

甲午年中浙鄉試

十一

里中沈果齋先生余先人友壻也嘗誨余曰我做秀才時有一上司分巡入郡我失於迎接掣籤不應名分巡怒時已歲暮不敢回家

行部長輿帶去至正旦三四日試文義平適免責方發回此想是弘治正德間事一時嚴整氣象可想也

十二

高皇帝時宋訥爲祭酒以嚴教諸監生諸監生成才者徃徃大用今日秀才先是觧說嚴字不真但過主司拘檢繩墨放肆之心不遂便說主司過刻夫嚴者禮法本然之體刻則禮法外用意煩苛令人手足無措二字不相過用者如何以嚴爲刻吾浙十六七年不行歲

考秀才恣意任情目無郡守家無父兄一旦督學陳先生大綏以嚴課之景星鳳麟縉紳胥慶柰何積習風靡賢愚混襍回心向道者固多然而恣讟毀謗者亦不少矣○余嘉靖己未入南雍馬孟河先生動遵監規待監丞博士以下等官無一毫阿狥軟熟之氣余以初入監遵制熟讀監規親赴博士先生抽背一段距今五十年矣不知舉人背監規依然如故否

十三

萬曆甲辰秋楚府以呂易蠡宗人華魁奏於朝楚王懼輦金寶入京為賄行達漢陽宗人疑有私書刧其扛副使周應治擒數十人縛綁以金鼓迎入省城痛捶之械於獄諸宗大譁抵督府欲擊周周走免而撫臺趙公可懷遂受慘禍後以謀反聞坐斬者四人革祿發高墻者甚多宗人以公憤戕地方大吏趙以輕取死至今嘖嘖未已而楚宗卒不可止尤近代大變也

十四

厭常喜新去朴從艷天下第一件不好事此

在富貴中人之家且猶不可況下此而賤役長年分止衣布食蔬者乎余鄉二三百里内自丁酉至丁未若輩皆好穿綵紬縐紗湖羅且色染大類婦人余每見驚心駭目必嘆曰此亂象也未幾為戊申自毘陵以南洪水驟溢米價騰湧插秧田十無一二冬必不穫明年己酉不知荒歉作何狀既荒恐有意外不測之變柰之何哉

十五

唐先生常言

本朝有人當肅皇帝入繼時兄終弟及事理頗不難斷而諸公議論紛紛俾聖意如何允從自張桂二公繼統不繼嗣五字一出而霍又從而和之大禮遂定本朝人物直超邁漢唐未易及也

十六

善莫大於揚人之德惡莫甚於言人之非余

少時訪寔友其兄其父伯輩聚首所談只嗤笑人譏訕人若以爲樂事也弟若兄不但暮年不得其所其死也皆從俗火化今子孫皆零落不振可鑒已夫

十七

湖郡伯栗公祁（山東夏津人壬戌進士）絕塵之守臨行衙内諸器物分毫不帶一銅盆日用洗面者亦棄去清瑩可愛鄉士大夫春元請酌皆赴但藉此有所囑託衆弗敢也尤不可及者尚書董公係其大座師家人稍有不循禮縱治

不少貸今人一遇同年家有事便束手無策緘口不言畢矣若遇座師不知何以處分

十八

隆菩薩　永樂中欲杜釋源籍童行皆謫爲邊士吳僧隆菩薩表求焚身救之許爲積薪坐其上圍以刀戟擁燧未至口吐三昧火自焚肉盡而枯骸直立節節不墮謫者由是皆赦今吳中有焚身圖也

○古時士大夫病在率直粗傲顢無别腸容易醫治今日士大夫病在細軟讒卑顢多

別腸不易醫治得然却要以地方論不可云舉世皆然○萬曆某年嘉郡大守龔公入覲還余訪之有一士夫在賓館余問要拜否對曰先四拜後復四拜余問何也曰先為久別後為復任此便是細軟謙卑之症○宋人有言舉朝皆鬚眉婦人余少不以為然今日看來悍然不顧肆無忌憚旣似男身委婉聽從人哭也哭人笑也笑人貪也貪畢竟像婦人者多易曰大過君子以獨立不懼能獨立便與婦人襍居不妨然其界上容他不得故聖

人又云遯世無悶

十九

初潭集載漢朱博爲丞相臨拜受策有大聲如鐘鳴上問楊雄李尋對曰洪範所謂鼓妖者也人君不聰空名得進則有無形之聲博後果坐事自殺人君不聰四字漢去古未遠故敢有此言君得聞之○顧雍累遷尚書令封陽遂鄉侯拜侯還第家人不知李子曰何修何爲有此懿行○仲尼曰史鰌有君子之道三不仕而敬上不祀而敬鬼直能曲於人李

子曰直能曲於人非有大學問大涵養不能若貧直自矜曰吾性氣如是其爲直也淺矣何足以云君子○西門豹爲鄴令清尅絜慤秋毫不私而甚簡左右左右惡之期年上計君收其璽豹再求令鄴因重歛百姓急事左右期年上計文侯迎而拜之豹對曰往年爲君治鄴而君奪臣璽今臣爲左右治鄴而君拜臣臣不治矣遂納璽而去嗟嗟由今視魏文時一二千年矣吏風且然何恠乎今之奔競趨利者衆也○盧坦爲河南尉杜黄裳爲

尹召坦立堂下曰其家子與惡人游破產公為捕盜盡察之坦曰允居官廉雖大臣無厚蓄其能多積者必剥下以致之如其子孫善守是天富不道之家也不若恣其不道以歸於人故不察客曰今之仕宦寧特在官貪婪而已居鄉務囑託富增益惟日不足天道不加譴焉何耶李子曰彼蒼者網踈而不漏請君安意息目以待之

二十

太守歐陽歙署郅惲為功曹汝南舊俗十月

亭會百里內縣皆齎牛酒到府讌飲臨亭歙
曰西都督郵鄐縣延稟性公方摧破奸賊不嚴
而理今與衆儒共論延功顯之于朝主簿讀
書教户曹引延受賜惲于下座愀然前曰司
正舉觥以君之罪告謝于天按延資性貪邪
外方內圓朋黨構奸罔上害人所在荒亂怨
慝並作明府以惡為善股肱以曲為直此既
無君又復無臣惲敢再拜奉觥歙色動不知
所言門下掾鄭敬進曰君明臣直功曹言切
明府德也可無受觥哉歙意少解曰實歙罪

也敢受觥嗟乎歟即今之鄉飲也飲必有主而主未必擇賢飲以爲賓而賓不皆純德司正雖設徒文具爾焉得直言讜論如惲勇於任過如歙者而佈追古道哉

廿一

張江陵既敗蒲州張公四維代之言官論劾居正子某某等王篆子某　某等科場夤緣蒲州公票

旨張某某某等不問進取公私悉革職除名余不能記其全

旨而大意如此大手段大筆力真西北人氣魄也偉哉

廿二

魏武帝崩文帝悉取武帝宮人自侍帝病困卞太后出看疾見直侍皆昔所幸愛者問何時來云正伏魔時過因不復前而嘆曰狗豕不食汝餘死故應爾至山陵亦竟不臨○昭君有子曰世違單于卒世違繼立胡俗父死子妻母昭君問世違曰汝為漢也為胡也世違曰欲為胡爾昭君乃吞藥自殺

廿三

馬要沈封翁墊大寒下顧余生平慣夙興絕興未及櫛髮而門者報封翁至矣余迓迎問先生何時發舟曰雞初鳴余不勝嘆羨乃余壻南潯錢子人舟過我非午則未必經宿明日行余憾其無家法嘗曰錢氏必敗已而田產家業不下萬金果賣盡他徙次壻桐鄉沈子為副憲遂庵公兒其過余家半潯路而近晏起晏來較錢尤甚吾沒不及覩其敗耳若沈封翁子孫貴顯綿長宜哉

廿四

謝安石與支遁書人生如寄爾頃風流得意之事殆為都盡終日慼慼觸事惆悵惟遲君来以晤言消之一日當千載爾

又廿五

余請告還省停臨清州數日同年于公有年以侍御養疾在家屢過余寓只乘馬不乘輿家事亦蕭然清也　浙縉雲同年鄭君汝璧語余曰弟等在家乘馬出入道遇族人尊行或賣柴魚菜生理者必下馬作揖別十數

步復乘余問假饒不下馬如何鄭曰他會篤

亦相傳舊規如此

廿五

鮑宣妻桓少君初歸宣裝送甚盛宣謂妻曰少君生富貴習美飾而吾實貧賤不敢當禮少君曰大人以先生修德守約故使賤妾侍巾櫛既奉承君子唯命是從乃悉屏侍御服飾更短布裳與宣共挽鹿車歸鄉里拜姑禮畢提甕出汲修行婦道鄉邦稱之○梁鴻字伯鸞勢家慕其高節多欲女之鴻並不娶同

縣孟氏女肥醜而黑擇對不嫁鴻聞而聘之始以裝飾入門七日而鴻不荅妻跽牀下請罪鴻曰吾欲裘褐之人可與俱隱深山者今衣綺縞傅粉墨豈鴻所願哉妻曰以觀夫子之志爾乃更為椎髻著布衣操作而前鴻曰此真梁鴻妻也字之曰德耀名孟光久之同入霸陵山中業耕織詠詩彈琴以自娛多所著述至吳依皋伯通為人賃舂妻具食擧案齊眉伯通異之乃舍之於家疾且困伯通為求葬地於要離墓傍咸曰要離烈士伯鸞清

高可令相近

李子曰鮑宣梁鴻清高絕俗少君德耀婦順邁倫伯通亦非尋常人矣彼鮑梁二君者生前生後何修何為而獲此良配以流芳百世哉

廿六

翰林方公（從哲德清籍京師人）大司成在告一日偶乘蹇騾行街坊而巡城御史某公門人也其跟隨人不知為方公將鞭狠打騾一下騾跳奔方公墮地門人尾其行造宅請罪公曰無

此事我不曾騎騾出誰妄說至此倘聞之市朝不雅我實未嘗出也或服官人誤認耶此事雖小而公雅度寬弘善處師弟之間曲盡其妙矣逈未易及

廿七

里中有土妓某氏厥夫某嘗作短工于密印僧家知僧囊頗饒傍人唆之告僧淫其妻事在郡守陳公幼學郡批烏程問理烏程已撻僧具由報矣陳公覆審忽召鐵佛寺一僧置之閒房厥夫亦遠置門外召婦問曰若所告

僧若熟識其面乎婦曰滛我日久屢送我某物某物如何不認得詢實召鐵佛寺僧出問婦曰是乎若却認得乎婦曰正是太守大笑縛其夫進痛責之婦亦去衣决臀印僧究得白郡門外聚觀者至一二百人咸稱快焉○僧道不守清規自是世間常事然却要存些體面庶僧門道院亦有光輝若肆無忌憚往往殺身寧止受辱而已余所目擊萬曆間北利濟院僧某見殺于姦婦主人之子廣福寺僧某見殺于姦婦之夫割其首送官兩有可

鑑不足惜已

廿八

吴中明號左海歙縣人丙戌進士趙公志臯在政府有族人名學仕者任南京工部主事用官銀三千而不明被叅不議賠償亦不擬罪止謫官通判已而未赴京從内竟補饒州府判吴公極言學仕應坐監守自盜律失出併論南京法司衙門公論定趙卒問徒正法彈章傳播海内惜余未之見也噫天下未嘗無人但無人用之爾如公真直道事人者哉今官按察使

廿九

戊申七月長興丁慎所公元薦下碩道及原任吾浙撫臺王公汝訓山東人起南京刑部侍郎烏程籍吴江沈太素公季文巡撫河南特本薦原任吾浙巡按彭公應參又二員某某皆在林下者特薦與復　命不同王公云多懿行余並喜而識之○王公與慎所父同年慎所曾造其家時王公厚賚俱散盡無磚瓦重門之蔽命童子開籬柵延丁入景象幽雅蓋人間地行僊也

三十

余長伯家最薄先贈君代償其負券零星雜數一日下姑蘇市貨將還家長伯負鄔氏十餘金索甚亟祖母權辭對其人云俟贈君回即有處贈君不忍祖母食言即以所市蘇貨一船盡償鄔去較范公麥舟之助多寡雖殊其尚義一也○里中孔姓者失十餘金于肆中贈君拾而藏之須臾號泣來覓慰之曰毋泣也開其封如數悉遞還　又一鄉間婦人亟行市中墮倒插贈君追而還之婦泣拜謝

去　先贈君懿行詳載唐一菴先生誌銘及家傳遺事此特百分之一爾不肖萬不能及者則先贈君爲善出自夙禀素心隨感而應初無好名責報之念古人所謂陰德贈君有焉

三十一

入當不如意或遭大患難時可以考見學問操持當家得意富貴榮利駢集尤可以考見學問操持故孟子曰富貴不能淫貧賤不能移威武不能屈此之謂大丈夫少不然即爲

小丈夫矣學者當時時猛省

三十二

李固與弟書曰經有五涉其四州有九涉其八但未到益州爾唐先生足跡遍天下獨不到四川晚年欲行其兒孫輩長跪阻之恐其客死也先生曰客死與老死牖下總一般先生無書不讀何止五經賢於李固遠矣若余壯年五經雖嘗涉畧獨苦拙性不能記人姓名左傳胡傳雖讀猶不讀也宇內山川百不睹一況八州乎

二十三

嚴君平遵常嘆曰益我貨者損我神生我名者殺我身賣卜成都市日得百錢自給則閉肆下簾當人羅冲為具車馬衣糧皆不受曰吾非不足子柰何以不足而助有餘冲曰吾有萬金子無儋石何云有餘君平曰不然子家汲汲營營常苦不足我以卜為業不下牀而錢自至猶餘數百非我有餘而子不足乎

○向子平讀易至損卦喟然歎曰我已知富不如貧貴不如賤但未知死何如生爾嫁娶

畢敕斷家事云當如我已死與同好禽子夏俱遊五嶽名山不知所終

三十四

禮儀三百威儀三千非古先聖王好為此繁瑣以苦人也人生世上此身此心唯禮可以檢束之故詩曰人而無禮胡不遄死言禮不可一日無也沈封君塾在座鏡宇昆弟四人一語不發偶一日沈中丞稠作社主鏡宇以徑行猶執杯遞上中丞送客余訪沈繼山亞卿偶持齋素其內人併繼山不供一葷肉余

讀書董氏拜三莊唐先生下顧董宗伯亦趨莊来唐先生上坐宗伯與余在旁懋德侍立移時先生亦不命之坐禮固然也天地生人所以長久禮之為助居多

三十五

延陵季子遊於齊見遺金於路呼牧者取之牧者曰何子居之高而視之下也類君子而言野也有君不臣有友不友當暑衣裘吾豈取金者乎季子知其賢請問姓名牧者曰子皮相之士何足語姓字哉

三十六

李景讓爲浙西觀察因杖殺一左都押衙軍中憤怒欲爲變景讓方視事其母出坐廳事立景讓於庭責之曰天廷付汝以方面豈得妄殺萬一致一方不寧豈惟上負天子下愧先人矣命左右褫其衣坐之欲撻其背將佐皆泣拜爲請至久乃釋軍中遂定

三十七

藝祖將北征京師諠言欲立檢點爲天子太祖告其家曰外間詾詾將若之何時太祖姊

在厨下舉麵杖擊之曰丈夫臨事可否當自决乃来家問恐怖婦女耶

三十八

衛大夫史魚卒委柩後寢衛君吊而問之其子對曰吾父生不能進蘧伯玉退彌子瑕以屍諫也○子産聞子皮卒哭曰吾已無為去声為善矣唯子知我○叔向見司馬侯之子撫而泣之曰自此父之死也吾蔑與比事君也昔者此其父始之我終之我始之夫子終之

○淮南子曰惠施死而莊子寢說言世莫可

爲語也○龐德公居漢之陰司馬德操宅州之陽望衡對宇歡情自接泛舟褰裳率爾休暢一日德操詣之值德公他出德操入其室命其家速作黍妻子羅拜堂下奔走供設俄而德公還直入相就不知何者是客李子曰古人所云通家之好固若是乎今人投刺通家者多覽此深媿○謝安石與支遁書人生如寄爾頃風流得意之事殆爲都盡終日戚戚觸事惆悵惟遲君來以晤言消之一日當千載爾

報國諸臣姓名

侍講方孝孺字希古浙江寧海人

修撰王叔英字原采浙江黃巖人

左拾遺戴德彝浙江奉化人

編脩王艮字欽止江西吉安縣人

編脩程濟陝西朝邑人

國子監博士黃彥清不知何許人

吏部侍郎毛太亨不知何許人

禮部尚書陳迪字景道寧國宣城人

子鳳山丹山等六人同日就戮

侍郎黄魁不知何許人

工部尚書嚴震直湖州烏程人道遇建文

君　吞金自盡

侍中黄觀字伯瀾貴池人洪武中會試廷試

皆第一妻翁氏二女同死

兵部尚書齊泰溧水人從兄弟敬宗等同死

尚書鐵鉉　上賜字鼎石鄧州人

侍郎陳植廬江人

刑部尚書侯泰字順懷南和人弟敬祖子紀

尋坐死

尚書暴昭山西潞州人

侍郎張昺澤州人

侍郎胡子韶字仲常嘉定州榮縣人

戶部侍郎卓敬字惟恭浙江瑞安人

侍郎盧迥浙江僊居人

侍郎郭任鎮江丹徒人

主事巨敬陝西平凉人

都御史茅大芳揚州太興人

都御史陳性善初名復以字行浙江山陰人

僉都御史周璿青州諸城人妻子皆繫獄

御史大夫練子寧初名安以字行江西新淦
人
御史大夫景清陝西真寧人
都御史司中不知何許人
大理少卿胡閏字松友西隅人
少卿薛嵓陝西慶鄉人
大理寺丞鄒瑾字公瑾吉安永豐人
大理寺丞劉瑞江西南昌人
寺丞彭與明江西萬安人弃官逃遁莫知所
終

太常寺卿黄子澄字伯淵初名湜以字行江
西分宜人
少卿盧原質字希魯浙江寧海人
少卿廖升湖廣襄陽人
少卿高巽志字士敏其先徐州蕭縣人
户科給事中陳繼之興化莆田人
户科給事中韓永西安人或云浮山人
刑科給事中黄鉞字叔揚蘇州常熟縣人
户科給事中龔泰字叔安浙江義烏人
監察御史曾鳳韶江西廬陵人

御史董鏞不知何許人

御史王度字子忠廣東歸善人

御史魏冕吉安永豐人

御史甘霖安慶懷寧人

御史高翔陝西朝邑人

御史王彬字文質山東滋陽人

御史鄭公智字叔貞台州寧海人

御史王玭蘇州人

中書舍人梁良玉變姓名走海南

中書舍人何申不知何許人

中書舍人郭節宋和不知何許人何洲海州人俱變姓名走異域

行人鄭華字思孝浙江臨海人

宗人府經歷宋徵妻子并被殺

欽天監副劉伯完亡去莫知所終

布政司參政鄭居貞嶶州人

山西布政司理問徐讓不知何許人戰歿

浙江按察使王良河南祥符人與家人同赴火死

四川按察使李文敏山西蔚州人

前僉都御史江西副使程本立嘉興崇德人
自縊死
北平按察僉事湯宗
僉事胡子義刑部侍郎子昭弟也棄去莫知
所之
徽州知府陳彥回字士淵福建莆田人
蘇州知府姚善字元一湖廣安陸州人
衛輝知府孫鎮合肥人薦起不就自號冲玄
子
寧波知府王璡字器之日照人文廟赦還不

仕

濟南知府徐安寧波鄞縣人謫戍雲南

徽州知府黄希范不知何許人論死籍其家

知府楊任浙江嘉興人子禮益同被戮

知府葉惠仲台州臨海人被戮妻蕭氏為奴

同知石允常免死謫戍

教諭王省子通判王禎同死于義

賓州知州蔡運南康人靖難後論死

沛縣知縣顏伯瑋自經死子有為自刎江西

廬陵人

樂平知縣張彥方龍泉縣人梟首暴屍額面

如玉

蕭縣知縣鄭恕字本忠僊居人靖難兵攻城

破恕死之

孝義縣丞衛徙戰歿

沛縣主簿唐子清為北兵所執不屈死

典史黃謙死事與唐同

漳州府學教授陳思賢廣東茂名人其徒諸

生伍性原　陳應宗　林珏　鄒君默

曾廷瑞　呂賢等同日死聞

文皇登極詔也

進士陳周不知何許人雖承吳僧道衍之薦

隱居錫山終身不仕

進士王高南昌人與劉瑞同年坐縱方孝孺

劓鼻于樹下與瑞同死

舉人劉政字仲理長洲人方孝孺所取解首

孝孺被戮政不食而死

生員高賢寧王省所教士志不授官

燕府長史葛誠

燕府伴讀俞逢辰字彥章寧國宣城人以泣

諫被戮

遼府長史程通字彦亨績溪人死獄中

寧府長史石撰山西平定人支解而死

衡府紀善周是修以字行吉安泰和人自經

于應天府學

谷府長史劉璟字仲璟浙江青田人其父文

成太師也下獄自經死

秦府長史鄒朴字爾愚江西永豐人

晉府長史龍鐔字德剛吉安人不屈而死

魏國公徐輝祖鳳陽人中山王之長子嗣爵

閑住以疾薨

越嶲侯俞通淵廬州巢縣人陣亡於白溝河

駙馬都尉李堅懷慶武陟人械送北平道卒

駙馬都尉耿璿長興侯之子杜門稱疾竟坐罪死

都督廖鏞無爲州巢縣人送刑部論死

都督孫岳宥死安置海南

都督耿瓛長興侯仲子靖難後論死

都督趙清鳳陽人靖難後召入乞閒不許

都督甯忠被執妻與父徐凱同死

都督馬溥壽州人戰敗靈璧被執

都督陳暉被執送北平中道逸去不知所終

都指揮楊松　潘忠松戰死忠被擒

都指揮謝貴伏發就擒而死

都指揮彭二為健卒所格殺

都指揮馬宣被執罵不絕口死之

都指揮鄧戩　陳鵬俱被北兵擒

都指揮朱鑑被縛罵不絕口死之

都指揮瞿能戰敗白溝河死之

都指揮宋忠懷來戰敗被執而死

都指揮俞瑱被執不屈死之
都指揮彭聚力戰死
都指揮孫泰力戰死于陣
都指揮莊得一力戰死之
都指揮陳質被執不屈死之
都指揮楚智　阜旗張同力戰夾河被執不
屈死之
都指揮薛朋濟陽城陷被執教諭王省死之
都指揮唐禮為靖難兵所襲被擒
楊州衛世指揮崇剛與御史王彬同被執不

屈而死

指揮王資不知所自始靖難後追罪廢死

陸梁衛指揮滕聚戰白溝河死

燕護衛指揮盧振數罪夷族

指揮趙諒坐廢憂懼卒

指揮宋瑄忠順公晟之子靈璧之戰力屈死

之

河北指揮張倫靖難後戰死

胡騎指揮火耳灰[illegible]擒死

指揮丁良　朱彬[illegible]北兵所擒死

指揮賈榮為北兵所擒

薊州衛鎮撫曾濬為張玉所執不屈死

鎮撫楊本處州人

鎮撫周拱元湖廣沅州人靖難後死之

燕山左護衛千户倪諒靖難後死之

千户蘇瓛為北兵生擒

叅軍斷事高巍遼州人篤孝誼善文章京城破自繫驛舍死

行軍斷事錢芹字繼忠蘇州人云死國事或云病卒

衛卒儲福無錫人調曲靖衛舟中不食而死
衛卒羅義山西都司戍卒曾上 燕王書下
獄
皁隸茅印仔上高人同侯泰被拏後典刑
内官長壽為北兵擒
以下有官職而無姓名
尚書徐公 刑部侍郎金公
燕奉祠何公 松江府同知礫於市
有姓名而無官職
朱進常州人 謝昇山東諸城人

牛景先變姓名走死蕭寺中

杜奇北平人極諫　燕王當守臣斲立斬之

周璿身死妻子沒官

黃墀　陳子方餘姚人與陳性善同死

以上報國諸臣紀中先列二十餘人矣此採
建文朝野彙編所載而悉記其姓名庶使後學一覽而易知改革之際豪傑忠賢不約而奮起如此然追想誅夷慘禍夫豈
昭代之幸哉吾師一菴先生尚論諸臣每極歔

欷歎息而重羡尚書嚴公震直吞金自盡善効其忠以其體天地好生之德災不横流豈及也先生之意大且深矣

續見聞雜紀卷之十一

吳興 李樂彥和述著
吳興 朱國禎文寧校正

一

荀子曰人有三不祥幼而不肯事長賤而不肯事貴不肖而不肯事賢此三不祥也○凡婦女不百里而奔喪事無擅為行無獨成叅知而後動可驗而後言晝不遊庭夜行以火所以正婦德也○君子不盡人之歡不竭人之忠以全交也

二

王文恪公撰吳郡治水碑記今天下財賦多仰東南東南財賦多出吳郡而吳郡於東南地最下最多水患故官多逋負民多流殍于是在廷之臣爭言水利而以吳淞白茅港為首請設官專治時公以都御史巡撫應天等處詔即委之進太子少保工部尚書得便宜從事公奏是非臣一人所能獨理詔復以工部都水司郎中林文沛顏如瓌往佐之公奉詔感激思奮欲為國家建東南無疆之利博訪群策相度源委謂東南之水

咸滙太湖太湖由三江入海而三江久失故道東江不可復尋獨婁江尚在吳淞江雖在而多湮其别出一支分從常熟白茆港入海最大且駛而海沙闕塞久成平陸自成化以来每議開之輒畏其難而止或謂水旱天数非人力可治或謂治之復塞徒費且勞或謂濵海地勢高卬鑿之復引水入内為患公皆不聽曰我知奉　詔行事耳乃駐節湖上且行且度度地賦功量功賦役分授以責成時犒以行賞法令明一衆心競勸不數月告成

矣初白茅自北達于江河形詰屈不可復通乃改就東南挑平陸直注諸海自雙廟至通倉一萬七千三百九十二丈其深一丈五尺闊三十三丈皆文沛所理也吳淞江上流頗通利自夏駕浦至舊江口僅如衣帶不復容舟因其舊形廣之深之自夏駕浦至龍王廟江口凡六千三百三十六丈其深一丈二尺闊一十八丈皆如瓌所理也蓋宜興湖州諸閼水歸太湖無礙則常之宜興武進湖之烏程歸安松之華亭可無水患濬吳淞白茅之

關太湖之水入江海無礙則蘇之長洲常熟崑山可無水患而吳淞白茅之役最大功費尤多始事于正德十六年十月訖工于嘉靖元年四月東南之水古人治之者多矣至
國初則又壞故夏忠靖公治之正統間又壞故周文襄公治之景泰中又壞故李恭靖公治之弘治中又壞故徐侍郎貫治之則今日之功又安保後日之無壞乎保而勿壞則在後之人焉勿廢疏瀹勿惰啓閉勿縱豪強勿規小利所以保之也時廵撫都御史治此河

者李公克嗣四川内江人

三

王公瓊山西太原人謚恭襄公八歲通尚書父靜學公師事薛文清公公幼承家學踐履實用不飾枝言業舉時端坐一室不涉市肆試部政日與喬白巖王虎谷二公互益切劘正德時公當梶軸虎谷歎曰晉溪才識雖優亦原學力觀其施諸經濟無一不由平日講履之素云　國家都北漕河特重沿河郡置通判縣置丞各一員專任漕事總于都水郎

歲久撫按時檄判丞兼雜委漕務無專職益弛公典漕務即勅判丞毋聽撫按檄漕政始肅治河三年凡漕河里步遠近閘坐丈尺漕舟材木之費考稽畫一著漕志繼治漕者按志以稽不爽毫髮服公精練云　正德九年公以副都御史整理鹽法檢尋王宗望支氏渠故道奏復疏浚移掣鹽所于淮河北岸既免長淮之險又無走掣之奸永為公私利便

○公理户部邊師乞糧草則屈指計曰某倉庤粮幾何某場庤草幾何各郡歲輸粮幾何

邊卒歲採秋草幾何用蓋饒也何重索邊師愕愕服公明察不敢橫乞○公蒞兵部寇報至公坐籌曰某大師出某地某裨師出某地某由某路會師某由某地夾攻某絕某關隘防奔突某輸餉糧某紀師飭又曰諸凡未悉之機主師權宜從事大事先行後聞公策勝數千里如對面談復不膠尼故邊師不窘束易策勛○丁丑八月　武皇帝單騎廵邊朝士凜凜曰遠則漢高帝之平城近則土木可鑒也議嚴兵守　京師公乃馳奏　行在命

文武大臣守都門又密調將士列伏邊城大
同遼東延綏士馬皆集 行在又請暫命大
帥一人開閫河間近保 京師遠控齊魯又
于大名武定權置兵備副使二人鎮壓盜賊
又檄薊州都御史臧鳳保定都御史李瓚嚴
兵要害為 駕蹕扈又檄山東河北餙武學
又檄在 京守備時察奸宄是時乗輿出邊
逾年無寇警 京師至于邊服按堵如常公
籌畫鎮定之功也○宸濠反聞朝士愕駭持
兩端陰卜成敗為從違公獨奮曰豎子烏鼠

聚刻斯成擒又曰王守仁據上游躡濠後擒濠必守仁乃從亘房頃刻覆十三䟽首請下詔削濠屬籍正賊名次請命平賊大師趣南都次請命南和伯方壽祥防江翊南都次請命南都文武臣戒嚴次請命尚書王鴻儒主給餉次請命王守仁率南贛兵由臨吉秦金率湖兵由荊瑞會南昌李充嗣鎮鎮江許廷光鎮浙叢蘭鎮儀真遏賊衝俞諫率淮兵翊南都已而守仁擒濠如公策禮部主事梁焯語人曰濠反時朝士歸心者十之七且曰

濠必成屹屹不懼獨晉溪一人○辛巳春
駕駐通州江彬擁邊兵環衛勢極兇赫召九
卿覲都下洶洶云江彬謀逆召九卿往屠焉
因行大事九卿凛凛無敢詣覲公曰予也備
位大臣　天威咫尺敢不覲即日詣通州覲
人云彬將掠奪九卿印行大事公反佩印往
蓋彬獨扈蹕謀可逞兵部尚書扈蹕將士屬
兵部彬有邪謀將士不皆從晉溪居中陰制
奸變係將士望彬雖有謀不得逞大臣制變
之畧也抑亦智勇合德著能焉○公自正德

乙亥以户部尚書改兵部御史高公韶論公不稱任公韶謫公乞避位疏六上不許丁丑加少保戊寅加少師庚辰轉吏部辛巳江彬誅下御史獄謫戍綏德丁亥禮部右侍郎桂萼薦公才望戊子起公兵部尚書兼右都御史總制陝西軍務辛卯冬復改吏部壬辰七月公薨于位說者謂公才極高吏事精敏達權應變人不可及云

四

霍公韜謚文敏廣東人公見中朝官有罪輙

命錦衣官校擒拿拷問上䟽曰天下刑獄付三法司足矣錦衣衛復兼刑獄横撓之越介胄之職侵刀筆之權不亦甚乎光武尚高節名節之士滿東都以扶漢鼎宋祖敦廉恥刑罰不加衣冠忠義之士爭死末世江西事變死者四人而已足見今之喪廉耻賤節義者衆也頋不係所養乎士大夫有罪下之刑曹辱矣頋使官校當衆執之脫冠裳以就鎖梏屈體貌以聽武夫朝列清班暮幽汙獄剛氣由此折盡矣不亦甚乎使有重罪或廢或誅

可也乃暮脫汙獄朝立清班解下拘攣便披冠帶使武夫悍卒指之曰某也吾辱之矣某也吾得辱之矣小人遂無忌憚君子遂昧良心豪傑所以多山林之思變故所以少節槩之士也伏願自今錦衣衛勿治刑獄士夫有罪宜謫則謫宜廢則廢宜誅則誅宜贖則贖勿加笞箠勿加鎖梏以培養廉恥以激勵節義此于世道甚非小補○王公廷相河南人謚肅敏公嘗曰大識者外僞不能累大氣者外侮不能動大德者外物不能遷○迂儒強

執不識古今之宜鄙儒依阿不顧國家之計俗儒淺陋不達治忽之幾皆不堪委任○志不存乎天下者不可以言用道不本之經術者不可以言治政不要之安民者不可以言仁時皆以為名言○畛公以兵擬應結社中言事無所忌諱謫亳州判官陞高淳知縣又陞四川道御史巡按陝西能約束鎮守內臣廖鑾為提學御史焚　內臣劉王私書　遭誣構下獄再謫贛榆丞可謂歷試諸艱遭逢大不幸矣後巡撫四川兵書總憲大約持正不阿動

中機宜一代名儒名臣非人所易及也

五

劉源清山東東平州人初仕江西德興縣調進賢政尚嚴肅百務整齊值宸濠反時已害孫許二公矣遣兵校婁伯等數人取進賢縣印公俱斬之檄報傍縣互為防守民志賴以定宸濠聞之亦有戒心未幾濠敗公後官至侍郎都御史討大同叛卒以讒削籍穆廟初贈尚書上三十七年補謚

○崔公銑字子鍾河南安陽人嘗曰碑誌盛而史贋矣唐詩盛而教亡矣啓劄具而友濫矣表箋諛而君志驕

矣封誥儷而臣報輕矣賄幣流而贄禮失矣
舉業專而經學淺矣登第易而全才難矣

六

舒公芬（江西進賢人，正德丁丑進士）元勵志聖賢之學不屑為博物洽聞之士戊寅江彬等導　上遊豫公率同志上疏廷杖繫錦衣獄時死諫者凡十一人公憤然不欲獨生瀕死復甦謫福建市舶副提舉君子謂其振士氣阻權奸植風化大有功于世教惜哉年四十四以疾卒

呂公柟字仲木陝西高陵人公為修撰時劉

瑾竊政橫甚西夏亂公疏請　上入宮御經筵親政事則禍亂潛消内外臣冨貴可常保瑾惡其直因常郊賀禮又不往見欲殺之乃乞養病歸瑾使校尉尾之至真定不得其過而返公歸五年用言官薦復起供職上疏勸學謂文王緝熙敬止咸和萬民斯享靈囿之樂元順帝廢學縱欲　太祖一舉而取之陛下不可不深念也或謂公曰元主之戒無乃傷于直乎公曰賈誼借秦為喻漢文帝尚能用之況　主上之明聖不為漢文者乎

七

大學士楊廷和（四川新都人）由南京户部入閣與毛蔣二公同時時值江彬用事　武皇又多巡幸　武皇崩邊將數十萬在京內無皇儲中外岌岌公密奏　張皇后散遣諸軍擒江彬于厚載門加族誅議迎　世宗皇帝禮改元之詔公手筆也裁革傳奉冒濫等役月省食粮一十六萬餘功亦偉矣○毛公澄謚文簡太倉州人嘉靖初　上議選婚錦衣韋千户女與焉內侍并皇親邵蕙俱得重賂咸屬

意文簡公在左順門厲聲曰韋千户是韋太監家人不知的姓何以登玉牒此事禮部不敢擔當汝曹自為之衆議遂息文簡體弱而氣不可奪此其大節云○毛公紀謚文簡山東掖縣人戊寅 上復欲廵邊公與楊廷和痛哭進疏不聽未幾而有宸濠之變是時儲宮久虛權奸竊柄天下之勢誠若厝火積薪之下矣公與楊公當居守之任竭忠盡瘁攄殫心力共濟國事中外宴然 肅皇帝入繼大統神器有歸賛襄輔翊一新庶政此古所

謂社稷臣者勳業之盛孰加焉既而以定策

功錫之伯爵力辭甫喻六十即懇致仕歸○

大學士蔣公冕廣西全州人　上欲北巡自

稱威武大將軍朱壽巡邊命內閣草制公曰

陛下受天明命內而四海外而四夷孰不尊

稱如天如日若稱朱壽號爲將軍臣凸鑊在

前不敢奉　詔公扈　駕至南京隨事規諫

曲盡心力懇請回　鑾自春至秋懷疏跪門

者屢次至于不穿罩甲則雖錢寧江彬同傳

旨苦逼亦未敢曲從不賀總督府懸掛牌額

則雖文武群臣守候行禮亦不肯往○大學
士梁公儲謚文康廣東人秦藩三疏請陝之
邊境益其封　上許之命楊廷和蔣冕草制
二公皆引疾辭梁曰如皆引疾孰與事君耶
草制曰昔　太祖皇帝著令曰此土不畀藩
封非吝也念此土廣且饒藩封得之多畜士
馬饒富而驕姦人誘為不軌不利宗社今王
請祈懇篤朕念親親畀地與王王得地宜益
謹毋收聚姦人毋多養士馬毋聽狂人導為
不軌震及邊方危我社稷是時雖念保親親

不可得已王慎之毋忽　上覽制駁曰若是其可虞其勿與事遂寢公不顯言直諫而托詞悟　主有回天之力焉○桂公蕚謚文襄江西安仁縣人公自釋褐授丹徒知縣執古傲上不能狥時曲媚見辱于知府林魁更改湖州武康成安三縣低徊十餘年未嘗以淹屈降志後為南京刑部主事遇　世廟登極議追崇之禮一言悟主遂極峻用讀公奏議皆經國大猷切中時弊無所忌諱至密論四事若放宮人止織造罷鎮守郄祥瑞尤時所

難言者況其講學論政皆自稽古根本中来于進退之際懇懇不肯自恕可謂名相也已

八

劉瑾既誅餘黨尚在　世宗皇帝繼統年齡雖少英斷夙成待此輩不少假借又得張公孚敬以正佐之盡革各省鎮守内臣司禮監不得干預章奏徃瑾時公卿大臣相見無敢抗禮甚至有拜伏者自張公當國司禮以下至各監局巨璫見公竦息敬畏不敢並行立坐至以張爺呼之不動聲色而潛消其驕悍

之心蓋自漢唐宋元以來宦官斂戢士氣得伸國體尊嚴主威隆重未有如今日者誠千載一時哉○霍文敏公復呂涇野書曰生敬羅峯者謂其一心忠於朝廷絶纎芥私也主張大禮不悚不懾明千古之謬伸　聖主大孝一也辨明大獄救一家十數冤命破散蔽主之奸黨二也在閣九年未嘗容内臣私請政本清端三也十年不進一内官且革鎮守數百餘年積弊四也吏兵二部推選文武官未嘗片言干預内官病故例蔭義男義侄家

僮校尉三四十人羅峯削黜之盡五也風宦官皆知警戢省郡有司在京大小官不敢肆濫六也華戚畹濫官罷十八侯伯七也門無私謁風清弊絶八也三黜奔歸行橐惟一二衣箱如寒儒卑官九也在位日只欲用外甥一人亦才名不忝餘則絶纖芥私黨坦坦平平過皆可見心跡至明十也羅峯有此十善生是故敬之

九

李空同先生夢陽上楊邃庵公書曰議者謂

公喜通才獎辨給拔門生復故吏其顯名高位者程事簿書之夫多而雅裕鎮俗之徒寡爽快取辨之流揚而先憂識微之士抑委曲活變之風行而守死執義之心灰至今言官猶以此病公而不知道以正行事由通濟聖人通天下之情達天下之變而後能成天下之亹亹愚嘗竊觀今天下之才正德不如弘治弘治不如成化豈否泰有消長生才有高下耶抑有之而未用用之而未盡耶史氏曰抑觀空同論才謂正德不如弘治弘治不如

成化固矣今觀嘉靖人才似又不如正德焉閱世變者寧不重有感耶○左都御史屠僑浙鄞縣人公按居庸等關　武皇北狩命所在擒生虎使者日再促公抗疏虎惡獸也欲生致之必有攖其爪牙者柰何忍不惜民命以供一時之玩乎語甚切事遂止時濠賄結中外朝野以目矚公且按江右濠謂所親曰柰何令此強項御史來耶令鎮守太監畢真以金器綵段數十遺公于杭公皆却之公歷官端方嚴毅人不敢干以私位至御史大夫

朝廷倚重○林公廷玉福建人弘治改元公為給事中上疏言妖僧繼曉罪惡貫盈先年雖已發為民然盜竊賞賚家貲鉅萬日擁美姬以自娛樂漏網故鄉優游自在非所以昭典法示鑒戒也　上〻言命錦衣官校械繼曉至京斬于市人心大快○方公良永謚簡肅福建莆田人正德間倖臣朱寧黷貨無厭以鈔二萬發浙江十一府易銀三萬兩公時為左布政使具疏劾寧乞　陛下割偏私之愛下之詔獄明正典刑仍乞行巡按御史

將已經斂銀盡給民等語寧懼乃委過下
人鈔銀得給還民訖女人黃鞏謂公此跡足
落權奸之膽宇宙間不可無此一舉○寇公
天敘山西榆次人任寧波府嘗書青天白日
高山大川愛民如子處事如家四言于座右
浙秋試公與外簾有知縣某持一卷固請公
固止之曰不可開榜後乃知知縣所私者人
以公為神目在官異政擢應天府丞時宸濠
亂　武廟親征多權倖數百公處之有方所
選女樂極千人候　駕不三日死者十數公

曰吾為汝登籍分養親識家用則照簿取之爾全活不下數百人後巡撫隕陽甘肅等處屢有大功華夷帖服○胡公富徽州績溪人官至户部尚書公為福建按察僉事分巡至福寧州閱獄囚有五六年不釋者公密禱欲次日審錄是夕獄中忽發火光州人大驚及視之火光猶未滅次日提獄囚二百餘人逐一審决不五日而囹圄一空○王公恕謚康毅山東東平州人公為御史風裁凜如不畏强禦宸濠稱逆　武廟親征邊將江彬等隨

行恣肆矯詔繫國學生跪行宮外公親詣武宗悉脫于厄嘉靖丁亥[illegible]由花馬池拆墻而入公調度文武將士拒之歷震戒所細溝青羊嶺等處先後共斬[illegible]首級四百有奇[illegible]溺水及饑死者十之七八僅存百餘騎出境且不自居其功載對山[illegible][illegible]記○劉公天和謚莊襄湖廣麻城人公初為御史巡陝西獨持風裁忤權貴逮繫錦衣獄謫金壇令後知湖州疏定兩則以便徵輸豫識桂文襄之賢可以大用熟練邊務撫禦有聲或擬之南仲

衛霍爲生祠碑今在峴山之麓

十王恭襄而下至第九述爲多亦多刪繁就簡者此以下皆朽人所著

浙江督學副使或僉事

劉夫子不知何名四川人號西蜀劉夫子綱物命題不拘經書但經許可無不登科第者想弘治正德間任

汪公文盛湖廣人號白泉嘉靖壬辰癸巳任考法最嚴得人之盛自公始

徐公階華亭人由翰林編修謫江右同知轉浙僉事初號少湖以憂去廵按某比較二司

吏書杖先學道一書手二司相見按臺問聞先一書手可令二縣從厚埋之徐公曰先生大人何言之易易也本道已具小疏欲上按臺愕然再三懇二司諸公求解公乃止上疏

劉公思唐陝西人予年十四五歲時見之甲辰乙巳年任

孔公天胤號文谷陝西人善批評試卷

雷公禮江西豐城人號古和官至少傅工部尚書廵湖州予入府學庚戌辛亥年任

薛公應旂號方山南直隸武進人公官至按

察副使吾師文章高品百年罕見惜性氣少
和平爾
畢公鏘號松坡直隸石埭縣人官至南京户
部尚書
屠公羲英號坪石南直隸人陞國子祭酒轉
京卿終以峭直不大用
喬公因阜號壽齋陝西耀州人提學僉事
蘇公濬福建晋江人號紫溪四書易經俱著
有講章可傳世者以其平易近理也
陳公大綬江西浮梁人號赤石嚴查諸生有

以賄囑進者盡行黜革衆所稱快萬曆三十
五六年任
王公畿號慕蓼晋江人萬曆三十九年任九
吾浙督學先生皆出中朝會推交薦者余烏
敢有所軒輊於其間哉姑據所聞聊為詮次
爾

十一

士君子只患不立篤學不力行不成一代人物
不患朝廷不知上天不祐朱晦菴先生宋一
代儒宗也仕不至通顯然予在官吏部侍郎

孫復官兵部侍郎福安府尹人物亦皆表表朝廷何曾虧他上天所以崇報之者可謂厚矣

十二

高而不危所以長守貴也滿而不溢所以長守富也李子曰樂而不淫哀而不傷所以長守命也仲尼不為已甚只是本分之外不加毫末但從性體上發揮賢者過之智者過之便是已甚今人但遇凡事將就寬恕便自謂不為已甚是何聖人之多也無可無不可語

意與君子之於天下無適無莫相似孟子云可以仕則仕可以止則止可以久則久可以速則速先無一點可不可成心即是物來順應話頭今人遇事含糊不決裂亦自謂無可無不可又何舉世皆聖人也學者不可隨俗糊說

十三

言者心之聲文尤聲之華美可觀可聽者也讀其文精神心術可以洞見而國家治亂識者亦因此卜之

本朝成弘正德嘉靖初文字和平雅淡不求文而文自不可掩正如美人生相不待簪花而後佳也入萬曆二三年先自試官好異必求學古字奇不便句讀者然後入彀而天下遂趨於恠誕變幻矣安得起方山薛先生昆湖瞿先生於九原作士子模楷而與之論文哉

或問今欲拔之何策李子曰未易言也陳請主上先免差京考二員或是拔之之策也

十四

瞿璝對魏文侯曰君仁則臣直璝雖一時偶

對然亦感應常理今也不然君仁而臣詐矣未也君仁而臣放矣未也君仁而臣驕且橫矣未也君仁而臣漸至於大不敬矣我主上仁聖大度寬容所以愛護諸臣者何所不至賢臣直臣世亦何嘗乏人然而詐也放也驕且橫也大不敬也請在位諸公山林逸士閒評公論四者之罪有之乎抑無乎嗟嗟可為流涕痛哭矣

十五

古稱千金之子可以貧人可以富人然則千

金固貴重矣予十一二歲時睹邑令李公貪僅三四千金爾近睹歸安施公貪亦如之皆蒙上司處治罷官去越李七十年越施四十餘年今日大可駭異只要中個進士為縣令賍至二三萬或五六萬上官惜大體面或受囑託本犯不受笞辱不入囹圄不問徒罪只作不及踍躁降級輕處衣錦還鄉人羨富貴其計巧多護者依然官不改動十居四五嗟乎我

皇上何由得知大考察時何由得拿處正法嗟乎此皆撫按二司太守諸公容隱之罪也再

過二三十年不知到恁田地世安得不致大
亂哉

十六

萬曆己酉三月朔桐鄉令須公之彥辭任去
臺臣吳亮論劾吏科陳治則波及之也夫須
公不奉　聖旨亦不奉吏部處分浙撫臺耳
公按君王公皆謂須當避吳公之鋒其親筆
書余及見之須雖欲安其位得乎其去也鄉
士大夫父老子弟無不涕泣焚香以送或問
假饒身處二公之地之時當何如處荅曰王

同官不暇論已甘道學也以宋儒律之作何處假饒嘉郡太守楊公繼宗在任又作何處恐時事時套未必是儒者作用

十七

宰相肚裡好撑船雖是俗諺實有至理肚內撑不得船不免窄狹局促何能平章天下韓范富歐四君子上殿相爭如虎下殿不失和氣都緣他有大學識胷次寬廣故賛成仁宗慶曆之治今人學問先無以天下為己任這一段意思所以議論纔不合便像自家屋裡

與人爭田爭地一般　互相讎隙成何景象天下何由得太平李子曰四公者歐文忠畧不如三公文章勝些

十八

萬曆戊申己酉間　朝士乞歸不遂叩頭文華殿出城去者凡六人李子曰掛冠而去欲竊高潔之名忿激而逃難免不忠之議國事至此可為流涕太息○萬曆三十七年五月淮上督臣李三才一本國勢一有三無懇乞　聖明及早痛改毋致一敗塗地事何謂

三無一曰君無權二曰朝無臣三曰民無主
云云何謂一有偹此三無遂成一有所有維
何亦曰亂亾而巳余讀之歎息隕涕○三才
跡内又有泄泄沓沓以社稷為戲此九字切
中時事○八議之條　古人仁之至義之盡
萬世可行九法司大臣言官論劾人若要加
一殺字須萬分不得巳萬分不可恕方纔動
口動筆方不負　朝廷不負公議須有論閣
臣李廷機列其可斬之罪九幾余以為廷機
不但議貴不當斬只論清勤也是賢臣不當

斬

十九

僧達觀不知何許人通內典頴悟善誨人縉紳有師事之者第不隱于深山而遊于　朝市聞其恣肆不自檢束恐不在繼曉下也聞刑部郎曹君懋官平湖人當鞫訊笞死之宇宙間正氣曹君頗帶得幾分可云　聖朝執法之臣矣○江右龍君宗武謫戍赦回闔家居病困入厠嘗糞以為常一子無罪竟抛巨石碎其首殺之昏暈甦問家人始知其出自

已乎夫初殺無辜之士期以媚相國既殺無罪之子以報士期嗚呼天道邇如是哉然不知實有此事否

二十

陸五臺太宰光祖侍坐於張沅洲太宰瀚之旁余見陸問故陸曰我為濬縣令時張公大名郡守此後相見張必整余坐在旁今改不得前輩不虛讓人其執禮如此行古道哉

二十一

吴匏庵先生寬同友人施煥赴南畿鄉試又

同寓先生下第施得中榜赴鹿鳴宴田先生在寓待之施完公據事與先生又同還鄉先生之有養如此得失之際不以介于懷也後登大魁詞林貴顯鄉友遠遠去賀或有求也病卒於京先生以贄治木斂之命其子為周旋荅客禮家人為衣蘇送柩登舟而返○都玄敬先生穆官終太僕少卿舉進士時與同年李廷梧同舟南歸相契厚已而李擢侍御按蘇州等府先生不往見李恠焉差官請之先生曰　天子使臣觀採甚殷激揚權重莫

可以通賓客俟事竣當一敘故爾李歎異之先生工文章凡潤筆之資與異母弟共用次及二兒或推及門人弟子食貧時多至不能備後事併藥餌可泉胡太守悉賙之且為立書院儼遺像○長洲草橋王翁咼者以織機為業家頗饒當儉薄之年有夫婦二人偽言兄妹以兄嫁妹求售銀七兩王翁治殽酒酌之已立券矣二人臨别深悲似不欲割者翁細察之知為夫婦也焚券不索其金竟遣去嗟乎此事若在巨室則必鳴官以誆騙治罪

中人知禮之家亦未必慨然捐金如王翁者誠未易得其尚義之品歟○吴江之西有石佛寺僧號秋林者其佛行不失毫杪吴江趙君某寄銀若干禪房收貯兩相恂諒者也後一日適逢回禄延燒衣鉢聲駭松陵趙使老僕疾奔來問秋林云玄室無恙舊物仍在汝可亟歸報主人以慰之○崑山顧未齋閣老子某號恒齋自幼勤敏讀書後領鄉舉渠翁當朝時王肅齋太守嚴禁漁户入海網黄魚有以白金二千兩曲求弛禁排置卓卜動之

顧君視如污垢目不少睇噫宰相之子片辭可以反覆當路而峻節不為亦云難矣

二十二

常熟徐鳳竹公官工部尚書孫某以蔭為部郎居鄉恣横不法甚衆訟之兩臺下縣治縣繫之獄而斃縣官何以得無罪也余惑之訊其邑人邑人曰徐公子極惡云云縣官不枉他只初然過惡未甚時豈無上官豈無郡邑豈無法度可治縱他到不可救藥處而殺之今之從政者非古人矣大宦子弟何忍自投

于法網哉

二十三

未有三代讀書而不發科第者未有三代為吏而不問充軍者論其常理如此然亦要看學業何如罪過何如本身遭際何如世代歲月儘論不定

二十四

嘉靖二十年部議特設都御史總理塩法科臣郭鋆謂官不必設而餘塩宜革部覆兩淮塩額六十九萬六千三百引兩浙四十四萬

四千七百六十九引長蘆六十萬五千三百

四十引原無餘塩之法請自二十年始悉遵

祖宗舊制勿泒餘塩　上從之今日不知何

如行

二十五

宋仁宗宴駕時命英宗入繼在位四載崩方

疾篤時發狂口呼有人殺我韓公琦曰此病

也亟取藥灌入即扶掖入宮已而遂絕太子

未立韓公屏自己手挾帝手書曰一定穎王

即位當大任而宗廟社稷倚以為重如此公

真宗室一人也哉顗王即神宗○仁宗病久服藥及愈思見關臣召相呂夷簡同列皆促公亟行公獨緩轡遲遲既至上問故對曰陛下不豫中外頗憂聞召臣若奔馳以進慮人心驚動爾上以為得大臣之體

二十六

韓魏公論君子小人之際皆當以誠待之但知其為小人則勿與交接耳公於小人欺己明足以照未嘗形於辭色也○韓魏公嘗言保初節易保晚節難在北門九日宴諸曹詩

有曰莫羞老圃秋容淡要看寒花晚節香即如我嘉靖間分宜嚴公嵩做禮部尚書以前人品儘好嘉禾吳公鵬做工部尚書以前人品亦好只多做了首相与太宰便弄到大不好田地世間如二公者甚多

二十七

漢有三傑鄧通中大夫也嬉戲殿上申屠嘉召至丞相府欲斬之以帝命中止汲黯對武帝曰陛下内多慾而外施仁義柰何欲效唐虞之治乎二言切中武帝病根丙吉為相吏

醉酒吐其衣不加責不問横道死人而牛喘則問之專崇大體細故不屑屑焉皆後人所罕及也○唐岐陽公主適殿中少監杜悰上所賜奴婢卒不肯窮屈奏請納之上嘉許因錫其值悉自市寒賤易制者門第肅然悰刺澧州郡邑供百人饌主及從者不二十人驛吏爲飯食以返京師譁然以爲奇事悰在澧三年主退然靜守目不識刺史廳屏天子之女其賢固如是夫○楚昭王夫人貞姜齊女也王出遊留夫人於漸臺之上王聞江水大

至使使者迎夫人失持其符使者至請夫人出夫人曰王與宫人約召必以符今使者不持符妾不敢從使者強之不得果取符未及還水大至夫人流而死焉嗟乎夫人奉王命守之至堅如此然非昭王賢何以得此於夫人也覽古者可為流涕

二十八

程伊川先生曰人有三不幸一少年登高科一席父兄之勢為美官一有高才能文章李子曰此三者人有之則不勝羨慕己有之則

不勝忻幸驕傲淫縱何所不至肯視為不幸者能幾人哉○恩讎分明四字非有道者之言也無好人三字非有德者之言也○晉孔戡於為義若嗜慾不顧前後於利與祿則畏避退怯如懦夫然君子人與君子人也

二十九

地方風俗烏鎮屬烏程青鎮屬桐鄉自南柵以至北柵皆以一河為界至太師橋以北不論矣為逼近吳江地方濶大也余生長青鎮獨恨其俗尚奢日用會社婚塟皆以儉省為

恥貧人負擔之徒妻多好飾夜必飲酒病則
禱神稱貸而賽若烏鎮則非無尚奢者大約
朴儉居多所以富室悠久中人之家亦綿延
不至賣房移徙所貴乎添設公祖專設而不
城居與縣治父母官同若肯留心勸化賞罰
移風易俗也不是甚難事○兩鎮通患通弊
又有大者牙人以招商為業商貨有厚至一
二百金者初至牙主人豐其欵待割鵝開宴
招妓演戲以為常商貨散去商本主人私收
用度如囊中已物致商累月經年坐守着有

之禮貌漸衰而供給漸薄矣情狀甚慘官斯地者慎勿等為徵債漫不經心漫不加刑漫不區處可也易不云乎聖人通天下之志故能成天下之務牙人執迷不改都緣心志不通望公祖大人出示曉諭這商貨中間又有借本置來者舉家懸望如何負得他負了他天不容地不載世間極惡大罪也余目擊心傷載筆至此

三十

長興呂山吳其弘 治間昭慶寺欲建穿堂察

使差人召之時召三人皆富翁命以共建吳曰此不甚費小人當獨任之察使大喜歸以語其父父曰兒子有這力量必能承吾家後功果成惜燬於嘉靖甲寅兵火嗟乎此事若在今日即富過吳氏者必多方推避何人肯慨然伏義至此哉

三十一

寇萊公年十九登進士太宗取士多問其年若年甚少往往遣罷不任官職或勸公增年寇公曰吾初進取可欺君耶　本朝自嘉靖

辛丑以後大都緘年入序齒録者甚多至同年宴會又序真齒以一人而兩其生齒非天下大可醜之事乎○罔談彼短我亦有短靡恃己長人各有長可作座右銘

三十二

萬曆庚子八月秋試初場前東廣巡按顧其無錫人在試院堂上與方伯王公泮紹興人議論不協顧按君以手掌撲王王不讓反之顧披髮倒地身且去服方伯疾行出院衣冠體面喪盡矣少叅劉公入京謁代顧按君按

君問劉曰貴道目擊有此事否劉對從無此事夫有而曰無非誠心直道矣茲役也顧君大失禮于始而劉君所對又失言于終士大夫為海内所輕無足恠也

三十三

浙督學使陳公人緩不得于群士大夫轉官歸舉城無送之者余賦二詩偶遣人送之公答書曰吟大篇而西籍手以報老父使知衆人怒罵之中未嘗見棄于有道也榮甚矣李子曰樂固不敢以有道自居然江右士大夫

一舉手而不忘其親如此自是可法

三十四

閩城尚書馬公森余問之曰老先生有幾房家人荅曰　止有四房余曰人少不足用柰何荅曰多則養他不活吾東南尚書門下多及百人少亦不下五六十人何為自異于閩人也然箬溪顧先生有馬公之風又不可以槩論○顧箬溪先生一老家人之子穿綾子綿衣禦寒先生目之曰看汝不成人他日死必無棺此子倚父積又援吏作倉官矣

晚年竟苦貧撑船度日死不知其所終前輩宦家人服飾不容易如此

三十五

三吴閒宦室家人皆好尊稱其主人主人亦樂其所稱甚至遣見尊官大吏每呼家老爺一日余與錢承江夢得太僕數人共酌署邑陳公時太僕在制中差人持帖謝陳曰家主服色不便不敢出陪未嘗呼老爺也其家人何謹飭之至而主人之賢益彰矣　上蕪太僕賢即家拜南大理卿未幾又晉副都御史

巡撫河南皆以疾辭○嘉禾朱吏侍公國祚號養淳鼎甲爲人平易慷慨能無大過一日兩公子行街坊暑月張盖家人不自歛東盖觸小户店篷破損家人 與店家嚷鬧到不堪處有頃遣朱公乘軒過小户人泣訴朱公爲駐轎措坐一人家命僕呼張盖二人并持竹篦來儔人中責奴各三十慰小户人而去嗟乎當此季世宦家熖大求如朱公者其千萬人之英傑乎

三十六

里中唐侍御在京師與王陽沈公曾有婚姻之約侍御未第南還沈遣女使以珠玉飾貺幣禮問候錢孺人孺人辭曰約婚事我未及聞不審果否且大人未歸何敢受禮併沈氏女使亦不入門辭去孺人處此大事有廣靖丈夫學問賢矣哉孺人係錢承江之妹也○余宦友某與切鄰人有隙偶傷其面宦友即其家卧廳事內親友俱勸乘轎送回不允也經二晚衆問如何曰鑿廳之垣可通與吾即去如其言宦友[illegible]於人情大不愜也不三十年宦友故家宅通前後

悉賣其隣人為業有子八人莫顛父曰吁天道可畏哉

三十七

長興方伯徐龍灣先生中行少貧有俠氣詩文名家閩人董九華者業丹青術久客長興病卒柩無力還鄉先生遣赴閩官官舫中帶其柩去無所忌諱○先生未第時邑丞潘姓者宜與人曾延先生訓其二子及先生官滇中回二子負官逋繫獄先生匄之常州守多方處三百金償官尚欠五十金先生傾官橐

悉爲贖足二子得釋獄歸○同邑有蔣貢生號太湖者與臧損齋韋南莒二公友善損齋當 世廟初官禮部主事議大禮 廷杖卒蔭其子舜田太湖視舜田督教備至教不入垂涕而道之如是者三載視其文理通日別去絲毫無所受于臧也友誼之篤豈近世所易有耶

三十八

紹興俞先生咨益冑甲羅公萬化張公元忭皆師事之常同見郡邑一公侍坐不以爲屈

士風抑何厚也城中凡縉紳田籍必先謁
文廟拜儒學先生而後拜郡邑道遇三學雖不
避轎必讓三學行過而後行古道相傳尊師
重傅不容易得○余曾入越庠友金姓曾館
余家者見招余酌家貧無僕其子躬持殽酒
服後豈但不以為耻蓋真習以為常也○朱
金庭賡為大宗伯家居余友唐子訪之欵飯
案前物件乏僕時躬自舉移不以為怪嘉湖
間安得此風味也

三十九

尚書伍公文定湖廣松滋人初爲常州府推官以簡伉忤提學御史陳琳左遷後起嘉興府同知而陳適來爲郡守相見握手道舊甚歡時兩賢之文定後知江西吉安郡適宸濠反文成王公倡義旂而伍公應之伍公從義兩諸郡邑應之卒擒濠以銷大禍成大功在公部下萬安知縣毛冕手擒濠而賞不及後坐兵部主事守山海關甫五旬卒作亂侍史欲搜冕趨避冕曰不可吾有親在急趨母所執兵以衛賊執脅之以不從見害贈光祿少卿子西星舉鄉試第一冕河南洛陽人

四十

太守楊繼宗知嘉興止帶老家丁一人云是

封翁所貽老家人長鬚白髮口呼太守止曰秀才前輩人傳聞如此行囊止竹箱二隻以此來亦以此去無增益也今人發摃有一二百摃者追仰楊公好似唐虞三代人物矣

四十一

余考　本朝諸大老諸名公謚爲文者多矣若文潔則未之有也唯江右鄧公以讚揚公時喬並謚文潔不覺喟然曰兩先生者生同鄉卒皆賜謚其易名之美至從前未睹世世不磨楊公官非詞林且蒙　俞旨甚速尤異

數也○沈龍江閣老名鯉河南人性畏暑好乘陰其鄰人有二大樹茂密先生日過之避暑鄰人貧求售於先生先生曰吾與若世為鄰不忍售也厚為贈囑曰吾在世夏月常過爾樹下殁後憑爾售否爾友人吳夢暘曾訪先生其廳堂園亭俱從簡朴絶不似吾東南大宦家

四十二

鄧綰慮王荆公去位失勢乃上書言宜録安石子及壻仍賜第京師帝以語安石安石曰

縮爲國司直而爲宰臣乞恩澤極傷國體請黜之帝斥縮知虢州以既去之宰臣而人主信其言猶若此君臣兩得之矣蓋安石在宋時加意學問者故能處縮如此可以三不足之說苛厭之耶○唐太宗朝張昌齡王公瑾皆以善屬文名震京師而昌齡曾獻翠微宮頌尤上所愛者王師旦知貢舉奏第無二人名上怪而詰之師旦對曰二人雖有辭華顧其體輕薄終不成令器若置高第恐後進效之傷陛下雅道上善其言嗟乎若在今日則

二人必蒙高選以希上悦安得守法如師旦
者以挽一時文體哉○李吉甫為相謂裴垍
曰吾職當進賢而朝廷後進罕所接識君有
精鑒願悉為我言之垍取筆疏三十餘人數
月之間選用畧盡當時翕然稱吉甫為得人
嗟乎兩公皆虚心無我故共成一時盛美君
子哉若人乎

四十三

江右諸公鄉科做二司官者甚多監生吏員
作京衛經歷等官考滿與薦亦請得封贈田

來榮及父母妻子此必勉强學好清修所致若吾鄉則一見財貨便忘卻身軀榮辱好結果者百無一二何以故前無賢者可師法即可師法後輩亦不肯興起效法也○胡文定公曰人須是一切世味淡薄方好不要有富貴相李子曰富貴相者一有之便觸處會有遮掩不來士君子須時當檢身省察克治方可消磨得他○河南樂羊子游學七年不返妻躬勤養姑嘗有鄰人雞入園中姑殺而欲食之媳對雞不食而泣姑問其故媳曰自傷

居貧使姑食他人肉姑竟棄之然則舅姑有過媳亦可幾諫矣况為人子乎○季康子患盜問於孔子子曰苟子之不欲雖賞之不竊這話不加細想聖言似若迂濶細想之天地間實有此感召之理

四十四

世間惟講學論政當從良友切切詢究若夫出處語默大關節處即如飲食饑飽一般全要自己斟酌不可决之他人亦非人之所能决也倘含糊隱忍鮮不壞事

四十五

前歸安縣令李公松大城人壬戌進士為逵巡撫丁憂回籍與縣官議役相毆卒罹法為民子坐戍今　吾桐秀才不自揣分遇父母官由甲科者不勝諂事視鄉科者便五六成群囑託以求必濟苟不如意便加詞色犯之恐非保身保家之道也書以俟驗

四十六

高皇帝制經書文義乃大聖人作為尊崇朱夫子註解所謂非天子不考文也今時漸漸要

貶朱夫子創立奇說朝廷也禁約不來即如
論語爲命裨諶草創之一節總是鄭國之爲
詞命必更四賢之手集衆人之長目擊近科
外省鄉試時張江陵在　朝試官就要阿諛
破題便說衆臣効其能相臣擅其美自謂得
意殊不知江陵眼眶子大何曾把鄭子產放
在眼裡作文者空做這場話⿰言巴惹得天下人
大咲○范祖禹上疏杜奸人時蘇軾亦具疏
將上及見祖禹疏曰經世之文也遂附名同
進而毀已草頃張江陵居正喪父不守制刑

部主事沈思孝嘉興人論列之同寮艾穆亦附名不自具草這一點虛已從人意思大畧相同在今日則諸公必欲自草疏何人肯附名他人之後

四十七

罵詈人

大明律有禁如男子相罵已有罪過若發人陰私辱人妻室到人所不忍言處禍必大且速余嘗目睹之此天道也人可不戒㦲○古人有云恩讎不可太分明然報恩欲厚必不可

以讎報也余同堂兄其受鄭姓恩卒以讎報之同胞弟其受畢姓恩頗鉅為他人小事嘗付之不理而弟讎報畢至破其家十分之六兩人皆子孫不賢而堂兄之禍尤慘不可謂天無顯報也

四十八

姑蘇俞少保父開垞門首有偷兒潛入門内至祠堂盜一銅佛像出家人窺而詈之少保父諭曰他兩日前曾問我借去作樣我許他今日來非偷兒也偷兒得免詈辱俞公度量

寬弘過人遠矣

四十九

萬曆己酉年四月山東歷城地方舉人王啓亨莊上產一黄牛雙頭三眼兩鼻三口四足一尾清苑地方四月民人程尚勤家牸牛產一犢一身雙頭併連一處四眼三耳兩口四足一尾二異同日產撫臣奏聞此非一家一方之變異天下古今之大變大異也〇本年八月初四日邸報山西繁峙縣鄉約所地方李宣臣妻牛氏六月二十三日生二女一女

一眼一耳四齒手足全一女一耳一眼四齒
一手兩足皆痾也考之前代漢平帝元始中
靈帝建寧中晉懷帝永嘉中愍帝建興中俱
○辛亥年四月二十日山東青州府安丘縣暴
雨氷雹狀如雞卵勢若拋石自未至亥平地
氷水横發五穀盡傷氷雹擊死渰死各社居
民李洪等家牛七十四隻驢三十一隻羊四
百四十六隻又民王雷有傭工人劉邦守等
六名在王窪內鋤田忽被氷雹暴至山水驟
漲將劉邦守五名打渰身死又一名李君佩

在坡牧羊亦被擊死所傷地方計長八十餘里濶約三十餘里撫按官 上聞

五十

萬曆癸丑年三月本里南柵李佺妻沈氏與隣人吴八總姦佺 偵其熟睡執所藏刀並殺之本邑令胡公躬驗訖得無罪嘆曰如佺者可謂義丈夫矣

五十一

青鎮密印寺鐘成碑記

密印寺舊有銅鐘質頗巨聲甚洪不知鑄自

何年余弱冠爲諸生時讀書僧舍常登樓目之亦或命道者扣之嘉靖甲寅間倭奴猖獗軍中苦乏火器督府梅林胡公差官取用此一時權宜之計凡浙西諸寺觀蒙取者多不特一客印爾也六十年來鐘聲絶響寺僧遂逐營家未嘗齒及詎知鐘之必不可少其理固易解乎潤州僧永琳者行遊借棲廊廡未及一載偶走雲間探友獨見超然請見翰林董思白先生懇書功成鐘爲四字於册端持歸本寺余於琳時尚未稔識也可怪者其來

謁之五更余夢中書一咼字楷而妥晨起櫛髮冠巾則闇入報琳至出册示余覽之心喜焉蓋壬子三月之朔也余作而歎曰嗟乎茲殆成鐘之兆乎遂召僧道德守薰方擇張道人等謀募緣顧里中之大裕之家鳩集惟鄹第以舉父老子弟不問富貧咸以為必不容已余乃命僧及諸黨正不必擇人凡有善念即四三十錢亦可登簿募及兩月先後得二百餘金又一月又得二百餘金乃浼隣友葉應乾囊二百七十金至 南都貿銅錫余又

移書撫江都御史丁公轉貿蕪湖丁公召商至平價交易商大悅得上銅二千三百餘觔檻錫四百餘觔其還也尤伏丁公憲牌關津免稅費諸所省不下六十金此中亦不偶然矣錫山人梅氏父子善鑄業預為土胚胎者九百日卜以八月二十九日開爐余先十日前口念觀音大士日何止百聲齋戒虔禱併所賽諸神禮品靡不精潔爲期余端坐樓下偕四五友人候火舉火纔兩時梅使報鑄已成矣余驚喜曰嗟乎神矣哉其真大士之顯

靈乎人力不至於此又卜九月之望懸諸樓夫以重器高懸余惴惴恐懼而所藉人力最省不踰時鐘竟上茲亦不可謂非神助也銅錫餘值建小房一所樓永琳張道人以酬首議功奉護文昌帝君香火約費四十金修砌鐘樓凡十六金付德蕪二僧鐘上雜用凡三十金謝梅氏凡三十五金豎碑石費凡十金石出潮郡太守張公帷檣所送里人施捨雖多寡懸殊皆不可不書姓名以垂永遠故各附於丁公宋公及諸縉紳之後若汀西道御

史唐公世濟湖廣沅州守沈公元壯皆樂覯
厥成者也萬曆四十年壬子十月朔里人尚
寶司卿李樂撰後學唐瀧篆額并書

五十二

附録

年家侍生睦光祖頓首拜

不奉音容忽已幾更寒暑懷仰私衷無一日
不在左右也竊惟門下清操碩行冲致高風
為鄉國祥麟威鳳祖嘗叨佐銓衡竟使謝公
之轍尚滯東山即此明其不職矣然入京一
月輙為羣少年所陵移病乞身居無暇日無

亦時勢澆然爾茲奉教言益增愧赧何能自贖耶廣福興復大是勝事遵命開名疏簿年來衰病窘乏百務俱廢不過為方便勸發之助耳便風草率謝復諸惟照鑒不備

五十三

舊治生葉向高頓首拜

不肖自為諸生時即望見先儀於三山道上蒼松翠栢古色映人雖童子無知已有高山景行之想矣己卯入闈則老公祖唱名呼進遂以倖捷去今三十餘年杳然無從再瞻顏

色但在留都日時聽平涵兄稱頌盛德與海
内名流數當今人物便及臺下而已叨濫以
來雖有薦賢為國之念而力不從心蹉跎無
效符卿　新命良出　宸簡誰敢干之且此
何足為老公祖重也南署清閑甚望勉出大
疏懇辭極知恬尚真心頋　聖意未欲賜允
所以留中耳辱教感戢無已名賢之賜所不
敢卻薄附聊見緇衣之好併小詩一首用攄
向往綣惟麈存不盡　三十年前識紫芝抵
今猶自想光儀從教宦況浮雲似贏得清名

薄海知溪上華門臨曡画湖邊蘭槳問鷗夷
艱危正是求賢日莫說徵輪下已遲

五十四

侍生趙焕頓首拜

高風姱節海內縉紳仰之如泰山北斗者非
一日矣茲以公論特起清卿盖將為士林立
一赤幟而辭疏旋至固知冥鴻不樂樊籠第
如中朝推轂之意何留中不報盖
主上眷懷舊德如此石城舊郡一水可通乘春
命棹見國家不遺老成老成不忘國家亦清

朝盛事也何如承翰教悉并州之雅草此附

謝不盡惓惓

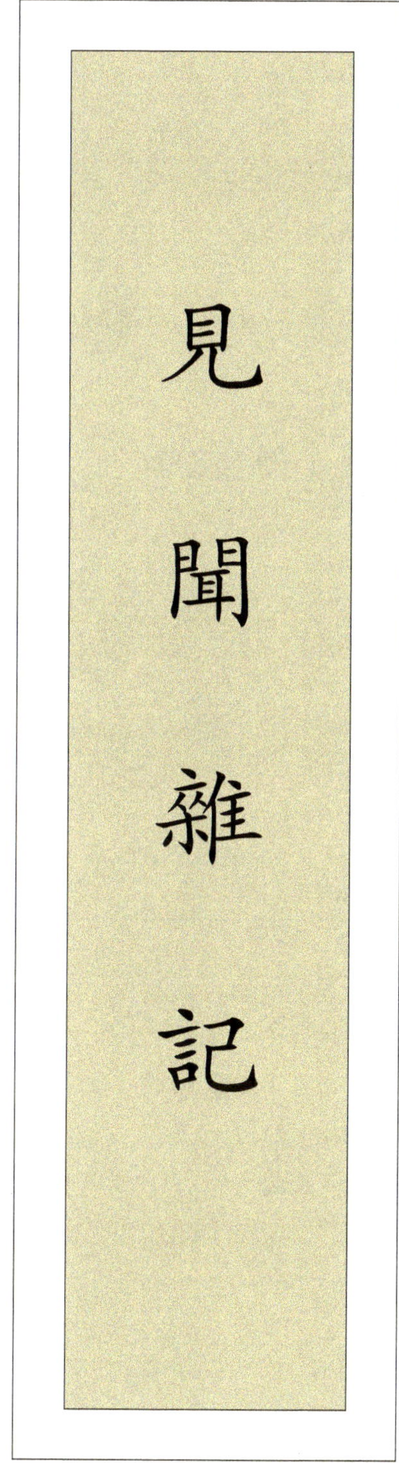

見聞雜記

[明] 李樂 著

[明] 萬曆刊本

江蘇大學出版社
JIANGSU UNIVERSITY PRESS
鎮江

上

圖書在版編目（CIP）數據

見聞雜記：全二册 /（明）李樂著．—影印本．—鎮江：江蘇大學出版社，2018.5

ISBN 978-7-5684-0829-5

Ⅰ．①見… Ⅱ．①李… Ⅲ．①中國歷史—史料 Ⅳ．①K206.6

中國版本圖書館 CIP 數據核字（2018）第 092201 號

見聞雜記（全二册）

著　　者/［明］李　樂
責任編輯/柳　艷
出版發行/江蘇大學出版社
地　　址/江蘇省鎮江市夢溪園巷 30 號（郵編：212003）
電　　話/0511-84446464（傳真）
網　　址/http://press.ujs.edu.cn
印　　刷/北京虎彩文化傳播有限公司
開　　本/850mm×1168mm　1/16
總 印 張/65.75
總 字 數/180 千字
版　　次/2018 年 5 月第 1 版　2018 年 5 月第 1 次印刷
書　　號/ISBN 978-7-5684-0829-5
定　　價/1800.00 元（全二册）

出版説明

人是一種會思想的動物，無論是爲了適應環境，克服生存的困難，抑或爲了生活得更有意義，思想皆不可或缺。在一般的中文習慣中，思想的涵義比『哲學』更寬泛，這種語用習慣的差异，也影響到學者對學術視野的選擇。一般而論，思想史的範圍也較哲學史爲廣闊，雖然很少得到清晰地界定，但它不失爲一種有效的學術視野。

在近代中國學術史上，思想史研究的興起與哲學史大約同時。一九〇二年三月，梁任公在其創辦的《新民叢報》上連續發表了《論中國學術思想變遷之大勢》系列論文，這可能是最早由國人撰著發表的思想史論文。而第一本由國人撰寫的中国古代哲學通史，則爲一九一六年謝無量的《中國哲學史》。這兩本早期著述有其學術史的意義，但其中對學科的性質與研究方法等多無明確的説明。事實上，無論是學者的闡述，還是其實際的操作，在思想史與哲學史之間都不易劃出清晰的界限，直到當代也仍然如此。拋開細節不論，就語用習慣及有關實踐而言，思想史表徵一種對歷史文化廣闊而深入的關照，其研究方法，關注的問題，都較哲學史爲多元，史料基礎也不可同日而語。尤其是在郭沫若、侯外盧等人建立起來的研究傳統中，思想史有明确的社會史取向，或因其與傳統的文史之學有親和性，以至在今天，這種思路仍然很有生命力。

文獻發掘向來是思想史研究的基本環節。爲了促進有關研究，我們選輯多種文本編爲『中國古代思想史珍本文獻叢刊』。全編選目包括經典文本，如儒、道二家的經解，重要思想家作品的早期刻本，和某些并不廣泛受到關注的作家文集的舊刻本。本編中也選録了數種反映古代民俗信仰的文獻，如《關聖帝君聖跡圖志》等。這些文本在傳統的學術視野中，多以爲不登大雅之堂，在今日視之，或者正因其反映了古代社會一般的信仰氛圍，而有重要的文本價值。此外，本編也著意收録了數種通常被視爲藝術史史料的文本，如《寶綸堂集》、《徐文長文集》等，我們認爲對思想史關注而言，範圍與深度同樣重要。

選輯本編，也有文獻學上的意圖。中國古代有悠久的文獻學傳統，大量古籍文本的傳刻與整理造就了古代中國輝煌的古籍文化。本編收録的這些刻本不僅是古代學術發生、衍變的物質證據，也是古代古籍文化的重要部分。本編所收録的全部作品皆爲彩版影印，最大限度地保存了文獻的細節。其中有部分殘卷，視具體情況，或者補配，或者一仍其舊。本編的選目受制於編者的認識與底本資源，或者有不妥、不備之處，希望讀者不吝指正。

目録（十一卷）

上册

下册

見聞雜紀

見聞雜紀序

昔人謂文章關乎氣運制作本乎心術汚隆盛衰之故居可睹已頹江河之趨既不可挽山川之變究且日甚世道亙衰文行交譏殆不知所終則今日之紀載蓋難言之矣適爾者公車之牘紙貴長安講主之席

跐錯闌右跡其矢口高譚横目濶
視不啻置其身於青冥之上下視
等夷曾不當其一瞬詎不人逢干
而家周孔弐乃依阿淟忍敗檢踰
則有辱人賤士所不屑者陰實蹈
之即令其心口自質亦難置對寧
是持論之頗所爲心術非也彼謂求

名於名求利於利者之未必得而求
名利於氣節道學者若取諸寄
功即不得亦可挾以爲重也又其
甚者身犯公議計無以自解而
托之以逃怒目裂眦迂行緩步殆
尤甚焉曾是面目之不怍心術
至是尚可以人理測而違心之語

尚復戀乎此余之所爲痛哭流涕思焚筆硯以謝之者也會承乏於桐得師事李臨川先生先生直詞正色誠心質行終其身無不可與人言而人卒莫干以私通籍逾四十年曾不及洛陽負郭之半子想見其大都矣間及

时事與風俗惡薄則感慨淋漓
至為隨淚蓋其素所蓄積
固然故其刪空見聞離絕非裨
益身心及關係世教者不錄善
善惡惡凜於斧衮直令讀者
有瞿然勃起之思因竊窺先
生之所筆於書者皆其體

倫於躬而不愆於禮義者乃其不詭於著述如若先生者所謂真之氣節焉蓋學先生之所紀見聞真氣節道學之言所稱根乎心術者非耶詩曰維其有之是以似之先生有焉一絲而繫千鈞之重所關世運非淺尠

矣汚陰盛集之際不能不三致

憾云

萬曆戊戌進士兩知浦江桐鄉縣

事古黟須之彥撰

須之彥印

戊戌進士

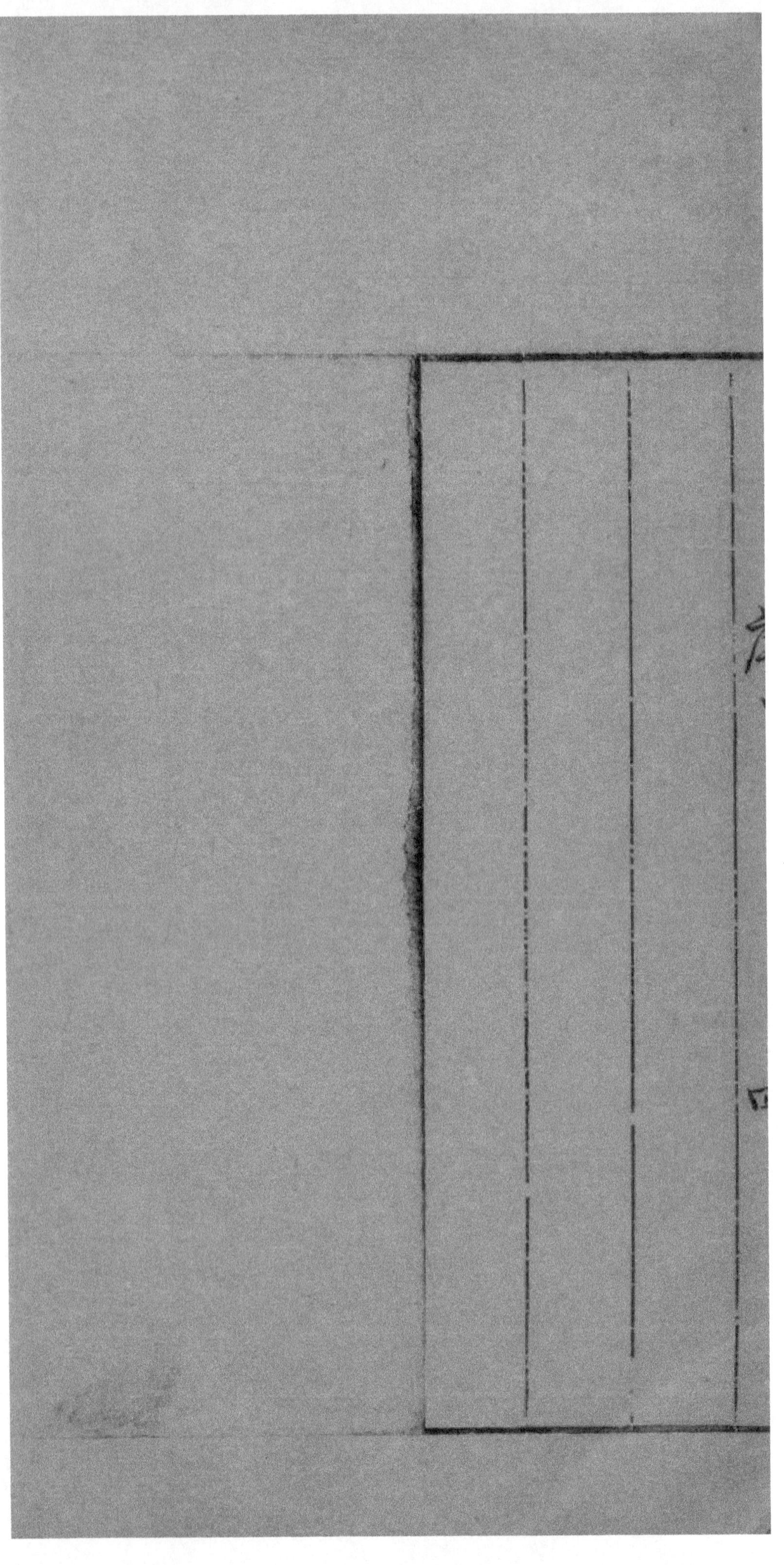

臨川李先生傳

士必懿而後求文藝此論士之槩也先生行不愧影寢不愧衾足可傳於后矣是為之傳

先生姓李諱樂字彥和別號臨川世系具載家乘中其先世有宗泰者自松陵贅青鎮遂為鎮人籍桐鄉再傳而為思椿公昊有隱德不自炫飾即先生父也思椿公以先生貴贈給諫孺母朱贈孺人生母沈封太孺人先生生而簡重雅不好弄長出就傅益嗜學彌篤未弱冠補博士弟子先是署府別駕全公夢

一歲冠而衣錦鷄者詰朝先生進謁宛如其夢人以此卜貴徵云嘉靖乙卯舉省試罷公車肄業成均惟時與海内名公遊出一庵唐先生門下爲入室弟子若靜臺杜公兼山范公咸器重之未幾而思椿公家居病且革時司成孟河馬公董監事數敎嚴重先生不以告輒倍道馳歸侍湯藥者匝月而思椿公卒馬公亦以此諒先生孝置勿問也戊辰成進士起家新淦縣令淦故江右瘠邑當孔道重以前令相沿失政諸務廢弛先生下車一切

整飭時以激揚寓撫字或戴星視事或秉燭爰書裁削不急之務者十有其七初至庫金纔數百耳積至末年而十倍之先生爲政主以節省惠民以故民蒙實惠弗令吏胥得以舞文乾沒也鄖將軍部兵於前途所在摽掠城門晝閉將取道於淦淦人心悸先生僅僅致廩餼給帳具而已鄖自愧慚覊所部前去嗣是有後先生理淦者雖既去未嘗不思先生拜禮科給事中自念居言路慮無不矢心以報上科場一疏極論試官諸不法事時江

陵柄國有不附己者輒排去而是疏尤為翰
林諸公所嗤弃再疏擊一京兆則又其倚江
陵為座主者然弗能庇也會以太孺人病欲
陳情終養而江陵以自告疾為諷先生曰吾
豈戀一官其以孤吾母也歸而奉太孺人優
游潛興者三年比出當事者陽為補原官吏
垣而實以素所目懾故擠之出為福建僉事
先生復夷然曰官守言責等耳若者為吾任
若者非吾任乎備兵延平者年餘改今巡福
寧春秋閱兵纍壘所以覈兵實藏供具大約

一如為令時督撫楚伺耿公嘆曰天下有痛憯民膏如福寧道者乎隨臧軍門供用者十之四閩有叅戎呼良朋者於諸弁中最驕悍難制獨一當先生則慴服不敢動署離州二十里而近故事移福寧丞居之先生曰丞居州則近州舍而别處將何事不可擅為民其憔悴矣即撤丞還川著為令居無何陞江西東河道叅議閣道奉太孺人就禄養尋以太孺人思故里乞致東還蓋先生所重在嗣息而又以孺慕太孺人為念故入而出出而復

請以歸居恒嘗自歎曰不孝之人沒無以見先人於地下則先生之心誠慼矣奉養太孺人盡歡既考終合葬歷十餘年薦剡凡數十上起廣西參議久而不赴控辭復予告尋起尚寶司卿不赴已推太僕太常少卿皆未下而先生老矣居之後構一小園顏曰拳勺中結真隱樓為登眺之所往時鎮有烏溪九老社先生復振起之相與唱和吟咏興到則招同社友買小艇訪沈東皐遺蹟自致政後多閉屋屏跡不入城府邑士大夫鄉飲舉先生

爲祭酒不再赴餘惟答拜僅一往辭色無所
畀屈望之毅然有先輩典型歲時伏臘薦享
虔肅不沒恩不揜善敦睦宗姻蒙舉火之惠
矜恤孤寡嬋賑錫之仁人有緩急亟爲解紛
事有不平慷慨代理鎮故有鹽舖戶領役者
多破家以鹽金重船值充重也先生力爲之
鳴當道寢其役鎮賴以寧先生才不竟於用
經畫措注復時見之於鄉方試政時鄗尚書
南宇高公性簡重慎許可獨矚目先生骨氣
凝厚異日可建大事比入諫垣而中朝一二

名卿偉人咸嘖嘖而諫疏稱真諫議也禾郡
陸莊簡致太宰歸恒自訟曰失推一李臨川
大欠事因以囑代者繼山沈公棨以直諫報
動天下常自言得百沈不如一李而少松中
丞滕公亦曰安得如李臨川先生也者挺然
自拔於風塵波蕩之秋此必由師傳得之已
而論知爲一庵先生門下士嗟嘆良久觀其
自道曰無心之失甚多有意之惡不作直已
窺真心自了之訣矣所著有見聞雜記拳勺
園小刻烏青誌李氏族譜如干卷文質而理

讀者亦可槩其爲人焉先生沒未踰年而里中父老念先生不置思所以羹墻先生者爲立祠尸祝同於畏壘當道亦檄入兩郡鄉賢年八十有七以艱嗣故繼其季弟棐子遄爲巳子遄醇謹愿慤諸孫輩彬彬文學蔚起有先生風

贊曰若李先生可稱古之獨行君子較然不欺者矣當江陵柄國時一國之士若狂其冣下者羶附蟻集獵取華膴豈乏若人獨先生慷慨立朝義形於色侃侃而疏不欺其志言

行可謂兩危雖阨其位獲伸其道其不以此
易彼固宜惜哉先生之艱於嗣也將彼蒼茫
茫不可置問耶抑嗣子若孫已有所以不朽
先生者耶
賜進士出身奉直大夫前刑部湖廣清吏司郎
中眷晚生夏爔頓首拜撰

見聞雜記目録

目錄
續
卷十
卷十一
附青鎮密印寺鐘成碑記
又尺牘三道

見聞雜紀卷之一

吳興李樂彥和述著
朱國禎文寧校正

人纔學便須知有着力處既學便須知有得力處今當於何處着力陸平泉云不過庸德之行庸言之謹

楊慈湖云學者通患在於思慮議論之多而不行孔子忠信篤敬之訓

范文正公謂賈内翰曰君不憂不顯惟不欺二字可終身行之内翰自謂平生用之不盡

薛文清公云舍而不求曰忘求之太過曰助長

胡力庵每頌此語謂學者所患正為忘字自朝至暮念念不忘便是聖賢

薛文清公常言心如鏡敬如磨鏡不敬便昏了所以說學有緝熈於光明

慈湖遺書云學者涵養有道則氣味和雅言語閑靜臨事而無事

文公訓子帖云大槩禮數要恭謹詳緩不要倉皇顛錯

顧東江嘗言人家夜飲晏起乃奸盜所由始

訴訟一事最當謹始使官司公明可恃尚不當

爲或官司雖無心而吏人佐使亦何所不至有是而後悔之固無及矣況隣里所爭不過侵占田界逋欠錢物及兇悖凌犯耳徐徐諭之可也李參政漢老作其叔父成季墓志云居鄉則以困畏不若人爲哲真達識也

後生才俊者父兄當以爲憂不當以爲喜須常加檢束令熟讀經書訓以寬厚恭謹勿使與浮薄者游處不然其可慮之事蓋非一端也各須謹之

王静泉見戶內日晷指之云光陰不可再得如

何容易放他過去
伊川云今人於外事外物件件要好只有自家
一箇身與心却不要好待得外事外物好時自
家身與心已先自不好了也
凡人粧成十分好不如真色一分好
陸平泉云朋友者今日之典籍典籍者往時之
朋友籍溪教諸生於工課餘暇以片紙書古人
懿行或詩及銘贊之有補於人者粘置壁間俾
往來誦之咸令精熟
康節誦希夷之語曰得便宜事不可再作得便

宜處不可再去有詩云珍重至人嘗有語落便宜處得便宜蓋可終身行之也

張魏公每訓子及門人曰學者當清明其心默存聖賢氣象久久自有見處

呂申公居家夏不排窗不揮扇冬不附火平生未嘗行草書尤不喜人博未嘗較曲直聞謗未嘗辨

平泉言朋友易合者到利害之際多不得力其落落難合者到利害之際反得力

夫子温良恭儉讓五字常要想見其氣象謝安

迎桓溫時氣象常要想劉寬下車還牛氣象常要想

司馬溫公曰去惡從善舍非從是人或以為如制悍馬斡磐石之難靜而思之在我而巳如轉户樞何難之有

閣老木齋謝公正德初致仕上章力薦守溪王公鏊匏菴吳公以代巳吏科給事中王昂論選法得罪吏部尚書邃菴楊公救之薄譴二公休休大臣之風今不可復見矣

陸贄云鋒鏑交於原野而決策於九重之中機

會變於斯須而定計於千里之外非計也今各邊總兵巡撫見一 出一軍賞一功罰一罪必須奏請令不得行事由中制互相牽調常致誤事由於将權不重故也

正德十四年識寧下缺江彬用事 毅皇帝有旨南巡舉朝文臣諫不聽金吾衛指揮張英懷匕首入端門剖腹出心以諫死御道上其忠烈又出漢辛慶忌唐張萬福二将軍之上

呂涇野先生柟正德三年登進士第一時巨璫劉瑾用事權傾中外以其同鄉也欲要致之先

生不往繼而以禮來賀又却之不受瑾旿之先生因請告歸於高陵瑾使人偵於途少有可議則就逮馬行至保定卒無所得而返先生之學於斯亦可見矣

可言不可行不若勿言可行不可言不若勿行

平泉至本一禪院法堂與隱南禪師云每常靜坐中覺胸中自有一種快活對人道不得今士大夫以紛華盛麗為樂吾看來樂得不甚爽利

許魯齋詩云萬般補養皆虛偽惟有操心是要規

悟真禪師云：靜中將平日所憂所疑看破，自然不上心來（妄情觀破則滅）。日常舉動須要知是甚麼在這裡舉動（一切動靜俱屬真性），分外事一毫不與，使其心超然無繫。

白雲云：性如天，清明廣大；性如地，包容徧覆；性如水，周流無滯。

靜也不妨，動也不妨，動靜間不把真性點污，方纔是道。

禪家本不求益，只要了却一生無所牽罣，便是完他事（心無罣碍，此生亦空）。

一庵云達磨面壁九年不曾有一刻閑閑了便有乘之者矣

把點檢他人功夫做自己事何有不辨點檢是對副人的意不特管人過失也上蔡所謂矜字正此類

目有異見耳有異聞須正己心終不為患臨死只有安命一法更無妙理可尋所以謂之淡中滋味

張含齋云這心駕馭他不得須是靜中慢慢收拾然亦無工夫可用處只是凡事退後些些不得已而應之可也

怜悧人去道遠所以要癡要呆（神仙伎倆無多子只是人間一味呆）

怨我謗我無非助道之良緣愛人敬人便是操心之要法

惡字不要看重了如私情眷戀圖謀計較前思後筭自擇便宜的心即是惡念如酒色財氣是非人我攀緣愛念患得患失皆是惡也

只有迷悟元無凡聖

大珠和尚云心逐物為邪物從心為正乃知先儒所謂循理不是行好事之謂也

火宅塵勞何時是了安樂得一日便是千萬日

樣子

平時不怕死臨終却忙亂此是正念主不定也

所以功夫全要在平時

思量計較聰明伶俐於此箇門中一點也用不

着

素問曰恬憺虛無真氣從之精神內存病安從

來

郭康伯遇神人授一保身衛生之術云自身有

病自心知身病還將心自醫心境靜時身亦靜

心生還是病生時郭信用其言知自護愛康強

倍常年幾百歲

康節云老年軀體素溫存安樂窩中別有春盡道山翁拙于用也能康濟自家身此有養之旨也

華佗云人亦須少勞動使穀氣清

今人怕死至傷生之事却敢為聖人於傷生之事自不為到臨死却不怕論語謝氏註云聖人之所不食窮口腹者或反食之欲心勝而不暇擇也

唐柳公度年八十有強力人問其術對曰吾平

生未嘗以脾胃熟生物暖冷物以元氣佐喜怒
此亦可為座右銘也
大渴不大飲大饑不大食恐血氣失常卒然不救也荒年餓莩飽食即死是驗也嗟乎善養生者養內不善養生者養外養內者安恬臟腑調順血脉使一身之氣流行冲和百病不作養外者恣口腹之欲極滋味之美窮飲食之樂雖肌體充腴容色悅澤而酷烈之氣內蝕臟肺形神虛矣安能保合太和以臻遐齡耶
古之善攝生者居常少思慮忍嗜慾平喜怒寡

憂樂澹好惡世之美麗貴重物事舉不足以入其心由是志意舒暢形體安和血氣順利度百歲矣經曰不治已病治未病其此之謂與

方正學曰寒即乎燠暑即乎凉自外至者懼其已傷而不知發乎中者為身之殃噫嗜慾之毒甚於鴆苦人惟寒暑之慎而不於此之防何耶

人從慾中生死孰能無慾但始則濃厚次則淡薄次則念頭雖起過而不留次則雖有念如嚼蠟而無味又次則無念斯為工夫耳古箴曰不怕念起只怕覺遲

仙人道士非有靈積精養氣以成真

忍力最難如遇喜多言欲忍之使默見色思濫欲忍之使伏逢樂將縱欲忍之使歛臨食方甘欲忍之使節皆人之所難也

晁文元公曰人生大難惟有重病極貧大亂三者而已其餘細故何足介懷

東坡居士在黃州嘗書云自今以往早晚飲食不過一爵一肉有尊客則三之可損不可增召我者預以此告一曰安分以養福二曰寬胃以養氣三曰省費以養財

◎

顧左山絶欲七八年矣而壽止六十八好酒故也可見酒色財氣四件皆能戕筭惟色爲速耳

李南澗云吾午飯後不看書

天下事都是假的要識得破

王鶴坡嘗言飲食畧多一口便不是畧覺饑氣便要析本鶴坡禀賦甚弱九十餘乃卒

何五山云脾胃也要歇息他磨子常用也須壞了

范冲座右戒曰凡喫飲食不可揀擇去取

何五山云要節飲食須於舉筋時便着意

隱南禪師云凡視聽皆能損神閒處徐步最好

安定語諸生食飽未可據案或久坐皆於氣血有傷

四百四種病宿食為根本

朝打坐暮打坐腹中嘗忍三分餓

名利不苟狥喜怒不妄發滋味不過求聲色不躭嗜神慮不邪思可以無病常壽

陽明先生曰絕飲酒薄滋味則氣自清寡思慮屏嗜慾則精自明定心氣少眠睡則神自澄

康齋云月下詠詩獨步綠陰時倚脩竹好風徐

來人境寂然心甚平淡無康節所謂攻心之事

李谷砰云宇宙中有箇大快樂要人會受用

久廢不可遽成積弊不可頓除優游不可久戀人情不能恰好禍患不可苟免夫為善知識達此五者涉世可無悶矣

瞽者命在杖失杖則顛渡者命在舟失舟則溺凡林下人自無所守挾外勢以為重者一旦失其所挾皆不能免顛溺之患

唐一菴云壽至百歲說着死還是怕人有何厭足

薛文清公云多言使人心志流蕩而神氣亦損

吳石湖語鄉中士大夫曰你莫道我沒受用我雖貧儘有受用

東坡云人生樂處不必自己勞心擺布只是眼前山川草木無不可喜但是人看不見

人之貧富不常與天地陰晴相似斷非人謀所能保守但當盡其道耳

不是富貴累人人自累富貴只思大舜若固有之之意任其去來何累之有

凡人作事未有不算後來決不依所算若依所

筭則天為無權矣

錢財遺子孫反受怨

古來聖賢皆死何況於汝若做好人落得做耳

不然枉做一場人

東坡謫惠州自言辟如生長此地便了山谷謫宜州自言做秀才時貧陋原是如此皆素患難之意

勤儉自能生財不在貪利如佃户皆宜處之有道道只在事上見

人不在貧富只在做好人耳若是好人貧亦不

困乏富亦不取禍
知保身則必愛身如實能愛身則不敢不愛人
能愛人則人必愛我人愛我則吾身保矣推之
不敢惡人不敢慢人皆然此萬物一體之道也
愛一家則一家愛我矣一家愛我則吾身保矣
吾身保然後能保一家推之國與天下皆然此
一貫之道也
食淡之勝於肥甘食後乃見貧賤之勝於富貴
當亦如是
財物如飲食然多亦不可無亦不可白雲適中

之言最有理所以當勤而不當貪當儉而不當吝惟適於理而已

生老病死如春夏秋冬安可逃耶

富貴分定不能勉強若朝夕營營可以成家連天也無用處

遊人園亭即吾所受用若生歆羨却是苦因

周莱峰云不愛其身正是第一件不好處

那得自家許多精神去周旋人未必有益覺勞即止

昔者文王問於鬻子敢問人有大忘乎對曰有

曰敢問大忘柰何曰知其身之忘而不改也以賊其身乃喪其軀其行如此是謂之大忘余有傷生之惡甚多雖甚悔之終不能改真所謂大忘也所以先儒以收放心為先務

貪財既不是懶惰又不是怎麽是中道中道以何為準曰以身命為準餓殺也不是終日逐逐也不是

近得一拙字可守又得一約字可以養拙二字可持之終身

常人以嗜慾害身以貨財害子孫以政事害民

人以學術害天下後世無是四者豈不快哉

留有餘不盡之巧以還造化留有餘不盡之祿以歸　朝廷留有餘不盡之財以厚百姓留有餘不盡之福以遺子孫

以上俱録古今粹言

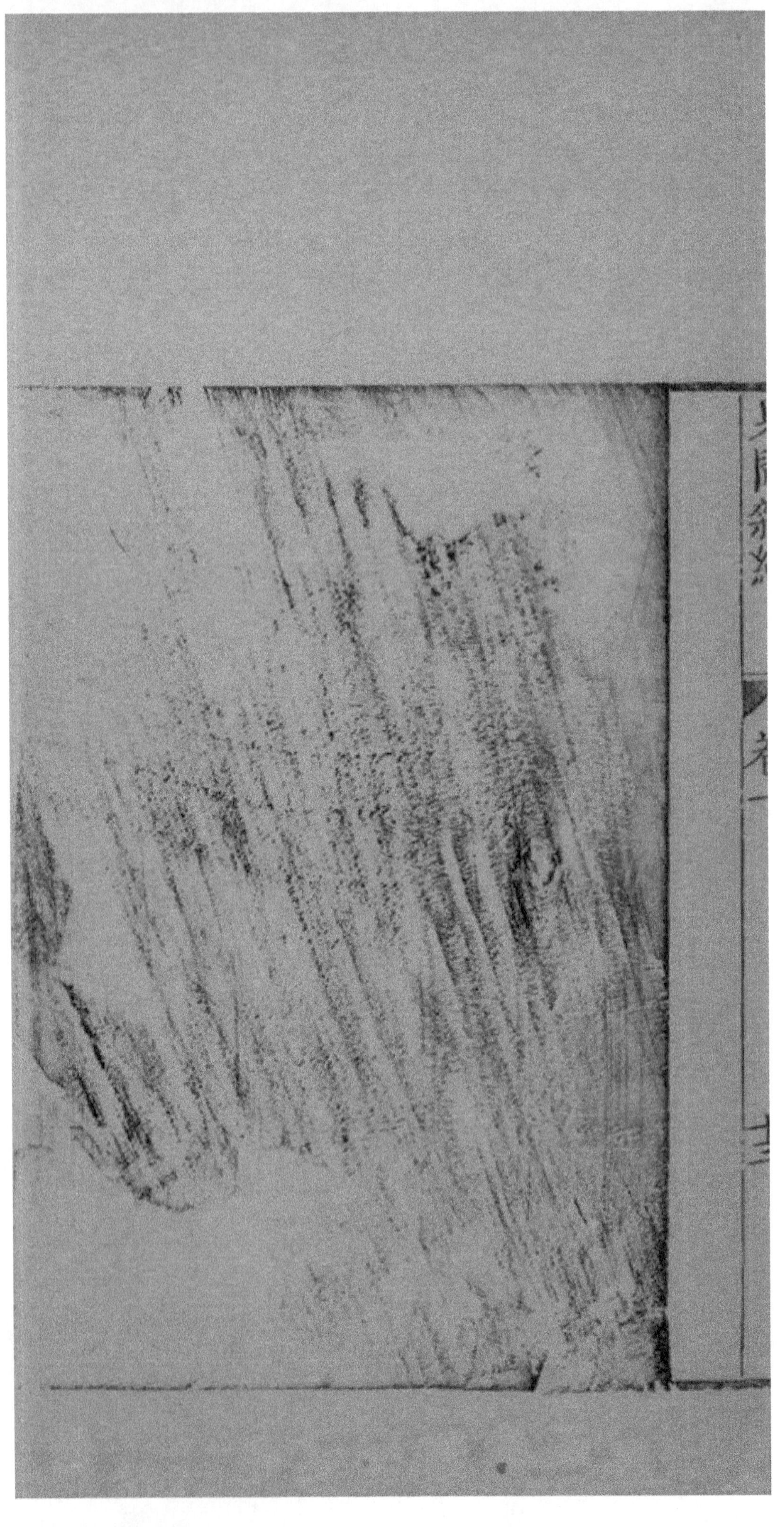

見聞雜紀卷之一

吳興李樂彥和述著
朱國禎文寧校正

高皇帝戊辰生生二十五年入淮西從郭元帥三年起兵渡江明年定建康為吳國公八年為吳王四年為皇帝是年滅元享國三十有一年建文君洪武丁巳生生六年而其兄虞懷王卒又十年而其父懿文太子卒當是時高皇年六十有五矣遂立為太孫七年而嗣帝

位四年而亡正統初建文君出滇南至廣西一日呼寺僧謂曰我建文皇帝也寺僧大懼白官府迎至藩堂南面趺足坐地自稱朱允炆曰胡濙名訪張僊偈為我也衆聞之悽然聞於　朝乘傳之京師有司皆以王禮見比至入居大内以壽終葬西山不封不樹提學鄞黄潤玉嘗見之言其狀貌魁梧聲如洪鐘云帝嘗賦詩曰牢落西南四十秋蕭蕭華髮已盈頭乾坤有恨家何在江漢無情水自流長樂宮中雲氣散朝元閣上雨聲收新蒲細

栁年年緑野老呑聲哭未休至貴州金笁長官司羅永菴嘗題詩壁間其一曰風塵一夕忽南侵天命潛移四海心鳳返冊山紅日遠龍歸滄海碧雲深紫微有象星還拱玉漏無聲水自沉遥想禁城今夜月六宫猶望翠華臨其二曰閬罷楞嚴磬懶敲笑看黄屋寄雲標南來瘴嶺千層逈北望天門萬里遥款段久忘飛鳳輦袈裟新換衮龍袍百官此日知何處惟有群烏早晚朝

威寧出塞俘馘甚多胡自永樂以來惟此奪其氣一時群臣忌功百方誣訕皆非實事汪直自敵憚威寧威寧不峻拒之亦未為過後人乃以威寧比陳鉞何其忍也

三

麓川之役大費財力騷動半天下比再出兵益復虛耗焉且奏捷鐵券金書至今不絕威寧新建止終其身豈不舛哉

四

恭仁康定景皇帝初封為郕王正統十四年

七月茂陵北征王居守坐闕左門西面見群
臣八月茂陵北狩　皇太后詔立其長子為
皇太子郕王監國坐午門攝朝廷臣班劾王
振監國倉卒未有處分廷臣大哭錦衣指揮
馬順振黨也叱且退臺諫王竑等憤捽順捶
死且索毛王二長隨二長隨亦黨振廷中大
譁監國起且退兵部侍郎于謙趨上掖監國
止頓首曰請殿下坐監國復坐問曰爾意云
何謙進前容對數語頓首下監國遂曰百官
前振罪當赤族予請　太后行誅未晚順罪

亦應誅今擊死勿論又令左右縛二長隨至立命將軍瓜擊二長隨死命都御史陳鎰藉振家玉盤徑尺者十四珊瑚樹高六七尺者十數金銀十餘庫馬數萬匹誅振姪錦衣指揮山夷其族移監國入坐奉天門左以讌為兵部尚書翰林侍讀彭時商輅入內閣九月丙子監國以太后命即　皇帝位詔改明年為景泰元年大赦天下遥尊茂陵為　太上皇帝尊皇后錢氏為太上皇后

五

靖難兵未起中朝非無備江陰侯吴高屯遼東都督宋忠屯懷來徐愷屯河間各十萬人而張昺謝貴在北平耿炳文又統兵三十萬至真定何以兵起塗地瓦解謂非天命歟

六

宣德二年行在吏部言自永樂十九年迄今遣回庶官四千三百十九人居鄉往往不循分守搆詞健訟持官府短長請悉召至京考驗才能可用者以次叙銓否罷為民

七

◎

國初謚美惡兼用洪武二十二年魯王卒
上諭禮部尚書李原名曰父子天性謚法公議
朕不得以私恩廢公議可謚曰荒永樂六年
伊王謚厲

永樂至正統間諸老臣在政地既久且專忠
定蹇義秉銓忠靖夏原吉握利權皆二十七
年忠宣劉大夏尚書兩京三十九年而在交
南者十有九年胡濙忠安為禮部尚書三十
二年文襄巡撫江南二十二年以故用人理

財禮樂征伐諸大政文經武緯各盡其長章
程故在後鮮能及

九

洪武三十五年
文皇即位開内閣召七臣入預機務名直文淵閣蓋自壬午至嘉靖百六十年間凡六十八人直隸十人南直隸八人浙江八人江西十六人河南七人山東四人福建二人湖廣四人四川四人山西一人廣東三人廣西一人

十

洪武二十七年寰宇通衢書成書分為八目東距遼東都司又自遼東東北至三萬衛西極四川松潘衛又西南距雲南金齒南踰廣東崖州又東南至福建漳州府北暨北平大寧衛又西北至陝西甘肅為驛九百四十浙江福建江西廣東之道各一河南陝西山東山西北平湖廣廣西雲南之道各二四川之道三為驛七百六十六凡天下道里縱一萬九百里橫一萬一千七百五十里四夷之驛不與焉

十一

彭惠安公哀江南詞敘述建文死義之臣至方遜志乃云後來奸佞儒巧言自粉飾叩頭乞餘生無乃非直筆盖指西楊輩脩實録書方再三叩頭乞生者非實事也

十二

靖難之歲十一月副都御史陳瑛言

皇上順天應人以有天下四方萬姓莫不率服然車駕初至京師有不順天而效死建文者如禮部侍郎黄觀太常少卿廖昇翰林修撰

王叔英衢府紀善周是修浙江按察使王良
沛知縣顏伯瑋等計其存心與叛逆同宜從
追戮　上曰朕初與義誅姦臣不過數輩後
來二十九人中如張紞王鈍鄭賜黃福尹昌
隆皆宥而用之今汝所言數人况有不與二
十九人之數者彼食其祿自盡其心悉勿問

十三

春秋謹華夷之辨中國有主也文中子帝元
魏未為非
聖祖功德高百王詔文嘗稱曰天命真人於沙

漢帝王廟中以元世祖與三皇五帝三王漢高光唐宗宋祖並祀真聖人卓越之見

十四

我朝雖設修譔編修檢討為史官特有其名耳實録進呈焚草液池一字不傳况中間顛多細事重大政體進退人材多不録每科京師鄉試考官賜宴皆書冢宰内閣大臣其先後相繼竟不可考他可知矣

十五

景泰元年吏部辦事吏徐鎮上䟽言京官潛

遣家歸民心驚懼乞禁止

十六

知巳不易得楊文貞不知王文端葉文莊不知于肅愍彭文憲不知李襄敏李文達不知葉文莊　文莊不知王端毅倪文毅不知莊定山馬端肅不知劉忠宣崔文敏不知王虎谷張文忠不知王陽明

十七

國初李太師胡丞相涼國公諸獄未可知若于少保石總兵諸獄詞恐未為無枉即劉瑾錢

寧江彬亦未必有反謀坐奸黨可也武定積惡負恩本有死罪近言官所指法官所擬亦難服其心侯爵終當復唯曹賊是實

十八

薛文清公山東巡按時嘗言内外風憲緘默都御史顧佐惡之薛考滿署平常以故不得進階封贈父母顧名臣也尚然況其他乎

十九

正統己巳大統曆二至日晷晝夜六十一刻岳文肅公大異之識者以為用事大臣任私

智廢曆法必有搖本之禍八月六師陷土木

二十

吾鄉入　國朝名臣輩出開創時文成文憲籌畫軍旅興制禮樂未四十年而有靖難之事則遜志効忠齊之節又未五十年而有北狩之事則肅愍收宗李之功又未八十年而有南昌之變則端毅發其奸忠烈死其難陽明平其亂此皆焯焯在國史者內閣今纔七人文簡文懿文毅文正文忠皆能稱其職矣若章文懿純心正學師表海內稱為大老又

不可以功名論也

二十一

孝皇召見劉忠宣公諭曰事有不可每欲召卿商量又以非卿部内事而止今後有當議者卿可寫揭帖密封進來對曰不敢　上曰何曰先朝李孜省可為鑑戒　上曰卿與我論國事豈孜省營私害物者比曰臣下以揭帖顯行是亦前代斜封墨敕之獘

陛下宜遠法帝王近法祖宗事有可否外付之府部内咨之内閣可也如有揭帖日久上下

俱有弊且非後世法臣不敢效順　上稱善
久之

二十二

馬鈞陽嘗上疏言國制僧道府各不過四十人州三十人縣二十人今天下百四十七府二百七十七州千一百四十五縣額該僧三萬七千九十餘人成化十二年度僧十萬成化二十二年度僧二十萬以前所度僧道又不下二十萬人共該五十餘萬人以一僧一道食米六石論之該米二百六十餘萬石足

當京師一歲之用况不耕不織賦役不加軍民匠灶私自披剃而隱扵寺觀者又不知其幾啓修寺觀徧于天下自京師達之四方公私之財用扵僧道過半乞嚴加禁約

二十三

王文恪公曰予在翰林與陸廉伯語及楊文貞薦伯曰文貞功之首罪之魁也予問為何薦伯曰內閣故有絲綸簿文貞晚年以子稷故欲媚王振以絲綸簿付之故內閣之權盡移中官余亦不知其然否及余入內閣見歷

朝詔誥底本皆在非所謂絲綸簿乎不聞送入兕中官之尊與否不在一簿之存亡也顧人主信用何如耳燕伯之言不知何所從授天下皆傳之

二十四

張永初見　上乘間出懷中疏奏逆瑾十七事且言其將為不軌　上怒夜縛瑾坐謀反凌遲三日諸被害者爭拾其肉嚼之須臾而盡九月吏部尚書張綵錦衣指揮楊玉石文義坐瑾黨伏誅內閣曹元削籍盡革瑾所行

亂政害人事焚與瑾往返書劄文字論平寧夏及誅瑾功封仇鉞為咸寧伯內閣進勲廕子又封諸太監兄弟為伯者七人以楊一清為户部尚書南京御史張芹劾李東陽當瑾擅權時禮貌過於卑屈詞旨極其稱讚及他人奏誅瑾則攘功受賞不顧名節東陽引疾辭不允

一十五

楊文襄一清公與太監張永西征也嘆息泣謂永曰藩室亂易除國家内變不可測奈何

永曰何謂公曰公豈一日忘情顧無能爲公畫策者遂促席手畫瑾字永曰渠日夜在上傍上一日不見渠不樂今其枝附巳成耳目廣矣柰何公曰公亦　天子信臣今討賊不付他人付公　上意可知公試班師入京詭言請　上間語寧夏事　上必訽公問公於此時上寘藩僞檄并述渠亂政凶狡謀不軌海內愁怨大亂將起　上英武必悟且大怒誅瑾瑾誅柄用公益矯瑾行事呂強張承業暨公千載三人耳永曰不濟柰何公曰他

人言濟不濟未可知言出公必濟顧公言時
須有端緒且委曲　上萬一不信頓首請死
願死　上前即退瑾殺奴餵狗又涕哭頓首
得請即行事無緩頃刻漏機事禍不旋踵永
勃然作曰老奴何惜餘年報
主乎已而永入京請見如公策竟誅瑾

二十六

大同初叛之歲失總兵官所佩征西前將軍印職方請給新印余為主事白郎中總兵印文柳葉篆請改印文或稱別將軍或增減其

字恐原印在叛軍處有事時行文奏報真偽不可辨悞事非小往年胡忠安公在禮部失行在禮部之印改鑄行在禮部印此在內衙門尚然況邊鎮兵權又反側不靖時乎郎中不以為然

二十七

嘉靖三年甲申大同伍堡軍叛殺巡撫張文錦參將賈鑑時總兵江桓坐視不能討賊朝廷罷桓以桂勇代之令桂疾驅入大同誅首惡撫脅從且遣都督魯綱總兵侍郎胡鍈提

督軍務率兵屯陽和堡候勇誅首惡撫定即班師勇已誅郭巴子等首惡十七人綻綱以為功非已有起營而西大同軍復閉門及罵勇倒兕詆我縛勇欲殺之勇不屈言汝等再殺我闔城無噍類矣乃釋勇盡殺勇家丁代王徵服走宣府錠等又妄言功奏捷中朝皆知之不得已召還京是時內閣費宏不欲再用兵幸無事余及旣寧李默各上疏乞討賊李疏報聞余疏乙酉正月十七日進留中薊州總兵馬永亦請自率兵討賊不聽以故大

同叛軍至今為邊鎮大禍

二十八

王虎谷為祠祭郎中疏請嚴試僧道精通玄
典者始與度牒王晉谿問之曰兄謂此可塞
異端乎若如兄策此輩欲得度必有精通玄
典者出於其間今二氏之徒苟且為衣食計
尚不可遏塞與吾儒爭勝負若使精通玄典
又可柰何虎谷嘆服

二十九

大禹治河易今日治河難大禹時直欲除害

今併欲興利以故甚難旣欲順其流不逆水性必難得其濟漕運旣欲濟漕運難保淮西陵寢無衝決之患大名張秋濟寧徐州處處畏河患又必須引之東南流雖大禹治之恐亦便無長策以故中灤之運及膠河故道皆不可不早畫之膠河即今所謂南北新河不出登萊大洋之險直自安東至海倉三百里耳

三十

景泰元年五月漕粟十五萬石自丁字沽舟

行抵雄縣分給軍餉

三十一

林見素劾繼曉下詔獄　茂陵怒甚事且不測司禮太監懷恩叩首諍不可曰殺俊將失百官心将失天下心奴不敢奉詔　上大怒曰汝與俊合謀訕我不然安知宮中事舉硯擲恩恩以首承硯不中又怒仆其几恩脫帽解帶伏地號泣曰奴不能復事爺爺矣叱恩出至東華門使人謂典詔獄者曰若等諂梁方合謀致俊死若等不得獨生乃徑歸卧稱

中風不能起　上怒解命醫治疾屢使勞問
俊得不死

三十二

嘉靖庚子北兵破大同塞深入山西時兵部
三尚書張瓚掌部事毛伯溫掌都察院事劉
天和提督團營皆不肯帥師禦敵起都御史
翟鵬於家總督宣大偏保山東河南等處軍
務駐大同境上鵬質直端勁外若悃愊內有
經緯不善附權貴通賄遺有前輩大臣風節
柄臣惡之北兵退據摭細故閑住明年兵又

至諸大臣益畏懼莫肯出大同復起鵬提督如故以防禦功[illegible]陞兵部尚書甲辰兵部議掣防秋兵太早敵直犯紫荊　上大怒逮鵬詔獄謫戍邊行至河西務借宿民家不納告之鈔關主事主事撻民家留鵬宿民家告之東廠以聞復逮鵬瘐死錦衣獄先是樊繼祖為總督喪師失律且殺良民報功侵費帑金數十萬以厚賂巧媚得無罪

三十三

正德庚午逆瑾既誅治黨與長沙欲逮內閣

曹元太監張永曰老先生勿開此路當為日
後計元得削籍去正德辛巳新都楊公廷和
因言官論晋溪票擬下詔獄且將殺晋溪司
禮曰　萬歲今纔年十五王天官左班大臣
一旦至此恐日後事不可料大禮議時永嘉
欲逺新都司禮亦不肯

三十四

經筵面奏近世無聞惟嘉靖甲申夏吕修撰
柟言五月十二日　獻陵忌辰是日講言君
臣不宜華服已丑夏陸祭酒深言講官講章

不宜輔臣攺攛使得自盡其愚因以觀學術邪正吕未幾以論禮謫解州判官陸竟以此謫延十同知程正叔詞嚴義正范堯夫色温氣和皆賢講官也今難其人矣

三十五

正德十六年工部言内侍巾帽靴鞋合用紵絲紗羅皮張等料成化間二十餘萬弘治間三十餘萬正德八九年至四十六萬今至七十二萬昔東漢永平中始定宦官員中常侍四人小黄門十人和帝以後中常侍至十人

小黃門二十人唐太宗詔內侍不立三品中宗時黃衣二千人員外置千人衣紫者尚少開元天寶黃衣以上三千人衣紫千人其稱旨者輙拜三品列戟于門宋初自供奉官至黃門定員一百八十人孝宗定二百人後增至二百五十人洪武二年定置內使監奉御凡六十人今自太監至火者近萬人矣

三十六

嘉靖初錦衣旗校革三萬一千八百餘人歲省糧儲數十萬革冗官冗兵四萬餘人歲省

京儲一百六十八萬石

三十七

正德十四年六月寧王宸濠反巡撫都御史孫公燧按察副使許公逵死之汀赣都御史王公守仁及吉安知府伍文定起兵討宸濠檄召江西各府兵宸濠出南昌寇陷南康九江丁亥遣人寇望江己丑安慶守備楊銳指揮崔文知府張文錦力禦之時王公在吉安奏留公差還京御史謝源伍希儒紀功悉會吉安鄉官都御史王懋中編修鄒守益郎中

魯直評事羅僑御史張鰲山僉事劉藍進士郭持平驛丞王思李中按察使劉遜參政黃繡知府劉昭議十三凌十一等數百人被執脅從御史王金主事金山按察使楊璋僉事王疇參政陳杲布政使梁宸都指揮葉文馬驥白昂等八月癸未　上親征詔天下遂至南京駐太監王洪家十五年十月　上還京駐通州宸濠伏誅

三十八

弘治中台人繆恭學古行高晚年走京師奏

六事其一　紀絕屬請封建庶人後為王奉祀
懿文太子通政司官見恭奏大駭罵恭蠻子
何為自速死繫恭兵馬司獄劾上待命賴
敬皇明聖放恭還鄉

三十九

仁宗即位之歲十一月召禮部尚書呂震與
御劄曰建文中奸臣正犯悉受顯戮其家屬
初發教坊司錦衣衛浣衣局習匠功臣家奴
今有存者既經大赦並宥為民給還田土
仁宗撰　長陵神功聖德碑文稱建文君雖

追廢猶書其沒曰崩當在其位猶尊之曰朝廷又諭群臣曰若方孝孺輩皆忠臣詔從寬典於是天下始敢稱孝孺諸死義者爲忠臣云

四十

先朝用人惟賢惟材雖内閣輔佐不專翰林初開内閣七人用王府審理副中書舍人給事中知縣改翰林官入直文淵閣此後如文達起吏部主事文清起御史功業道德有過二公者乎近日但有改入翰林及宮寮者千

萬楮摘十無一完即有才行出群之士亦深避峻却惟恐一旦改官徒增多口耳且往時忌人官被至于死後定謚尚有公論今亦大異于昔矣

四十一

户部尚書王杲簡諒廉平兵部尚書劉儲秀清貞恪慎山西巡撫孫繼魯清修苦節文行卓然皆一時人材嘉靖丙午丁未二年相繼去位孫繫死詔獄王荷戟南荒卒劉削籍非出内閣之意即言官之口其貪墨奸佞依阿

平謡者安享榮禄即有論劾行賄得觧職任如故旋復旋轉以故今之大臣實難展布上為內閣刼持下為言官巧詆相率低頭下氣者以為循謹千金雙璧絡繹道路即以雄才大器著聲矣

四十二

嘉靖來浙中儒臣可為輔弼者王文定公瓚董中峯先生玘張文定公邦奇皆不得用中峯文學藴藉行誼修潔竟為永嘉中傷一廢不復起善類甚惜之王官至禮部侍郎張南

京兵部尚書中峯與張余嘗接其言論正人君子也

四十三

我朝內閣以私喜進用人者有之未嘗有以私怨殺人者萬安焦芳劉宇曹元亦未嘗至此

四十四

宸濠之役王陽明不顧九族之禍賊擒奏凱彬忠諸佞倖導　康陵南征罪人未就甸師之戮中外危疑洶洶視行陣間尤費心力媢

嫉之徒肆為誣詆天日鑒之而已其桶岡横水浰頭之賊連穴數省冠叛數十年國無大費竟爾盪定此功豈在靖遠威寧之下其學術非潛心内省密自體察者慎勿輕訾也

四十五

論大禮入内閣者席文襄張文忠桂文襄方文襄四人霍文敏以禮書掌詹事府事若楊文襄再入閣以稱張璁李文康以諭德是張璁入閣

四十六

今人專指斥陽明學術余不知學但知大學恐不可直以宋儒改本為是而以漢儒舊本為非此須虛心靜思得之若寧藩反時余時年二十一應試在杭見諸路羽書皆不敢指名宸濠反或曰江西省城有變或曰江西省城十分緊急或曰江西巡撫被害重情或曰南昌忽聚軍馬船隻傳言有變唯陽明傳報明言江西寧王謀反欽奉密旨會兵征討安仁謂陽明學本邪說功由詭遇又曰王其心事衆所共疑何其不諒至此

王陽明初見宸濠佯言售意以窺逆謀宴時李士實在坐宸濠言康陵政事缺失外示愁嘆士實曰世豈無湯武耶陽明曰湯武亦須伊呂宸濠又曰有湯武便有伊呂陽明曰若有伊呂何患無夷齊自是陽明始知宸濠謀逆決矣乃遣其門生舉人冀元亨往來濠邸覘其動靜益得其詳於是始上疏請提督軍務言臣據江西上流江西連歲盜起乞假臣提督軍務之權以便行事意在濠也司馬

王晉溪知陽明意，覆奏王某有本之學有用之才今此請奏相應准允給與旗牌便宜行事江西一應大小緩急賊情悉聽王某隨機撫勦以故濠反陽明竟得以此權力起兵擒賊捷奏中功歸本兵新都故不喜晉溪見陽明奏遂怒故封爵久不行至

今皇帝登極詔中及之議者遂謂新都自爲已定策地也濠反書初至諸大臣驚懼以爲濠事十成八九晉溪一日十四奏調兵食且大聲對諸大臣曰王伯安在汀贛據南昌上流

旦夕且縛宸濠諸公無恐㲊請與伯安提督軍務正爲今日已而濠平職方郎中論功超陞晉溪乃不得脱戍籍豈不大舛晉溪後以張桂薦起復爲吏部尚書卒謚恭襄

四十八

洪武元年始設六部以滕毅爲吏部尚書正三品屬中書省十三年罷省以山西參政偰斯爲吏部尚書改正二品自偰至張紞皆在南京蹇忠定公以後皆在北京

四十九

劉文安公陳十事其八言賞罰曰石亨于謙等將兵禦敵未聞摧陷虜廷迎回鑾輅但迭為勝負互相殺傷而已雖不足罰亦未足賞今亨自伯爵陞為侯爵謙由二品陞為一品天下之人未聞其功而但見其賞豈不怠忠臣義士之心乎今宜使亨等但居舊職勿授新陞以崇廉恥之節以作敵愾之氣夫既與而不忍奪者姑息之政也既進而不肯退者患失之心也上不行姑息之政下不懷患失之心則治平可計日而望矣時羅通亦以為

言然自德勝之後之後也先再不敢窺我居
肅紫荆者誰之力也

五十

弘治十一年三月監生江瑢奏言劉健李東陽杜絶言路掩蔽聰明妬賢嫉能排抑勝巳急宜斥退健東陽疏言近日兩京科道指陳時弊并劾奔競交結乞恩傳奉等官雖未盡當顯多可採而乃漫無可否槩下施行自
祖宗朝至今未有此事皆臣等因循將順茍避嫌疑不能力賛乾剛俯從輿論别白忠邪明

正賞罰以致人心惶惑物議沸騰草野之下其言乃至於此乞罷 上不許下瑢詔獄徙等又上疏力救瑢得釋

五十一

南京設參贊機務自戶部尚書黃忠宣公始實宣德乙卯也已而黃公兼掌兵部事正統五年代黃公者兵部侍郎徐琦正統十四年琦陞尚書景泰元年止掌部事靖遠伯代琦總督機務成化間崔莊敏公以南吏書王端毅公以南右都御史參贊機務恐亦未然又

云始於正統辛酉亦非蓋正統辛酉始定名
南京也

五十二

景泰元年九月初令九卿内閣相移文書名
内閣移司屬書孔目名

五十三

永樂中解公胡公出内閣為廣西參議國子
祭酒宣德四年禮書華蓋殿大學士張瑛户
書謹身殿大學士陳山以干請諸司出内閣
改瑛南京禮部山專教内豎書景泰　年江

淵亦自内閣出爲工部尚書代石璞

五十四

巡撫之名實始於洪武辛未是年勅遣皇太子巡撫陝西也建文中遣侍郎夏忠靖等二十四人充採訪使巡行天下永樂辛丑遣尚書蹇忠定等二十六人巡行天下宣德庚戌遣侍郎于肅愍周文襄等六人出巡撫也建文永樂巡行大臣並以給事中佐之

五十五

[illegible]文莊公言我朝文臣有謚始於姚恭靖公

胡文穆公恐恭靖未可謂爲文臣謂之武臣可也文臣賜謚實始於王文節公褘文節於建文元年四月贈翰林學士賜謚永樂中改謚忠文

五十六

孝慈　仁宗二皇后開基育聖功邁莘塗德超任姒　列后濟美宜家之教戢於坤裳逮下之恩深於樛木百八十年餘未嘗有臨朝干政者正統中天下休息　孝誠之功正德末國統中絕非　孝康爲之内主禍未可知

也然當是時四楊在內閣可謂勤勞王家者矣

五十七

翰林始得謚文餘不得與不知出何令典鄭文安儀文簡吳楊二文恪魏文靖葉王邵三文莊何文肅黄文毅皆非翰林彭從吾易名惠安林見素有改謚之請未見施行然亦有官至內閣不得謚文者焉許二襄敏王毅愍陳莊靖是也

五十八

宣德三年勑南京刑部侍郎段民考察在京百司以民廉介端謹也民字時舉武進人永樂二年進士庶吉士與修永樂大典除刑部主事又與修五經四書性理大全進員外郎中十九年陞山東左叅政當是時索唐賽兒急盡逮山東北京尼既又盡逮天下出家婦女先後幾萬人民撫定綏輯曲為解釋人情始安　上再征胡勑民舟車轉餉節約曲筭省財力民不擾事集　上在道中勑民與巡按御史考所過郡縣吏宣德二年召充會

試考官三年召入南京戶部為右侍郎尋改南京刑部九年卒官貧不能喪吳文恪公力為經紀始克殮成化間葉文莊公請襃民不果

五十九

成化中太監張敏卒姪太常寺丞苗傾貲上獻乞侍郎　上曰苗本由承差若侍郎六部執政不可可授南京三品左右急持宮制請竟得南京通政使是時四方白丁錢虜商販技藝革職之流以及士夫子弟率夤緣近侍

内臣進獻珎玩輙得賜太常少卿通政寺丞郎署中書司務序班不復由吏部謂之傳奉官閣老之子若孫甫髫齓巳授中書冠帶牙牌支俸給隷但不署事朝叅大抵多出於梁方之門弘治間馬端肅公言京官額一千二百餘人傳奉官乃至八百餘人内實支薪俸者九十一人冗官莫甚於今日請因災汰罷

上從之

六十

洪武十一年封周王於河南開封一郡惟

一王府今則郡王三十九府輔國将軍二百一十二位奉國将軍二百四十四位中尉而下不計矣洪武年間軍職二萬八千有奇成化五年軍職八萬二千有奇成化迄今不知增幾倍矣洪武初年錦衣衛官二百五員今一千七百餘員此禄俸所以不足也嘉靖八年春詹事霍韜奏云

六十一

國初僞漢陳友諒為勍敵僞吴張士誠次之吴能西擾建業我則不敢越鄱陽而取武昌

矣是時以長興侯耿炳文守長興江陰侯吳良守江陰長興守則陸騎不能出徽歙所以斷平江之掌股江陰守則師舟不敢窺通泰所以扼平江之襟喉吳不我擾而陳氏滅張氏繼之矣

六十二

弘治甲子六月虜中走回人云聞虜中欲擄黄裏黄裏者京城也時北方小王子求貢朝廷既許而不至且聞有異謀又走回人云朶顏頭目阿爾乞鑾領三百人與北方通和小

王子與一小女寄養引誘入寇而大同亦告急於是　泰陵欲出軍召劉東山面議東山力言京軍不可輕出　上曰　文皇朝頻年出兵逐寇數百里未嘗失利對曰　文皇時何時也有糧有草有兵有馬又有好將官所以得利今糧草缺乏軍馬罷弊將官鮮得其人軍士玩於法利不能殺賊且又因而害人徒費財物有損無益師遂不出

六十三

正統十四年虜至京城榜購能擒斬也先者

賞萬金封國公景泰元年購殺也先者賞銀五萬兩金萬兩封公官太師殺伯顏帖木兒喜寧等賞銀二萬兩金千兩

六十四

正德年間親王三十位郡王二百十五位將軍中尉二千七百位文官二萬四百武官十萬衛所七百二十二旗軍八十九萬六千廩膳生員三萬五千八百吏五萬五千其祿俸糧約數千萬天下夏秋稅糧大約二千六百六十八萬四千石出多入少故王府久缺祿

米衛所缺月糧各邊缺軍餉各省缺俸廩今宗室王二等將軍三等中尉三等主君五等及疏庶人罪廢人凡五萬餘文武官益冗兵益竄名投占徒煩抽補召募名數日增而實用日减加以冗費無經財安得不盡民安得不窮哉

六十五

正德中吏部三尚書張綵坐瑾黨死陸完坐宸濠黨王晋溪坐奸黨亂政皆論死减謫戍石文隱公代晋溪有匿名書帖吏部門云莫

做莫做莫賀莫賀十五年間一連三箇

六十六

中山王初夫人張氏繼夫人謝氏王出師歸孝陵諭王曰卿夫人好鞭撻人至死此不足佐卿朕為卿擇一佳婦謝夫人是也謝夫人生四子四女女長即仁孝皇后次代王安王妃又次未聘永樂丁亥仁孝皇后崩長陵諭謝夫人朕欲得夫人季女繼中宮夫人曰妾女不堪上配聖躬長陵曰夫人女不歸朕更擇何等壻耶季女竟不敢受人聘從佛氏為

尼於南京聚寶門外所謂王姑庵者是也嘉靖中霍文敏公爲禮書毀之

六十七

山西三傑喬公宇王公鳳雲王公瓊白岩以德量勝虎谷以節槩勝晉溪以才畧勝然而晉溪有功於民社矣

六十八

太祖實録三修建文君即位初修王景充總裁靖難後再修總裁解縉縉得罪後三修總裁楊士奇初修再修時士奇亦秉筆

六十九

嘉靖九年更定南北郊禮南郊　皇天上帝

南向　太祖西向東一壇大明西一壇夜明

東二壇二十八宿西二壇雲師雨師風師雷

師北郊　皇地祇北向　太祖西向東一壇

中嶽東嶽南嶽西嶽北嶽基運山翊聖山神

烈山西向西一壇中鎮東鎮南鎮西鎮北鎮

天壽山純德山東向東二壇東海西海南海

北海西向西二壇大江大淮大河大漢東向

七十

景泰四年刑科給事中曹凱言比者户部請聽軍民官吏輸豆如輸豆四千石以上授指揮歷俸十六七年償彼豆倍半矣又令管事世襲以生民脂膏養無功之子孫於無窮也有功者必曰吾累世忘軀獲此官彼輸豆亦獲此官朝廷以吾軀命同於菽粟其誰不解體起端雖微弊流甚大乞勑輸粟豆授武職者帶俸不任事不世襲犯贓罪如文職止許原籍衙門帶俸終身　上曰凱言有理已授職者仍舊管事承襲今後悉如凱言

七十一

嘉靖壬寅北信孔棘兵書張瓚恐統兵出禦於會推總督文臣疏中歷舉往年禦寇皆遣都御史故事奏下吏部時文選郎中謂余曰往時邊事急推總督文臣皆兵部會府部諸衙門議上今乃移吏部又必欲推都御史柰何余曰渠負　國恩邊事大壞今猶為此奸巧渠獨不知寇棘本兵自出乎天順五年孛來寇陝西馬昂統兵木饟川之役王驥嘉靖初河西之役金獻民皆本兵也景泰時于少

保自請行邊嶺南蠻反用兵久無成功議設
兩廣總督于少保亦自請行此獨非故事耶已
而廷推首上瓚次毛伯温劉天和三人皆兵
書毛掌院劉督團營又次起用翟鵬
內批用鵬
七十二
大同古雲中宣府古上谷敵入大同塞必犯
紫荆倒馬入宣府塞則犯白羊居庸自獨石
邊外順潮河川南下則古北口黃花鎮不能
禦矣大同宣府有重兵古北口黃花鎮兵最

弱

七十三

景泰三年沙灣堤壞遣訓導陳晃修築先是晃以沙灣功陞教授比沙灣復決晃奏言欲息斯患在用人工部惡晃請送晃山東巡撫責其成功否械赴京師既得旨給事中陳嘉猷言朝廷嘗榜求治河之畧竟未有言晃嘗有修河績今更進言而工部嫉之必欲置諸有罪之地人人皆將緘口不言其他利病甚於此者孰肯復言晃不足䘏而國體所關甚

重乞令晁協同巡撫等官修築便　上從之

七十四

南京城大柢視江流爲曲折以故廣袤不相稱似非體國經野辨方正位之意大内又迫東城且偏坡卑窪　太子太孫宜皆不祿江流去而不留山形散而不聚恐非帝王都也以故孝陵欲徙大梁關中長陵竟遷北平

七十五

嘉靖壬寅七月朔日食逐貴溪去時諸城一人在内閣中秋分宜入内閣甲辰諸城以二

子舉進士為言官所劾父子並削籍數月後
靈寶許太宰石首張宗伯二人同入內閣丙
午許乞致仕閑住去張病卒是冬復召貴溪
貴溪至而壽寧侯張延齡死於西市戊申冬
貴溪亦如之

七十六

溥洽字南洲浙江山陰人洪武初薦高僧入
京歷陞左善世靖難兵起為建文君設藥師
燈懺詛　長陵金川門開又為建文君削髮
長陵即位微聞其事因南洲十一年榮國公

疾革　長陵遣人問所欲言言願釋溥洽
長陵從之釋出獄時白髮長數寸覆額矣走
大隆興寺拜榮國公床下曰吾餘生少師賜
也仁宗復其官卒年八十二

七十七

嘉靖丁未秋兵書陳經被劾王以旂代陳未
幾以河套議出陜西總督邊務劉儲秀代之
劉循例疏辭　上怒削籍去趙廷瑞代之不
半年兵部更四尚書近年兵部最久者張瓚
邊事大壞自瓚始瓚有才畧無柰其好貨何

七十八

皇祖製太廟祭器曰今之不可爲古猶古之不可爲今禮順人情可以義起所貴斟酌得宜必有損益近世泥古好用籩豆之屬以祭其先生旣不用似亦無謂其製祭如生儀

七十九

宣德五年十二月巡撫浙江侍郎成鈞奏海鹽縣民言縣並海舊置石嵌土岸延袤二千四百四十餘丈備海患比因風潮衝激壞者一千一百餘丈有司雖常修築然舊石爲水

所嚙皆刓弊無藨隅暫用累砌終不堅固今議於舊岸內別砌石岸而存其舊者以為外障庶可久遠乞如洪武中令嘉興湖州嚴州紹興等府發夫匠協助為便　上從之

八十

長陵北征命侍郎師逵督餉逵以道險車載民疲糧乏乃擇平坦之地均其里路置站堡每夫一人運米一石此送彼接朝往暮來民以不困食亦旋足

八十一

成化末年宦者尚銘坐東廠陳準繼之甚簡靖令刺事官校曰反逆妖言則緝餘有司存非汝輩事也坐廠數月都城内外安之權豎以為失職百計媒孽準自知不免一夕縊死準廣東順德人

八十二

讀成布衣祭忠文詩成器餘姚人正統末聞翰林侍講劉球死於獄即邑中龍泉山頂為文祭之祭畢以餞頌諸同志其文歷述古今權奸之禍凡三千餘言人謂之祭忠文命其

地謂祭忠壇詩曰萬古興亡淚滿箋一壇遥憶祭忠年大書筆在憑誰執高調歌沉待我傳無地可挍湘水裔有天應照越山顛布衣閲世尤堪弔何處松楸是墓田邵文莊公云

八十三

我郡守楊公承芳乞致仕疏云錢若水居樞密年四十而致仕以臣觀之臣年尤多三歲陶弘景奉朝請年三十六而致仕以臣觀之臣年尤多七歲放臣致仕死得與弘景若水遊於地下足矣

八十四

席文襄公論漕船利害成化以前病在民成化以後病在軍

八十五

北狩永樂七年己丑也六曹稱行部十五年丁酉改云行在其部北京之為京師不復稱行在也蓋自正統辛酉始也

八十六

南贛與湖廣福建廣東相連流賊易起鄖陽與陝西四川河南相界流民易聚故江西湖

廣既有撫憲此則又設提軍撫治之官也南

贛山深而人狡鄖陽土曠而民貧

八十七

宣德四年七月太監馬騏矯旨下内閣書勑

付騏復往交趾闡辦金銀珠香時騏自交趾

召還未久内閣覆請　上正色曰朕安得有

此言渠曩在交趾荼毒軍民卿等獨不聞乎

自騏召還交人如解倒懸豈可再遣然亦不

誅騏也

八十八

戶部尚書梁公材南京人弘治巳未進士字大用號儉庵清修勁節始終不渝為翊國公郭勛所惡削籍初為縣令歷知嘉杭二府皆有惠政有儉庵奏議四冊

八十九

國朝定鼎金陵本興王之地然江南形勢終不能控制西北故　高皇時已有都汴都關中之意觀洪武元年詔曰江左開基立四海永清之本中原圖治廣一視同仁之心其以金陵大梁為南北京方希古　懿文太子輓詩

曰相宅圖方獻還宮疾遽侵關中諸老父猶
幸翠華臨盖有都關中之議以東宮薨而中
止也

九十

崑山魏莊渠言　皇子之國　皇后子其儀
制用上十王禮妃所生子用中十王禮嬪所
生子用下十王禮降殺以毋為差此不知出
何令甲　孝陵封諸王不然

九十一

國初設中書省左右丞相黨獄起罷詔五府

九卿分理庶務翰林春坊官看詳諸司奏啟
署翰林院兼平駁諸司文章事其官具
成祖靖難後召解公縉黃公淮胡公廣楊公榮
楊公士奇金公幼孜胡公儼入直文淵閣時
洪武壬午實建文四年也自後楊公溥張公
瑛陳公山陳公循曹公鼐馬公愉苗公衷高
公穀張公益彭公時商公輅江公淵王公一
寧蕭公鎡王公文徐公有貞許公彬薛公瑄
李公賢呂公原岳公正陳公文劉公定之劉
公珝劉公吉彭公華尹公直徐公溥劉公健

正公濬李公東陽謝公遷焦芳王公鏊楊公廷和劉宇曹元劉公忠梁公儲費公宏靳公貴楊公一清蔣公冕毛公紀蓋自壬午至正德辛巳凡百二十年五十一人內有再入三入閣惟西楊起布衣歷四朝四十一年

以上俱錄鄭端簡公曉今言

見聞雜紀卷之一終

見聞雜紀卷之二

吳興李樂彥和述著
吳興朱国禎文寧校正

一

主上登極之初例遣翰林官或給事中祭告嶽鎮海瀆之神東海祭於山東萊州西海祭於山西蒲州南海祭於廣東南海北海祭於河南懷慶府清源縣皆望祭也

二

余仕隆慶萬曆兩朝恭遇　駕　幸太學郊天百官止于午門外両傍站立未嘗行跪禮

也乃巡按二司官行郡邑合屬沿街跪迎又聞學憲入司太守猶然頭門下跪人云主人迎客禮不為過余謂此等恐不出孔子所云足恭不知始自何年何人作俑

三

六科歲有公宴於情或不可廢者余嘗從諸寅丈赴宴　陳皇親宅未入席主賓先行酬酢禮禮畢置大卓于中堂者數四陳殽四五大盤主賓大飧立飲酒數行既畢主不送客座主賓各自持杯箸入席予初見而異之惶

恐不為食同寅曰此盛典舊規也君胡不食余徉荅曰病脾不能食嗚呼此規果賢人所創必不可改耶如其未必賢則亦何取于舊而陋風相襲恬不以為怪也

四

余自嘉靖丙辰始計偕上春官見都城夜巡軍沿途擺列譏察甚嚴彼此相距不四五武爾自丙辰至壬申凡十七年而巡軍百步之内不滿四五人抑何寥寥也聞當事者稍為查復即怨讟叢生旋復旋廢蓋天下之事名

存而實亡者不獨夜巡為然矣

五

肅皇帝末年江西郭希顏原官春坊中允家食久矣具疏勸　上立儲卒蒙顯戮余在吏垣檢其疏三復之詞指慷慨激切出忠臣義士肝膽夫復何疑第　立儲

主上急務公言之不嫌於出位不知何意疏內又有建帝二字大是詫異故

主上盛怒時大司冦鄭公曉覆奏擬從末減

上不從郭公一言以為不智想其命運前定

良可悲已余所不平者士大夫有云郭公想望闕老先致殞身余謂不然夫全軀保命庸人稚子皆知之郭豈獨性與人殊希將來不可必之闕臣而自輕其生也作是說以誚公者或分宜之私人不然則已既不言而又不喜人言者歟御史大夫海公瑞與中允郭公心腸不異海特幸而生郭特不幸而死爾

六

南澳當閩廣之中實閩之門户天日晴明詔安縣可望南澳也近奉議漳州潮州共捐貲

城其地地可耕田而食設營房棲兵而總兵鎮之山下更得戰艘三四十兵五百人更番防禦寇至遠擊散之此八閩萬世之利也

七

萬曆六年六月浙江金門衛後所千戶金璫家卧房平地湧血如鼎沸高三尺許天明凝凍成塊事聞　下禮部議修省夫血陰物也無故湧血高至三尺於人道為小人得志於刑獄為冤抑不伸於地方為殺戮慘傷之象此豈一人一家之變已哉青衣素服角帶辦

事完了一場修省不知曾有補地方否

八

余聞 國初舊制學使臨邑考校生儒今改而止臨本府猶之可也乃或以三院出巡相左或時日迫促往往坐湖州而弔嘉興坐紹興而弔寧波象山定海之去紹興孝豐安吉之去嘉興不下四三百里貧生盤費從何而出夫學使不知生儒之苦何以望 朝廷知小民艱難目覩湖州諸生赴考嘉興時方六月大旱其無力賃寓者率坐府學門首食飲

有一生肥胖方出學道門即中暑而卒二日抵家屍已腐而難收矣天下可憐孰大於是

九

官至大學士吏部尚書尊榮極矣當為天下後世士大夫存些風骨標準故易曰其羽可用為儀省中王給事論吏部某曰臣為 陛下作此犬當為 陛下吠此賊臣為 陛下作此猫當為 陛下捕此鼠賊與鼠何物也而以比方太宰又論大學士某曰 陛下當罷黜某人謹防某人夫謹防賊盜三尺童子

皆能言之皆知其為辱也而以加之閹臣言者過矣二公不去于無事之時而去于事勢窮促之日何以曰君子見幾而作不俟終日也

十

故閹臣分宜以贓敗其子世蕃播惡尤甚刑之西市人心大快余在都城及見也分宜有姪招之入京其人清修特立不預外事居常布衣自適不為文綺動心時罵世蕃曰看汝覆宗殺身後籍世蕃家其地方人眷愛保護

秋毫不損善惡之報天道豈云爽哉

十一

毅皇帝之南征也我湖恭靖蔣公瑶時為揚州知府師巳及淮所須夫役計寳應高郵站程凡六站須一萬議者欲悉集於揚計夫六萬以待公曰何至是即减五分之四站設二千更番迭遣俾得休息且給顧賃錢自資俾各便巳而迎 駕扈從貴近横肆要索游擊江彬頁 上所賜銅瓜先驅脅人死尤張甚時時脅公不為動守備内監胡得素啣公無愍

懃尤窘辱公公曰吾安能以民膌丐吾身榮
巳而卒觧 上駐蹕楊州會觀漁得巨魚頷
彬戲曰此可直五百金彬欲中公遂請以畀
公促償直急公則脫夫人簪珥及綈絹服纍
纍負進曰臣府庫絶無緡錢謹率妻児薄物
以獻 上笑曰酸儒去巳乃 幸南京還
駐瓜州彬欲奪薩氏居請建督府公持不可
彬益怒屢浸潤公賴
聖明無所入 駕旋扈送至淮奏辭不允沿徐
上濟寧至臨清復奏辭有 旨將 前鈇扈

軍口糧三日即補完去公計須數百金無可辦適徽商吳其義重公貸給始賜還方公在揚曳布袍奔趨承應秪以身輸民勞誠動權貴及龟送淮徐間步行露宿艱苦萬狀瀕危者屢而揚人德公更生肖像立祠以展報私云

十二

湖州白糧船四十八隻每船九百八十石到京止過光祿寺供應庫酒醋局三衙門不係上用白糧浮費頗省若蘇松等郡白糧須經

九衜門其費不貲矣吾湖何以得此恭請公
立 朝時曾經題疏之力也前輩留心桑梓
蓋如此

十三

嘉靖辛丑壬寅間禮部奉
旨嚴行各省大禁民間雲巾雲履一時有司視
為要務不敢虛行故事人知畏憚未有犯者
不意嘉靖末年以至隆萬兩 朝深衣大帶
忠靖進士等冠唯意製用而富貴公子衣色
大類女粧巾式詭異難狀 朝家亦曾設禁

士民全不知警不知有司何事冗沓塵視
聖旨到此冠服所以章身匪為飾美既有舊制
自當遵守彼治于人者與治人者獨何心哉

十四

萬曆五年丁丑十月朔彗星見於西北急指東南光芒甚巨經月方退主事周弘禴麻城人上言其應主有兵變在幽燕吳越閩廣之間宜飭大臣各舉將材諸無言者彗星約長二丈餘覘者云自漢元成以來此第二見時余宦閩甚憂之問之督學使趙君君曰未必

然予考事文類序彗星若此者甚多或云此是天之戾氣原非星也孛星亦即此天變又有曰蚩尤旂者其應更慘皆非盛世之所宜有趙名參魯浙鄞縣人

十五

張江陵之歸塟其父也楚中巡撫三司郡邑官皆來會塟巡按御史趙應元山西人獨以出巡不與江陵具本謝　恩不及應元名應元因告病去御史大夫陳炌江右人素亦有清望者阿江陵叅應元僞稱疾得　旨為民刑部

員外王用汲閩人論列炌謟諛失大臣風節詞指激烈內引孟子曰長君之惡其罪小逢君之惡其罪大臣則曰長君之惡其罪小逢相之惡其罪大今之諸臣皆逢相之惡者也云云一時士論偉之奉　旨亦為民出城之日江陵偶以是日還　朝江陵若先三日至而後王跪上王恐未得生還此王之大幸也時余僉憲閩度三將回先期移文閩之首驛沿途優其供給送至延平相晤極手大歡江陵敗王起用官至南刑部尚書

十六

楊都御史繼宗前知嘉興時内臣惡其簡拗

欲中以奇禍頼

主上明聖得免糧儲叅政其北人也與内臣厚

託他事具文草欲呈按院短公方下筆角鷹

數十百群飛集叅政烏帽欲攫其面目叅政

為廢草無何叅政行部嘉禾舟將達郡角鷹

如前入舟狀與在省時同叅政乃廻舟去飛

鳥得氣之先人心既已愛戴天且弗違叅政

其如楊公何事見德政錄

十七

嘉靖乙丑

肅皇帝春秋高矣臣范應期對策頌回寓邸樂

恭讀　御批第一甲第一名　成祖着有司

遵奉改正盖應期誤寫　成祖文皇帝為

太宗文皇帝故　御批云云可見天生

聖人其精明逈出前代彼閣部大臣烏能彷彿

其萬一也

十八

提督荒政楊掌科文舉萬曆丁丑進士

聖上内帑金萬餘賑我三吳之民恩至渥也可
惜當時民不霑實惠却被有司里長乾沒了
腠裡事難言難言其殫楊掌科者自渡江入
浙筵席之富窮極水陸只少殺一童子人皆
歸罪掌科予曰不然這筵席件數未嘗遣在
牌上定要如此還是不惜民財主人自少分
曉其過廣德時州守任某欵待簡薄不曾聞
楊計較了以此便見是非有歸着也

十九

六科歷事監生科有公本監生列名於末六

部亦然監生與尚書侍郎諸郎官並名而跪祖宗朝待士之意甚隆　此三途所以並用也今也納銀而免歷僱市井負販賤傭衣冠而揖同科科長答揖以待監生之禮待之予僅以手舉不答揖詢謀於同志者咸云宜答或云不宜答未有定論也大要還以不答為正

二十

元朝之事人都輕其元人不之依倣却有可取者二端其君后崩逝不用殉葬不陳祭器

不作山陵埋深土中仍以萬馬蹂之守以官軍至次年土生青草而後懈守廟號止稱其皇帝不似宋朝徽號加至十餘字竊恐可法可傳不當以元人而棄之也

二十一

西伯陰行善不是太史公貶西伯話頭文王發政施仁見得君道如此只管實地做工夫略無慕外求譽之心所謂陰德也今人纔有德處便急人知而名之或便望報責報于人此所謂陽為善而陰實不然者亦異乎西伯

矣

二十二

年友周養初言劉東山先生官至侍郎訪毋黨之親有一踈族甥氏年纔弱冠東山先生謁之下拜其人僅以手扶東山曰大夏莫拜終不答禮拜者不以為屈受者不以為亢古道执近世叔姪甥舅之間相揖宛若平交可慨矣周諱思稷湖廣麻城人

二十三

正統間會場災舉子死者百十人劉先生亟

欲踰墻忽墻上有人連呼曰劉大夏劉大夏這裡來從地若有扶掖而上者先生得出問曰汝是何人曰我東山之神也忽不見故號東山先生肖神小像居家在官必與神俱

二十四

劉南坦先生謚清惠與施菁陽先生孫太白山人交予不及見三先生第與南石太學善造其廬每出劉孫兩公手翰詩詞終日翫味自稱曰友生劉某孫某稱菁陽曰邦直賢弟別無贅語古人之風令人想慕菁陽名佩字

邦直嘉靖丙戌進士未授官暴卒南石名蒙菁陽子也

二十五

唐一庵先生曰本　朝止有兩部書一部是大明律一部是狀元廷對策可惜大明律今日居官問理者專尚姑息苟且將律意律文俱不用廷對策自嘉靖庚戌以前還近古以後漸失　朝廷策士之意矣

二十六

余年十五時以民生謁嘉興太守趙公瀛同

試生曹姓者年十六七美貌華鬟立班中趙公曰生非娼優家子弟乎何盛粧如此曹失色歛鬢不暇盖趙公端毅嚴肅一見民生遂訓誨及此至萬曆十一年胡學道巡湖民生俱紅絲束髮口脂面藥麃耻掃地父兄方以為得計而郡邑官亦未聞有正言黜阻者噫若遇趙公凝然在上則人妖物恠安得可醜如是

二十七

范司成少試於郡郡守奇之令入衙見其夫

人以二千石之配即華服亦分宜爾乃夫人俱衣青布衣首無金餙想是西北方人今不易得也

二十八

山西李君日強嘉靖乙丑進士與余同官禮科由家鄉柢京師李君自夫人外止家人男子一婦人一男子時出街坊市蔬汲水婦司中厨夫人常助其不及掌科之淡薄官銜之清浄恐在北方亦不多見而况求之於南人乎

二十九

六卿尊官也騶從衆盛亦分宜爾余初入閩省馬公森户書林公廷機子爊俱禮書下訪各蒼頭一人隨入臬司及送出門外自轎傘夫五名外人不多見也不佞亦嘗登三公之堂三公俱衙内衣冠而出應用童僕亦未有過二人者其簡約殊絶人群可為宦家師法

三十

海公瑞瓊山人仕為學諭謁太守長揖不跪両學訓跪其左右入呼海筆架焉今淳安時

胡公宗憲撫浙海裁損夫馬胡不得侈用以直諫繫獄蒙　宥後官御史大夫待諸御史甚嚴卒之日檢篋唯綾葛一二俸金数两爾

三十一

臧君尭山為松江守時相　國存齋徐公當朝有婭一人衣色衣入郡儀門内作摇擺態者數四臧使人諭即出否且加辱徐揚揚故態弗出也臧令隷痛責二十而呵出之徐相公聞之致書于臧申謝畧無嗔意焉噫非尭山無以見相國之大微相國不能成郡守之

嚴兩賢之相遇此後恐不易再見矣臧名繼芳嘉靖癸丑進士湖州長興人

三十二

施西亭憲副儒距余鎮十里許惜也生晚不及識公得公遺文及詩篇讀之真前輩人物與郡邑諸公書論時事皆耿耿古道如師訓其子弟絕無依阿柔媚之氣聞西亭每入城郡守萬公必先訪入郡則萬公必設飯果殽真率意不在酒在乎蒼生利弊間也今想休風令人嘆羨

三十三

刑部主政初入衙門例有提牢之差三月非區區胥此囚人也與大理都察院彼此互有豢騐之寄王文成公入見牢中多畜肥豕問是因糧所餵堂上三老先生皆有之公牢一豕先祭臯陶餘盡宰以分惠囚徒余聞之士輩有此語公不計想利害毀譽故人所不能為者彼獨為之豈尋常人容易做得

三十四

余初入江右令淦便道謁代巡某適大雨驟

作代巡無命移苧廊下苧雨中良久肌體衣冠霑濕殊甚然令官卑猶之可也同門友某巡按畿外邊方苦寒之地也二司未見時俱着帽套煖耳既入見皆除去此友面語余曰看二司諸公氷零貫鬚鼻間余問何不云着如故答曰無是體統夫帽套煖耳既奉傳旨小官皆得用之二司在代巡前有何不可這體統不知大明會典曾開載否九經說箇體群臣却是君王事君王尚當體代巡獨不可體乎拘泥甚矣拘泥甚矣予所見兩君皆

不壽死想是慘刻之人殷公正茂總制兩廣才頗揮霍守郄可議然盛暑中二司相見俱揮扇不忌亦大快人一事也耿楚侗撫閩吳鵬峯從憲按浙二司自不穿素服未嘗損了官箴近來服色不知何似

三十五

湖郡守張西林鏵關中人彼中春元謁郡伯云行庭參禮吾湖諸春元既入將上堂張南面俟行禮馬陸貞居隅年長首班正色曰舊規後堂相見張始退相與行拜禮聞先一日

已有行庭參禮者不必求其人

三十六

業師范燕山先生諱晉卿嘉靖丁酉舉人少為錢正郎宅館師嘉靖戊申己酉二年侍先生教其春初赴館家有一僕送來館舍定即去冬後來終年供主人僕服役然待之甚恕未嘗求備也說書及經每歲必徧而易繫辭及學庸每說二通三十年來吾鄉春元館居跟僕至四人五人而經書不及說其半何今昔之懸殊若此

三十七

吾湖邵康山先生為舉人家居不謁太府萬石梁公一日問唐師曰聞貴郡有邵春元何以不相見師曰他要講禮過然後見爾萬公曰禮不必講相見自然上坐遂投帖先拜邵郡荅之此不惟見萬公禮賢下士之高節而邵公之為人愈可想其清修自重矣

三十八

嘉靖十幾年湖郡守楊公將送三學應試生未及期云塩院巡湖太守廢常禮不設酒每

生各給代酒銀二錢南離錢公鎮時亦在諸生中辭於守曰按臺報未亟禮酒猶及設也未亟而廢禮是不以禮教諸生矣鎮不願受金也竟璧上太守太守語塞僅曰偏是你這秀才倔強難道就會中了此雖先生細事然也帶得幾分奇崛氣令人竦然

三十九

歸安施璉川先生峻與郡守莆田鄭公富俱嘉靖乙未進士鄭在郡初亦有善狀後卒以貪損名施面誚鄭曰當時除目初下我鄉人

謂余曰施峻你造化到了鄭富來做太守必然作成你也誰知你天殺的都是自家取了一些不作成我此語雖近戲然面呼太守名總是太守召侮夫人必自侮然後人侮之信矣璉川素履好處甚多此特細節爾

四十

新淦潘君九思既中鄉試邑令為派里甲助公程費比上有一里長鬻子封官潘知其事立召其人盡返所具金為贖其子又毋舅犯法贖杖數金强君白之邑求免潘曰舅請還

宅此事必不相累也竟出囊金代贖馬君官終知縣至死不能為殮余令淦日其妻孺人尚存每憐恤其母子云

四十一

高南宇先生以禮部尚書養痾家居四方仰先生之名伺候于門墻者俱不得覯先生居會城近切撫按三司諸公經年不為一出撫按三司謁公公亦不輕出出亦不荅拜也嗟乎此所謂真杜門謝客者耶乃或視客顯晦以為低昂而閽人辭納異狀號于人曰吾已

謝客誰則信之先生諱儀仕終東閣大学士謚文端

四十二

余為滏令者将三年歲次辛未冬月夢一神人語余曰趙清獻公一琴一鶴自隨公止有一琴可惜少一鶴余不能解至次年壬申六月應　召選入禮科科中有書房懸一琴於壁間詢之則舊時相傳物也余以為前夢應矣迨後轉江右少叅辭官方將出境　益府潢南王差官贈余一琴余遂抱之而歸夢之先兆如此故雖謬蒙

聖恩再起西粤樂疏辭焉

四十三

嘉靖乙丑吾湖張莊僖公掌院公子天秩偕余至會塲前閱示監塲侍御已出示不許舉人進柵内閑走捕者因執張從一人欲送御史所張公子聲色不動其從者亦不曰吾御史大夫人也任縛去既而釋之可見莊僖公家法之謹餙而子若僕之閑於教也

四十四

蜀人某年十二歲時過其鄉顯仕余氏之門

余方搆堂屋材木甚巨某題其木曰余家門前好大木盡是江南民髓骨殷勤囑付堂前兒莫教謝燕飛王屋余聞而迎之欵待甚厚因命其子謝教臨別謂其曰吾子固不肖子出言不厚恐壽不永耳余卒未久其子果敗家其年十七登科尋亦夭卒仕宦而搆巨室少年而逞才華皆非恒久之道也

四十五

余嘗謁徐文貞公刺方入入其門穿衣束帶未竟而公偕長子太常少子尚寶君已出二

門迎矣是夕宿公書室公親命童子焚香整衾枕啜茗坐談良久而别情詞真摯若不覺其為貴人也又一日公欵余於中堂呼余曰臨川我告假一進予意公服藥就寢非移時不出一茶之頃乃即出曰發一友人書作副啓數字故失陪八十元老對門人弟子猶稱告假謹厚真異常哉湖廣廖明河先生道南科第止先公三年公席間語廖事必稱廖明河先生不单稱明河盖前輩行古之道如此

廖明河先生謫吾浙鹽運司判官於鹽臺為屬之卑者一日持單侍生紅帖拜之鹽臺閉門不相見亡何

肅皇召先生還院鹽臺具帖差吏請先生赴酌先生曰昨日拒見今日又請我小人小人能其差吏二十此雖非長厚之道亦可發宦途一笑云此文貞公面語不佞者

四十七

吳小陵先生一儒於茅公坤為鄉同年戊戌同上春官又同邸寓茅舉進士小陵下第安

真寓不徙且爲茅書帖佐冗檢點他事得失進退之際漠然不介其懷也友人兄弟同寓於杭弟報捷其兄茫茫遷他所去然則小陵之賢於人遠矣㦲後庚戌成進士官至太平知府

四十八

箬溪顧先生應祥官巡撫家居盛暑中有二司訪之呼田間一老奴揮扇奴取小兀坐先生後先生不覺也既覺詰之奴曰汝有風足矣何管我坐爲主賓大笑此奴不可謂知禮

然膴仕而風味若此山家真率了無官套令人嘆羨云

四十九

建安楊文敏公榮其父充渡船役他渡者率索往來錢又風雨寒夜輙憚勞公父獨不然有堪輿家感其義者為卜地葬文敏祖指狐所棲窟焉囑曰俟狐起而葬公父值嚴寒衣单乃逐狐葬歸報堪輿家堪輿曰俟狐去子孫必有為侯王者今稍早止可多發科第然亦彀汝子孫用矣今楊氏科第果代不乏人

云

五十

嘉靖乙卯予中鄉試同二三同年謁文宗阮先生留坐時有六七教官亦候阮會縣兩不能出先生命各役持所蓋傘一一送之出臬司門顧予等曰教職微官即有傘安得進臬司門來哉故令人送之諸君他日居官體悉下屬亦當如此此雖先生細事亦可概其生平多厚道矣後先生與祀名宦鄉賢而子孫三世科第聯翩為桐城望族蓋亦有所自云

五十一

豪放不羈之士自不當以常禮責之姚江理齋諸先生當嘉靖癸卯寓浄慈寺其鄉新舉子十數輩共謁之先生冠帶出見然自負領以内絶無襯衣瑩然一玉體也數君口不言心謂先生慢客至此坐間報學憲張公來訪數君謂先生必更衣也先生以此迎學憲如故殊無躊躇不安之意數君於是心服先生之曠達焉此可以資笑談不可以爲士子法也

五十二

學憲出巡進才退不肖關係重矣自來未有挍受書札者況親於其身而與縉紳相見於途又繼之以杯酌乎自不俟庚辰歸田以來始聞此事而甚異之何恠乎世道之不兢也

五十三

吾湖凡類考生員郡邑諸公未有不蒙諸生之謗詈者諸生固不得無罪然反求諸身豈盡無可議得納賄不足責矣關節盛行至顯宦子弟必居首居次如何要人帖服來及泉

李公願未嘗不令各縣正官閱卷却關防嚴密各邑進鋪陳亦當堂搜檢過毫無挾帶儘文看着取着鄉宦子弟附其後榜出如何議得他人顧自處如何若動言諸生放肆孔子何以曰君子求諸巳

五十四

嘉郡守侯公東萊當三學新進諸生送學訪知往事斂分大有浮費謂鄉先生曰此舉即破費諸生一紋不必也列位老先生但各持一攢盒到學郡中士夫頗盛各持二盒去主

賔俱享盒行酒禮畢侯公拜諸博士曰諸子弟望諸先生教導之遂别此公治郡非賢者作用此事却做得超脱可愛惜後人不能法耳

五十五

撫按分巡一方士論所宗舉動毫不可苟乃知府入　覲署郡委之節推而丞又署邑者盖為節推甲科而丞或鄉科也夫丞果不可以署郡則大察必當處分既未必處分則何苦奪其必當署之次序而授節推以市恩也

予所目覩不詳姓名近日又三府署郡二府署邑皆不可曉

五十六

吾湖先輩煞有眼力會看文字嘉靖戊戌會元袁公煒閱午塘先生所取也癸丑會元曹公大章董潯陽先生所取也乃丁未會元胡公正蒙則吳霽寰先生以正郎同考取之逮萬曆庚子則沈檢討淮朱檢討國禎二公不但同邑且同里密近而沈主湖廣鄉試朱主福建鄉試豈非一時文運之最盛者哉

五十七

江右鄒東郭先生守益正德辛未會元子善官方伯方伯子溥官翰林溥偶被人言污衊歸第請見方伯公公怒數月不得見已而竟加朴責不寬假焉嗟乎此非吾東南士宦家所可望也

五十八

山東壽光劉文和公珝大學士致政家居封翁尚在封翁家法甚嚴一日文和公他出乘轎歸第而封翁偶同客在廳門文和公不知

失避封翁盛怒欲枝之客不能解予鄉沈觀頤桐中丞曾爲其邑令云封翁竟以轎杠加責此宇宙間大奇事也

五十九

余鄉顧養默公震以貢仕爲富川令少嗜學蜚聲秇苑遇執友至戚患難若身蒙之苟可紓解不遺餘力生平唯知揚人之善絶口未嘗稱人過蓋天性夙禀非有所懲而然子孫貴顯宜矣

六十

學道出巡隔府迴避兩臺致遣牌失信數四不以為非不知何故余少見代巡舒公汀按嘉興督學孔公天徜亦考嘉興二公未嘗相避豈今是而昨非抑今非而昨是耶

六十一

凡人揚人好處儘可與起自己學好念頭只有益無損若好稱人過這陰隲不小於過處又增添些些粧成一篇文字其陰隲更甚且速矣余目睹二三友人蹈此尤好呼人姓名貽禍立見可不戒执

六十二

余少及見邑庠先生皆責諸生無敢抗逆者蓋自嘉靖壬子甲寅以後而此風寖衰矣浙省學使屠坪石公持正方嚴訪諸生行誼不委之廣文多所詢察務得其人以行賞罰諸生一時皆不敢失禮踰法自後大都務寬遂至肆無忌憚分巡以代巡命考校諸生不容唱名序坐呼朋引類莫敢誰何不五年而諸生罵父母正官矣又罵祖父母官矣罵不已群攻府通判而捲堂文出矣屠後擢國子祭

酒奉法不少假借諸大老子弟大老趣言官論之惟恐其去之不速釀成今日之禍今但未面罵郡伯未攻郡伯去爾奈之何有世道之寄者思以防其漸矣

六十三

兩臺出巡必考生員又不親試必假重於守巡兩道守巡兩道又不親閱卷必借目於太守推官知縣諸公諸公又不秉公必先盡鄉宦子弟次盡平日相知等第一出嘩罵隨之行賞又無歲派錢糧臨郡時縣官猝辦予以

為
欽勅内有此一款故不得不行詢之侍御輩曰
勅文無此一事是亦不可以已乎其與考生員
又出教官以私情揀送姑不足責也然皆隆
慶元年以後事前此未之見

六十四

人生六十歲甲子一週天道變遷人事亦改
據余所目擊何須許久蓋習俗移人捷於影
響甚可畏也母姨朱宜人少吳沈公封母年
近八十相見止稱大姨令人女流三四十歲

人即呼為太太家門妯娌相呼俱不似向時伯母孀母以前冨貴家女粧止重金寶今仍製巧樣金寶却東之不用別用珠翠珊瑚奇巧等物只此二事與三十年前天壤迥別他日又不知作何狀來大有足慮

六十五

乙卯中式後偕凌子迪知錢子錫嚴子文梁同款郡伯郡佐於清容軒其席皆出館夫包辦者麵食殽饌共八器湯減半添碟十二器予詰館夫薄對曰此舊規不可增也此席若

在今日移以欵吏書且不可況府公乎時璉川施先生(峻)為予輩作主與府公相對坦率少文較今時儀節懸别施先生其猶行古之道歟

六十六

余嘉靖乙卯中試時梅林胡公(宗憲)巳自代廵特轉撫臺矣有賀禮見及書生不知合用手本伸謝僅將大紅紙裁一板傳白帖外以囬差吏此雖余之疎闇然當時貴重紅帖不輕作用亦可見矣近來郡邑上任或遇令節

紅帖積受多至百千今昔奢儉迥別蘇子所謂世之自文而欲挽之質也殆欲移江河而行之山也詎不信然乎

六十七

庸德之行庸言之謹聖人也只是這樣子若舍子臣弟友別求聖賢道理正所謂差之毫釐繆以千里也二十年來吾鄉不須說別樣作怪只弟之揖兄侄之揖其伯叔問有口不稱呼者其蕩肆蓋始於山人而對客飲食不相勸酬又末節矣柰之何柰之何

六十八

東廣林公大欽嘉靖壬辰大魁也少貧爲蒙師其主人有壻中甲科官主政來謁主人盛欵之請林相陪主政君虛讓曰吾妻父家先生當首坐林竟首坐主人不樂主政君一閱林所作文字謂其翁曰此生當大魁可將小姨作配主人然其言妻之林少未嘗從師時賣菜爲活至人塾中聽講則曰書意如此見塾中士子文則曰文義如此便學爲文吾湖孝豊吳公麟督學廣東還省代廵二司諸公

閤佳士爲誰吳公首曰林必大魁衆哂其爲
迂後驗始心服焉壬辰　廷試閣臣例進呈
十二卷
世廟意不愜更索閣臣曰有一卷甚佳只是起
冒散漫不合格臣等不敢進
上命進閱之林遂居第一此公異才奇氣惜享
年不永

六十九

吾鄉孫屏石公前嘉靖戊戌進士余詢前時
大座師受禮不公曰時二主考爲費公某公

其出簾即分付曰諸生休聽人言買壞了段幣每生各具清帕四方書一冊送我兩人一時諸進士皆如其言至問本房座主何如公曰嘉興屠漸山先生也并其書帕不受每門生至款洽如家人父子遇選遇差反加禮於諸門生不知戊戌以後何人受禮始迄今難言矣難言矣

七十

烏程令射陂朱公寶應人刻意詩文不廢邑事足稱循良吏云自北來介溪嚴公葵峰黃

公俱託渠致書劉清惠公麟朱一日持書偕長興劉令同候清惠公是日天大雪清惠公衣大紅鶴氅衣相迎款二公飯中厨出煮腐二盤大鯽二尾此外無他物也其超於世味之外而游乎澹薄之天如此李子曰坦上林泉雪中魚腐朱衣白髮佳客相留分明圖畫一幅

七十一

南兵部尚書韓公邦奇進部不久上疏乞歸同官大老偕各屬送之郊外問故公曰吾鄉

有一先達物故多年矣偶一夕余馳傳坐驛此老賜帖下顧余訝之未及辭轎已入門來矣升堂叙坐茶話久之絶不似物故人成禮而别且謂余曰公官南兵勿久留也予誌其言故有今日之别韓既歸不久旋卒此事亦云奇矣

七十二

楚侗耿先生定向講明道學當世所重巡撫福建務在别有司賢否他務不汲汲也時張吕二大學士考滿申公瑶泉初拜相公止具

空書為賀不用幣禮君子曰可以為難矣在閫儉約異常真率無官套辱視不佞若兄弟之愛不佞時轉官江右公執手似不忍別且曰呼總戎一會省中只忌憚先生一人先生吾直諒友也奔父喪各屬俱為文具奠公命匠裁其文受去段幣折儀皆謝卻公蓋叔世清修之士不知何故得罪士類有極加醜詆者

七十三

天下極冤最枉之事莫如帶徵錢糧一節凡

知縣知州在任止該清理任内錢糧任以前自有官在這官既不清得如何一併責備後官行取文書一到合干上司俱另具一眼相待惟恐得罪何人行取因錢糧不完上司留着他在今日則更有可笑如萬曆十年官直要他追而上之到萬曆四五年也要蕪比來如何做得去天下只是這幾箇百姓百姓只有這些皮膚前面太寬後面太緊直是趕到大壞極亂不可救藥便了

漢世刺史太守居官循良如二疏歸田朝廷賞賚動稱黄金二十斤或三十斤想當時民間不敢擅用即帝子王孫用之亦有節制故能藏金之富如此今日民間僭踰之甚但力可辦金則用之等級貴賤之差應用不應用弗問也安得金不日貴民不日貧江右朱尚書衡余及交其子維京一日問之云貴宅女婢帶金否答曰用銀飾也須稟過老母况于金耶其言雖未必實大都江右節儉之風異於他省後即有兵革之亂必不受禍慘毒吾

東南一路難言矣難言矣

七十五

薛方山先生先任慈谿令行季考袁元峯先生煒不與後得其文大奇之巳鄉榜第二會榜第一廷試第三其督學吾浙也姚江諸大圭口許解首山陰應試生員無一等是年中式無名盛稱慈谿多才是年中式者十人嘉興入學批首先後俱登科時吾桐首則沈虛舟繼志也湖郡一州六邑童生今日赴試明早辰時出案凡平日知名者悉在所録人云

先生止看破承想事勢如此先生司文衡恐後此百年未易並其高焉

七十六

莊僖張公自束髮以及蓋棺未嘗一日不砥礪名檢時俗翕熱脂韋之態特厭却之華靡侈艷一無所好居常進止有恒度雖燕閒無惰容媟語尤虛懷好問勇於從善未嘗自用而以所長加人但剛腸疾惡視權奸若不可一日與居者纖相以是齮公將中傷之賴公自律嚴謹卒無其隙伊藩之靖制之於未發

優游緩帶而消數十年之潛慝人見其易而使朝廷不苦其難非抱負弘深不能及此也

七十七

吾鄉凌公約言因閔午塘先生始識南渠呂先生本於都下凌時尚不領鄉薦也後數年入南雍肄業呂為少司成矣師生之分懸絕呂特訪之於寓又十餘年凌謁銓曹受全椒令呂入内閣凌執官銜帖子謁之呂趨迎曰何以套為必欲以生平禮延之上坐凌固辭

吕笑曰使汝作相終欲置吾傍坐耶令從者堅持其坐不能動凌竟當客禮馬吕公盛德何止加人一等

七十八

當官者貪財無耻想是性生不足責矣有一等蕉靖無求之人非不可嘉可重至於臨大事決大疑遇大歟須要有膽畧有才智方能辦得事來吾鄉萬曆十六年荒甚有一郡伯令窮民至富家食粥百十成群幾致大亂又下令頓米之家止許賣一兩一石米愈不出

價日益高畢竟到一兩六錢一石纔住此郡伯甚是清介然何補於荒政也大抵遏糴限價皆非治荒妙術唯有未荒豫備而臨時又多方設處令就食窮民止在三四里之内方是實惠實政

七十九

今之備荒者唯有勸借一策然勸之一字猶可言也借之一字既借問何日還不可言也聰明殘刻之士平日不知愛養斯民此心先與他隔絶了即有倉廩富民豈肯好義樂施

若平日有一團實心實政及民即大荒窮民必不為亂勸民出粟十必有四五應之此可以理推者非臆說也

八十

太宰楊虞坡公博以疾乞歸先是余選禮垣公所試而薦者因送之郊外成別馬行李蕭然毫無氣焰其家人婦女俱跨蹇騾去都城内外人指曰此楊爺管家婆也嘖嘖嘆羨因憶隆慶戊辰徐文貞公階罷相偶於　御道上見其家人媳婦成行步走不下一二十人

服飾靡麗較之太宰家風天淵矣文貞公賢者尤不能超乎風聲氣習之外若此況其賢不逮文貞什伯千萬者而可以朴素儉約責之乎

八十一

古和雷先生禮江右豐城人嘉靖己酉庚戌間視學吾浙其所取士文義專尚艱書得肯綮體貼聖賢口氣徒逞浮詞弗録也一時稱至明至公即童生未嘗濫進一人巡四明時聞太宰淵在朝其弟生員應發社郡邑諸公

力救求置三等先生終不輕諾焉遐想高風若在邃古之世官至工部尚書少傅

八十二

弘治五年壬子浙解首秦文未詳其人品若何乃國家重熙累洽獨際其盛一時豪傑應運同榜者如孫忠烈公燧胡端敏公世寧王文成公守仁當宸濠之變或死節或預謀或戡亂三公者不同道其為百代殊絕人物一也增光山川照耀史冊豈云小補孫中式第四如王在五十名後勳業豈係科第高下

哉在嘉靖壬午則有海塩鄭端簡公曉吾湖唐一庵先生樞皆偉人也予所不知者尚多

八十三

山西蒲州王公崇古兵書大學士張公四維之毋舅也張入候王偶竚立立而咨揖倘當坐即坐而咨之不為甥離席也吾湖士夫云有目擊其事者此是西北人盛德致然若南人勉強學他便露出醜態却不可看得容易了

八十四

人子遭父母喪欑朱文公家禮無懸像開喪受吊儀節若賻奠則有之矣吾俗不知何人作始孝子俱幕内面南吊客而北拜其父母主人仍出幕外拜謝予曾走吊檇李屠項二氏孝子拜於幕外之右或其世德淵源有所傳受吏部亞卿諸公大緩卒江陰往吊諸公子倣俗禮拜於幕内聞江陵不悦曰我來吊若父諸子如何南面臨我即此可知吾鄉開喪之禮不當襲故矣古人苫次亦不在幕内如今人廳事之側房是也親友即此吊之

八十五

東廣霍渭崖先生韜正德甲戌會試第一人廷試二甲觀吏部政九觀政進士率青袍角帶入衙門辦事先生獨穿錦繡又不認會試本房為座師二者皆希世之事不知的否其子與瑕嘉靖己未進士時吾浙袁元峰先生煒知貢舉與瑕亦不執門生禮選慈谿令校晚生帖君子云有父風焉予儕謂渭崖先生人品學術自當位階八座然而先生遭逢亦是大幸使先生登第於萬曆甲戌士大夫必

群起而誚之誚之不已必群起而攻之攻之不已必削籍除名榜為元惡大憝而後止者安得享有崇階復謚文敏乎士君子信不可不遭時也

八十六

萬曆丁丑十月閣臣張居正聞父喪因主上留遂不欲回籍守制時翰林檢討吳中行趙用賢同日上疏論列奉　旨廷杖為民刑部主事沈思孝草疏同部郎艾穆願與名遂列名上　觀政進士鄒元標疏繼上並　廷

杖謫戍一時臺諫未有敢言者而御史某
給事中某 附張保留故元標跡內有
恨不斬某人 首等語不七年居正死諸
賢皆獲起用諸倚居正者鮮不受累焉 吳
武進人 趙常熟人 思孝秀水人 穆
人 元標江西吉水人

見聞雜紀卷之二終

見聞雜紀卷之三

吳興李樂彥和述著

朱國禎文寧校正

八十七

山東兗州滋陽縣學文廟祀宗聖顏子之神與天下各郡邑不同想鄒縣祀孟子然未有的考

八十八

同年友吳姓者仕爲蜀令毋孺人有侄素不修行檢者來謁留之衙内一日吳公出侄向姑索銀不遂盜所蓄俸殺姑逃去後捕獲雖

正其罪於毋氏竟何益我官衙之不宜留客
蓋如此

八十九

江陵之喪父也一時建言諸臣受禍不為不慘矣而繼諸公以其疏者翰林趙志皐田一儁張位習孔教張一桂于慎行李長春凡七人次輔呂公調陽為寢其疏不得入七人者皆吾戊辰榜人也惜向後結局未有大表著者爾

九十

沈純父思孝疏既上候　旨朝房江陵家人及私人探聽動靜者甚衆刑部郎蔡文範（江西瑞州人）排衆視純父起居呼居正名大詈者不一而足一時忿烈奮不顧身坐是謫福建塩運判官公論定官方起而公已歿矣惜哉

蔡戊辰進士

九十一

易有云慢藏誨盗解者曰藏之不固不密曰慢唐一庵先生曰慢然藏之不顧理義可否則貨悖入者必悖而出故云誨盗　先生別

著有易修墨守曾命余作叙其詞甚奥其義甚玄不能窺先生萬分一不敢妄叙

九十二

不佞乙卯秋捷計偕北上時少吳沈公應龍寓毘陵城謂予曰此行高第須學節儉毋習富貴態予乙未同年其登第後便奢侈貸二百金娶妾二人選南部主政至潞河舟次病作卒二妾即於潞河改嫁喪不成禮可為士人初第之鑒

九十三

閩中黃斗坡曾通判湖郡官終知州予僉閩憲而會省號多事者公未嘗妄有干請公有門生二人皆仕為二司腰金矣每訪余三公同來二公傍坐黃不以為僭二公不以為屈坦然若相忘也嗟乎若在吾鄉則弟子必不屑師必深避安敢望此

九十四

閩中士大夫凡遇新官上任不問尊卑拜帖俱用大紅絕不用段幣作賀亦是簡約妙法予歸田二十年隨在倣之亦未聞有見罪者

九十五

不佞戊辰舉進士同鄉嵇生者以貢入京喘疾卧榻上予訪之嵇先生已作人中龍矣願為行雨龍毋作毒龍擾害人間方好此君與余蹤跡素甚疎猶蒙箴規至此古道盖僅見乎

九十六

余為淦令巡道憲副吳公一介轉大叅行隨俗餽贐十金公艴然曰先生賢者焉得汚我至此予退而自愧且悔嘆世未嘗無人焉江

右驛遞率三十里辦一中火公嗔怒不食云
世上無此事前知杭州府以薦節稱惜壽不
永不獲竟所用云

九十七

隆慶二年戊辰同年進士大約一主僕一皂
者居多間有巨室貴介公子則僕二三皂已
而辛未甲戌聞新科諸公俱二皂帶馬跟隨
家人衆多絶不似戊辰矣戊辰有一同年好
製衣服費至四三伯金所謂貴公子也不六
七年物故朱子所云雖富貴之極亦有品節

限制士大夫不可不熟玩

九十八

積善之家必有餘慶此善字所包甚廣不但好行其德虛已讓人周急拯危而後為善予竊意凡人躬行勤儉這一種節縮務實的意思最是善事之大者其子孫必昌必發科第屢屢有驗若暴殄奢侈曲意欵客不惟窮其身子孫往往不見好故易曰不節若則嗟若傳曰不節之嗟又誰咎也奢之一字是惡之大者

九十九

桉院臨湖太守萬公雲鵬率屬官入見安吉守某偶稱桉院爲老爺蓋一時之誤非遠衆足恭也太守面叱之曰不才桉院亦色動既出烏程令前峰戴公歸安令南玄戚公白太守曰知州稱呼過誤老大人只宜退而教之面叱非禮萬公隨揖二令曰承教果是我過當了次日又至二邑門外投侍生单帖囑門吏曰多上覆我特來謝教公之勇于從諫類此一守二令其皆有古人之風矣哉事在嘉

靖六七年間

一百

太守萬公延生員某入衙訓子降尊隆禮叙坐間必稱先生一夕問生曰歸安葉縣丞做官何如生正對曰蒙老大人下問生員不敢對願老大人以後不復有此問太守謝曰承教我失問矣君子曰二公可稱賢主佳賓云

一百一

萬公入會城謁按察使使俗吏也萬公長揖不跪使怒囑隸俟公出扃頭門內二門外鍵

俾公不得出者良久公還湖即交印與丞竟棄官歸諸當道移書遣吏再三請復來後擢本司按察使當丁酉歲新科舉人鄭怡者乘醉謁仁和令囑以事令稍難之鄭以手撲令面令繫之獄呈文萬公公庭訊鄭坐黜革嗟乎鄭特不幸而生於斯時遇有憲長執法爾若在今日則群舉人合力求懇二司互相救解且按院方中之門生也萬欲行法得乎

一百二

余嘉靖丙寅歲館于董宗伯時瑶泉申公以

修撰丁憂起復來訪宗伯宗伯邀予陪飲當送席申公具冠服止一僕手持紗帽革帶置廳事前尾上待申公無兩僕也余心服而識之既而訪于舟中即僱賃香船簡約多秀才風味又十年一盛夏余訪宗伯偶友人授知縣回宗伯迓而酌之僕從頗衆奉事踰禮即前宴申公處余為心動亦以占此友不祥子思云見乎蓍龜動乎四體夫蓍龜猶涉影響渺茫也乃動乎四體則由中達外吉凶可預卜不能逃焉君子當慎其動矣

一百三

故按察副使姚公覌民閩人號龍岡前知常州府預器栢潭孫公超格加愛栢潭發大魁不久守制家居特往閩訪姚徵服歛跡止僕從二人隨行蓋沿路從舟入不可得而物色也至浦城達閩省則山路崎嶇不能如故態矣始不得已用在官夫馬予謂申之訪董簡其僕從猶可勉而能也孫以二僕往返四千里之程非其中有定見定力未易及此時浦城令褚公武進人對余詳道其事如此

一百四

亞卿陳公（陛餘姚人）禔身清謹教子有父風嚴飭可法其所不易及者家人不知何等約束來冠履衣裳俱似山中農家人不知為著姓亞卿僕也客曰此細事君何故揚之予曰安可以言細近日士子一登鄉薦家人走城市滿面便帖了舉人樣子何曾帶得些些朴實來此風俗澆漓淳厚所關余故有感而書之也

一百五

楊繼宗字承芳山西（澤州陽城人天順丁）丑進士王忠

肅公薦知嘉興公至止以簮頭一人自隨如
旅寓然巡按孔酷刑殺人公出示令人告府
遷按察使劾藩臬諸司所用咸取辦于下鎮
守中官日給萬錢悉革去之公入　覲王直
聞公名欲得一見公執不往一日
憲廟以薦吏問直直以公對天理人心之公其
不可泯如此晋左僉都御史巡撫順天外戚
宦官多占民間地産公悉奪而還之權貴歛
迹或謂公別白太明節目太踈言論太激三
者非自全之道嗟乎其可謂不知公矣

一百六

項襄毅公既沒子孫多貴顯者説者謂其陰地甚佳故遺蔭至此余謂不然天地之大德曰生居官者能體天心以治民全活衆多則

天必祐之此理之常非倖致也公自圡木還

景泰二年遷廣東副使按部高州諜報賊携男婦數百流刼村落部將請發兵公曰流賊無携家理慎毋妄殺及訊其俘果皆良家被掠者盡釋之拜陜西按察使適陜饑公不待

奏報輙發倉以賑之全活者萬計滿四反公

以計誘其愛將楊虎貍為内應竟擒滿四斬首七千有奇進右都御史京圻大水勅公巡視公自發廪外復勸貸得米一十六萬五千石棉布牛具各萬餘所全活者二十七萬八千餘人公有大功于　朝廷若此其食報于
天宜矣

一百七

天下之事不但我求於人而不可必得亦有人餽於我而終不可得者吾湖慈感寺阮山峯先生業已送之大老大老家具佃值於官

僧人俱還族去廬舍為墟矣唯毘盧閣高聳巨麗難以拆卸家人用爆荻乾柴縱火焚之至再而火不發若有神以緘之者豈此寺當南門之衝山靈河伯護呵難以頓毀耶大老乃辭於官僧仍安堵四十年後添設同知何公捷府治在烏戍而白蓮塔迫其衙門之左公欲毀之一日過慈感訪余語及毀意頗決時相對坐閣下余即指閣道前事甚詳云老公祖即欲毀恐匠氏難以措手公怒形於色已而詢之諸士友合口皆稱不可公乃寢其

念然公與不佞始終語意不相投也

一百八

舉子文字作得高妙固好不高不妙於立身事業全不相掩吾湖莊僖公張永明少不以舉業名求入諸時髦文會中衆不之許甲午三塲畢對友人自言夢寐頗佳衆掩口笑之已而聯登甲第治邑有聲自諫垣以至八座大有擔當非人易及公何嘗賦詩作古文耶今人見仕宦能詩文者即稱有才竊恐孔子所嘆才難非此之謂

一百九

雲間吳某中鄉舉後遊南都與一美妓相厚語人曰吾若登第當娶此妓果兩如其願云此少年習心之常不足為恠榷稅蕪湖囊橐旣裕治第太侈製一卧床費至一千餘金不知何木料何粧飾所成不久房屬之他姓床巨麗難拆遂併棄焉此可為仕宦之求鑒矣

一百十

桐邑令蔡調吾時昂福建漳浦人萬曆甲戌進士授官時年二十八歲端凝沉毅有老成

人所不易及者一塵不染見士夫有盒禮陳
于公庭即義形于色居衙唯茹菜腐肉食時
絶少每造予冬無輕暖余撫其背衣甚薄問
故曰敝鄉（濰州）天氣不寒素不為重裘也時有製
裘為贈者公堅卻之五月造余觧公服尚穿
絹褶在内若不知此地有紗葛馬邑事鉅細
畢舉吏胥斂跡其各役下人至為絲綢以度
日尊翁踰五旬一疾而逝公不能為厚殮徒
跣扶柩出邑門百姓男婦皆為流涕

一百十一

徐貢元直隸繁昌人嘉靖辛丑進士為左使按臺差吏取紙贖送仕宦吏知公廉潔難近不敢見者數四不獲已稟白公竟笞二十不發也兵備大名秋毫無取驛遞供送鋪陳一二十副公曰家人卧氊褥歸家何以度日止留一副自用餘俱發回造冊存注由大京兆轉亞卿一時清望特著其子亦有父風

一百十二

按院二司紙贖都是解京充邊餉之用者近日任情送人甚者私入囊篋全不知有法萬

厯年間有二按院犯之事閩俱謫戍可鑒也

一百十三

余僉閩憲駐延平劒浦驛日供廩給銀三錢一月應送九両除常俸柴薪馬丁外又有此供君上之恩無以加矣始事一月畢衙內亦支魚肉蔬菜二両許驛官仍封九両進予詰之曰舊規也再詰欲責之曰不敢欺前邉老爺俱如此予命此後要筭除明白予性愚拙意謂

筴除人人皆爾一日同僚聚會言及有一同年躡予足余乃噤口已而詢之曰凡言傷時各道皆未有筴除者即用過十兩定規自是不少嗚呼官為二司方面體統頗尊乃欺君罔利至此然則何顏以懲下官之貪肆耶劍浦非衝繁之地止是本省上司及鄉宦往來月支供應銀四百餘兩余行延平府四百兩驛官作四次領每旬日送道一查筴方領蓋凡數月而節縮銀近五六百金然則前此無實之費竟誰之咎也予不忍言予不忍言

一百十四

予由延平改福寧道駐會省矣一日按察司獄官初任持禮幣數件皆重值之物也以手揖送余余怒曰汝獄官又下首領官幾等分最卑與我堂官懸絕如何可通交際獄官惶懼頓首不已叱之去事雖遠衆風紀所關恐凡有志之士皆所不納不待賢者而後能之也

一百十五

楊椗高嘉靖辛丑進士不能悉其行誼之詳

仕為南工部主事攉税蕪湖竣事還部送堂翁青布二疋此外無長物焉即其事長之簡薄則持己之潔廉可知已

一百十六

佛書云暴極化為虎淫極化為婦人唐進士李某少曾私一婦人夫家覺而欲殺之某縱火焚其居燒死數命後行山麓中卧起戲為四足狀身忽生毛羽漸變為虎唯口能作人言有同年御史經其穴劇談移時悲號備至自陳前過事詳人虎傳宋徽宗時男子化為

婦人隆慶二年予觀政禮部陝西又化一人見邸報至於婦人出髭鬚者宋時又不止一二人也

一百十七

許白塘御史名鎡雲南人少豪俠不羈為諸生時行市中有二人互争相毆一人理不直公搏殺之即詣縣白其狀甘認抵罪令憐其才云許秀才於汝無干請回公諍曰生親手殺人如何教他人認罪得令卒為兩解焉是秋中　鄉試第一人乙丑成進士令吾郡嘉

善縣清介絕俗不甚拘文法拜御史閣臣高中玄先生里居白塘過訪席間問白塘曰我作相較徐存齋如何公曰老師不如徐高震怒擊卓公曰即此便不如徐矣其峭直類如此已而命酒再飲高怒亦解可見中玄先生亦無他腸也

一百十八

人生至尊至親莫如君父父母而師即次之今之文學博士官師也嘉靖三十年以前朴作教刑予猶及見之不

意近年頗失尊卑之禮呼名呼字不可得矣呼兄呼號延諸生上坐者有之諸生雖不坐慱士實有此虛套可恨有志於世道者可勝浩嘆哉

一百十九

余令淦三載歷侍守巡二道數公如大參袁公隨丙辰進士大參陳公絳甲辰進士副使吴公一介　進士副使張公士珮丙辰進士不但不通幣帛即遇令節亦不敢一伸下程之禮衙門嚴肅見之自令人竦然起敬今

未易遘若人也張後由四川撫臺內轉吏部亞卿其故余不能曉

一百二十

嘉靖壬戌會試

上命大學士袁煒詹事府詹事董份主考錄既成余師唐先生謂余曰曾見會試錄否余應曰未見先生曰適來閱序文二公之意已向徐存齋不屬嚴介溪矣未幾嚴以贓敗子世蕃正罪籍沒先生於文字中蓋有以識其微也

一百二十一

余嘉靖乙未卒業南雍，時大司成缺，人司業馬孟河先生一龍，動遵

高皇帝監規行事，舉人亦背監規。監丞及六堂教官作揖，先生坐受，諸生走班，嚴肅不能識。左右生為何人。一日進諸生於廂房，面教曰：我年三十以前，全是禽獸，不是人，至四十尚出入於人類、禽獸之間，今日庶幾免於禽獸矣。爾諸生當及時自勉。近世士大夫自責自訟，不隱其過，未有如先生之真切者也。

二三九

一百二十二

余為大學士李石麓先生門人自戊辰始先是隆慶丁卯因友人董懋德始識其諸公子然亦彼此投刺之交也一日懋德試于國學余偕友人候懋德因往來于學前者數四有穿青家人數輩每見余二人行過雖坐亦必站立予恠而問之董僕曰此昨來李公子家人也時石麓先生當國其家人恪守家法加意於主人乍見之交如此則其視主人至親執友更當何如恐是大江以南絶少之事

一百二十三

張江陵居正天分最高其萬曆元二三年相業儘有可觀只視天下之人皆不已若而忠言不入兒子必要中狀元人諛其相業則曰我不是相我是攝分明把大舜自居了此是他沒學問處其條列最不可發者督學使進學大縣不過十五名不為無見果如所言揀得真才實學恐大縣未必有十五名後來不依他濫進童生至六七十名一縣如今做出許多病痛來故孔子曰君子不以人廢言好

事者又或議其有募意此是作惡要滅絶他

三族的話頭斷斷乎不然也

一百二十四

鬼魅之事聖人所不語君子所不稱述也然

却不可云無予館董氏和雲樓從者以事離

左右即昏夜嘗有獨處時未聞其有聲響變

恠也入冬解館諸友方對予言樓中曾有人

自盡時露光恠大為余慶云逮余巡福寧道

遵故事走福寧州駐劄月許初入衙予問延

賓館何在時巳交巳午矣方入有一少婦適

身皆穿紅見予來如飛捷從廊簷外入門隙遁去予恐惑人亦不問左右見否已而人云福寧地多兇衙門更多其房舍百餘間予以五六人居之絕未有兇也余不敢自謂正人能驅邪魅想是心上不疑故兇自不敢近爾

一百二十五

不佞聞之少吳沈公曰予嘉靖乙未登榜官刑部郎時代巡行部湖州覈事送鄉士夫各廩米或三升或五升未有折銀至兩數者後不知何年折銀始逮不佞宦江右行撫建廣

三府各縣庫藏俱造冊送道查考唯撫州什宦最盛内開借支其項銀一百两送都御史陳玠蓋陳時為御史大夫也自陳以下有差縣官但知奉代巡命不知　朝廷有法顯此守巡二道或濫用銀两府縣亦借支應命陞任去懇代者以詞狀紙贖抵補此不知出何令甲載何典籍皆時事大舛處可笑可笑

一百二十六

清江楊遡川標道長自東廣巡按歸其子帶馬尾巾遡川到第之次日手除其子巾裂作

六七硯惡其侈也時淦邑春元朱謹吾與楊兒女親余詢之曰公用何禮訪楊曰用二十盒予以為盛禮矣細訪二十盒者即予鄉所云果壘雜置蔬果葷物在内外佐酒一小瓶置主人廳事酌之猶云接風也若三吳間親家作代巡時不知禮盒幣帛到恁田地

一百二十七

宋儒曰立朝以忠厚正直為本忠厚而不正直其失也怯正直而不忠厚其失也絞二者相濟方是假如親戚故舊在家在官皆有之

但事關朝廷便有箇法全任已意不得吾桐萬曆間吏盜老庫銀三千餘兩邑令因撫臺同鄉倖止罷官去這故縱如何說得是忠厚

一百二十八

太宰周恭肅公用吳江人其人品卓偉鄭端簡公曉稱之見吾學編及今言第恭肅墓文出徐文貞階手筆謂其卒京邸貧不能殮則未必然恭肅居爛溪去余家六十餘里其家豈不能殮者哉甚矣墓文之不可信也孝子慈孫甚不必為祖父做這一大件說謊事

一百二十九

同邑錢槐江公貢先人遺業頗厚弱冠即登鄉科家無修靡之習入其室多聞紡織聲見子數人居恒衣布令侍御夢得垂髫相見寒暑未嘗紬葛也令新建治行卓異蒙内召僅轉工部郎榷蕪湖稅除弊剔蠹迄今人稱薦靖焉仕宦衣布之家東南不多得余至雲間訪徐文貞公階蒙出諸孫揖俱穿青布短衫長公璠確守父前子名之禮

一百三十

陽明先生天資逈絶學問又到看他一部全集說出話來便徹頭徹尾明白易曉宋儒若不到處便令人囬頭細想不來即如李延平先生令學者想喜怒哀樂未發前氣象不佞清夜也曾想來前之一字總不如時字為妥只有箇喜怒哀樂未發並無未發之前更求以前便無下手做工夫處曾與沈鏡宇許敬庵相質二公不以為然

一百三十一

一唐先生曰志於道德者功名不足以累其心

志於功名者富貴不足以累其心古人有此品第今日連志於富貴的人看來也少門人問曰何謂也先生曰苟志于富貴則凡可守其富守其貴者無不實下工夫此方是志今但慕富貴而不盡其道却與無志同爾眼前有一大老庶幾能志于富貴但不敢指其人

一百三十二

烏程令李公橼江西豐城人居官奉法循理事上不諂不傲與士夫處無炎凉態氣度豁如也其最可法者遇人命不輕檢驗先拘兩

造鞫審事屬可處委曲俯就若深冤大讐必欲執命不得已而後檢驗加焉嘗言檢屍與凌遲不異上干天和慎毋輕忽至於破家蕩産又是第二件事此仁人之言有司之上乘也

一百三十三

稱人之善固是美事然為一方撫按則自有公論在不得以私意過揚如有六七分好處褒美至八九分這不失為厚道若到十二三分便入已而失之矣不佞一日在省中閲河

南巡撫薦一二司語云學貫天人才兼文武不佞大咲同官問故不佞曰可惜王陽明先生不在這八箇字加在他身上去可作千載公案

一百三十四

湖郡庠教授萬先生鳳宣城人自縣令謫之任未久奉府檄試本庠遺才生公嚴搜檢封鎖各門甚固具飯飯諸生不許自餽有生自餽痛懲其家僮生跪謝罪不少貸時録不佞為首初未嘗識面也他生有以厚賄干進悉

却之將赴山西典試差人促不佞見既見不佞欣然曰吾子必中矣及秋卑如先生許先生次年署邑率以峭直取罪士大夫罷官去然其能舉傳士職則迥非流輩可及也

一百三十五

同年余曉山任湖廣某府推官下官舫見一上司留茶門子侍彼此交談良久呼接鍾不應疑睡也再呼之不應視之則目瞑而死矣前此無疾亦未嘗被刑也立而死奇哉若無本官在船則舟中之人鮮不受執命之累矣

司刑者所以全要虛心細問不必一人死定求一人抵命也

一百三十六

藺相如全璧歸趙請秦王擊缶何等氣槩却能屈志於廉頗鴻門之會樊噲擁盾而入曰臣死且不避卮酒安足辭卒衛沛公于灞上郭子儀單騎見虜李沆引燭焚詔韓琦調和兩宮皆百代豪傑過人事清夜內省如何學得他一二分來良可深媿

一百三十七

人把地位自高便須思堯舜孔顏把功業自高便須思伊吕周召若把舉業文字自高便須思唐荆川瞿昆湖二先生自高之念一時不覺降伏了

一百三十八

莫謂武夫悍卒終不可以禮義束縛不佞令塗四川總兵郭成帶兵數千自两廣西下沿途縣驛皆謹閉城門兵欲市魚米無從也責以擄掠之罪　不佞備最豐下程先拜郭郭見不佞而異之又出示各兵不許夾帶兵

器欲市魚米者任入城不禁而城門亦設武備不踰時兵得其所大悅順流而去

一百三十九

戊辰余成進士靜臺先生呼余曰臨川今喜發高科矣汝素貧若二十年後脫此貧字方是好人若十年内即脫貧字非予所望于臨川也先生數言最宜深味先生初姓沈後復杜姓官工部主事榷稅荆州自常俸外秋毫無取環堵蕭然饔飧常不給海内講學名流

真切罕有儷先生者

一百四十

施南石太學閔文川都事一日不相期俱下顧不佞兩君年相若閔讓施不敢列坐余問故閔曰南石公先人之社友也余嘆羨其厚而知禮焉已而陳繡山先生於不佞同社年最高其長郎與不佞年相若也遇不佞亦執子弟禮豈吾湖清遠獨存古道至是耶

一百四十一

不佞僉閫憲駐延平而順昌者延平屬邑也

地方傍佛之徒流言真武顯靈欲新廟宇一時進香祈福者不遠千里捨施頗鉅至沿途設酒食肆馬邑令報聞據功德疏簿銀九三千四百餘兩錢凡數萬幾千刻期蓋殿

不佞差楊同知詣彼處勘實回報具如邑言不佞親作告示内稱真武靈應本道素所崇信蓋殿鉅工豈可無主擅興擇某月某日俟本道躬拜建豎命同知收功德簿暫將銀錢悉貯縣庫其木料行縣收管真武像送入別寺安置沿途開肆之人僅免治罪悉令拆卸

事始解散而地方迷惑大破矣若先期急處則此數千金者必瓜分以資棍徒之欲公府安得而有之且左道惑衆其咎非余而誰諉也

一百四十二

嘉興知府楊公繼宗在郡值歲旱公虔禱於城隍神雨弗應乃用鐵鏈與神同鎖項居雨應始解

一百四十三

近世富貴之家子弟懶惰雖自己作文字亦

用家人謄真此通弊也江右同年友熊君瑞與余同觀政禮部每暇日輒借諸同年會試卷親手楷書之予問其故曰將以貽子孫輩讀之也其勤約如此熊南昌人

一百四十四

余游會稽飲同年家席間宋春元楷談子陵先生關雲長公事曰子陵不事王侯高尚其志人亦有做得的只是加足於帝腹勉強做不來明燭達旦世傳雲長大節然少知義理者或可為之唯斬貂蟬一節非有大識見大

氣槩舉手便軟了此二事真三代以後奇絕
事也

二一百四十五

居官最害人的是舊規二字董子云繼治世者其道同繼亂世者其道異夫繼治則舊規是好的不會害人殺人何須更改如其繼亂必如拯溺救焚唯恐不速或量度事勢漸漸更新可也往往見賢人君子在官亦不免因仍苟且之病然則河伯娶婦西門豹何以連枝二三人於水斷絕病根且不聞河伯作祟

彼豈獨無仁心者只為這病根大不得不下此毒藥余初令淦吏書動言舊規余每細細解之曰這是積弊不喚作舊規行之年餘方纔改悟嘗書對聯於堂柱曰敢曰今人行古道秖憐積弊作成規不敢自以為名言然同志者闚亦有取而亮其不欺也

一百四十六

姚溪施運同名可大祖號隣溪年六十餘鬚髮皤然矣與客對坐時有族叔在襁褓中者乳母抱而過焉隣溪忽屹立客問曰何故荅

曰家叔抱過此成弘間人物而又深於詩禮者鍾祥毓秀曾孫聯登甲科者二人

一百四十七

都門故事每朔望門生在官者率往師門投刺予與山西李晉峰尚思俱同麓余先生門人也每往見晉峰刺必出諸袖中蓋止僱一皂帶馬與無一僕可持刺函耳余心服而識之晉峰後選吏部官至都御史先是以解首上春官子永培亦已卯解首

一百四十八

四明某進士為諸生貧時娶室七月而舉子其父納義媳之譖以為孕而嫁也強進士出之後連生子皆七月進士父子始悔之然已無及矣天下之事以急而敗者十常八九此之謂與

一百四十九

韓昌黎河南孟縣人孟即古河陽也嘉靖隆慶間屢有小人欲發先生之墓者纔發即聞雷電聲自穴下起震懼不敢動豈先生為有唐一代正人英靈常在非小人之所能毀耶

一百五十

余訪年家凌藻泉公公語予曰昨試小孫輩以文論其論題曰文帝脩代來功孫以告其師師杭州屢試高等生也訝曰漢時止有未央宫何曾有代來宫盖不知代來為何事可發一長笑秀才名為讀書只學做幾句文字全不看史大都若此予在京邸述以告督學使滕公公然之至浙試生儒必先出于史題作論次出書經

一百五十一

里中陳先生觀號桂月竹、、先生之父也弘治壬子中浙江鄉試時未有報捷者先生亦無家僮歸報越三日撤鹿鳴宴回有一大紅旂上書魁字時亦未聞有旗帳也弘治壬子迄今八十餘年耳〻一變而童生進學報者接踵古今風俗淳澆之懸絶可慨矣哉一日語沈鏡宇亞卿鏡宇曰家叔祖嘉靖元年中式時亦不報

一百五十二

吳江曹桐、、先生詩文高古畫筆尤善年九

十二而卒人言先生恃脾氣旺食角黍過多令一女婢揉其腹因而私之故卒私婢事在曖昧傷食或誠然也予師唐先生曰盡其道而死者為正命顏子三十二而卒却是正命曹公尚有欠缺處

一百五十三

吾湖沈巽洲先生工部亞卿鏡宇公之封翁也家教甚嚴子孫畏憚每夜膳畢子孫俱集燈火下聽教必至深更寒暑無異一日李子過訪留飯先生安席鏡宇公居長執杯箸送

先生主賓相對自始至終時先生四子俱侍並不聞一字出聲其家法如此可敬可法

一百五十四

吾桐邑同知莊先生其家居懿行不可悉知一日先生出遊遺被褥於舟内其僕輩無知而誤用馬先生怒甚至焚被褥而後罷此於人情似覺暴殄然較之猫鼠同眠之人其賢不肖亦天淵矣

一百五十五

萬曆己卯秋試闈諸生在會省者率不衣不

冠行于市予訝其事歸以語姪輩姪輩曰不足為異也吾浙二十年來已然矣余未之信歷詢士友一辭深為士風世道發慨同人道於牛馬自云晋朝人物如此竊恐晋朝亦未必然督學先生旣身其官焉得辭其責也

一百五十六

余觀政禮部高南宇先生儀為大宗伯時進諸進士于火房而教之曰揖之與躬躬淺而揖深易辨也今人躬深不異于揖自謂謙恭殊失禮意

今乃減歲入録何以傳子孫自嘉靖辛丑以
前無此事諸生甚不必沿習焉

一百五十七

宋仁宗朝遣一中使召翰林諭德某其人有
親故見訪却不帶家眷在衙從便於酒肆中
款洽趨命不亟上問故即以實情對無遮飾
也上復曰慎勿令科道官知之分雖君臣情
同父子今安可復得乎

一百五十八

六書之法一曰會意如疾病之疾該用失字

迅疾之疾該用矢字如此類者甚多

一百五十九

臧顧渚博士云褻裘長短右袂古人右字與有字通用恐是褻裘長短有袂宜作一句讀不然短右袂服式何以無人用他用之亦不雅觀此說雖於朱夫子有悖却似近理

一百六十

身體髮膚受之父母不敢毁傷孝之始也立身行道揚名於後世以顯父母孝之終也聖人立言甚有次第毁傷二字意義深長後人

只求顯親揚名更不問身如何立道如何行
與蒙師目孝經為童稚之書總是一般

一百六十一

唐荊川先生集中誚世人之死不問貴賤賢愚雖椎埋屠狗之夫凡力可為者皆有墓文此是實事呂南渠先生本母夫人卒先生時已為大學士矣其墓文止是本邑禮侍陳公
陛所撰未見求之當朝元老墓表行狀
誥命諭祭等文錄皆不載君子之道闇然而日章呂先生有焉

一百六十二

同門張九山楚城江陵人自為令時已號相知矣江陵入相後意欲援以為同宗而九山又在省中江陵頗注意九山落落求外補去比大參吾浙駐湖州不佞祄自江右歸田不謁郡邑公偶過禾城經皂林迂道入更下訪余劄鷄欵之劇談良久約以次日同舟至苕上明發差役屢趣同飯余赴其飯一肉外無長物也坐間呼人取神仙菜來予問何以佳名曰請兄試嘗之便見及嘗即吾鄉家常醃

菜爾此公宴客無盛設自作客亦不喜人盛設同給舍京邸每途次馬上相遇必勒馬叙話且曰久欲邑年兄一坐恨不得暇一日予訪之留坐出攢盒六器命酒皆菜豉小果計費不須銀一二分也怡然坦然两相忘其為薄殆仕宦中絶無而僅有者𢦙

一百六十三

余曾入會稽探禹穴止一僧寺其寺諸生借寓讀書者十餘人檨余僕輩所見㑹食俱用菜腐旬日或設醎魚不知有肉味也而江右

士大夫居顯官亦不忘貧賤呼蔬菜曰舊朋友可羨可羨東南讀書家若父母供給薄時不肖子弟必嗔怒子弟自治生多強勉肉食求如會稽江右茸心澹薄得乎

一百六十四

里人王雨舟濟承祖父鉅產嗜學讀書法書名刻盈寶硯樓騷人墨士日常滿座外若放浪中實介然決擇有優人乘醉呼公名辱罵家人欲詰責之公不許一日宴客召其人歌而侑觴公語家人曰我對客彼立而歌不止

辱之已公嘗用重值售古鏡一圓出以示門下客客不加意鏡墮地破其人蹋踏不勝公慰之曰吾前所云重值紿君爾鏡實兩許而致君毋芥蔕於懷也其厚德類此公遣一門客餽其壻屠子以玉牛客匿之負託他日屠子來詢之曰未嘗見也召其人詰之其人滑稽善譃袖玉牛至云向日領命送玉牛我嘗試以價屠子俗物不識也故持還爾今返汝公明知其詐不欲面叱人過大笑而罷故門客樂爲奔走自來無怨公者

一百六十五

王孝子世民金華武義諸生也父為族子所傷且死撫世民曰直之官必檢檢則骨析我是重僇我也汝孱有汝母且忍之父死而諸宗人議和捐田五十畝世民飲泣而見母以父之遺命告母曰秘之其始受田而葬汝父既受田復白母曰家幸給饘粥毋食讐遺田之入以共賦役外手籍其數扃固之歲以為常世民自是口不及父時事晝夜讀書入試補博士弟子以至婚娶舉一孺子教弱弟使

亦有成立而其於族子以兄礼礼之每召宴亦徃飲食談笑如恒時然歸必識其數幾何族子意世民且忘之然世民每歲旦即謁家祠之父主前而以兩筳篿卜之不吉則掩泣退至辛巳卜得吉乃走冶工所鑄鋼斧鐫姓名於背而匣焉日伺族子所之一日族子之隔山飲大醉囬世民於僻所袖斧揮之中項再斧其脇立死囊其首至家祠之父主前趨至縣出袖中牘誦而授之且出其藏金如干曰此讐畆所出也又出其它鏹如干曰此飲

讐費也願併畝悉以還之官於是世民之母與其弟皆來代曰某實為之世民不與也世民曰手刃讐者世民也能撫世民孤者母也代養母者弟也何代為令義之俾浮繫麗譙上具請監司檄會勘謂族子毆從父死者斬世民殺應斬之人當減徒然法必檢而後獄可成世民聞之慟曰吾所以至此懼暴我父骨也因自樓投下折足即不食而死御史聞而嗟賞下邑令為祠令請以所歸田金為材費御史曰讐金也而資之以祠孝子安乎乃

議發他贖鍰成之

又一百六十五

魯宗道字貫夫亳州人仁宗在東宮公為諭德其居有酒肆在側號仁和酒有名於京師公往往易服微行飲於其中一日真宗急召公将有所問使者及門而公不在移時乃自仁和肆中飲歸中使遽先入白乃與公約曰上若恠公来遲當託何事以對幸先見教冀不異同公曰但以實告曰然則當得罪公曰飲酒人之常情欺君臣子之大罪也中使嗟

歎而去真宗果問使者具如公對真宗問何故私入酒家公謝曰臣家貧無器皿酒肆百物具備賓至如歸適有鄉里親客自遠來遂與之飲然臣既易服市人亦無識臣者真宗笑曰卿為宮臣恐為御史所彈然自此奇公以為忠實可大用晚年每為章獻言群臣可大用者數人公其一也後章獻皆用之

一百六十六

不侫謁唐師於小廳偶有木匠在廳斲削聲響不便領教師不命匠他徙講論如故時方大暑未嘗揮扇亦不見其流汗也又一日候師師方汎小艇自村莊歸乏僮僕跟隨單衣一件師自桂于臂膊間予欲代勞師亦不允亡論師學問淵邃不可易及只此細事三件

要學他也學不來

一百六十七

顏子犯而不校先師解曰今人但知顏子不校難及不知一犯字學他不來弟子請曰何謂也師曰顏子持已應物決不得罪于人故人有不是加他方說得是犯若我輩人有不是加來必是自取所謂夫人必自侮然後人侮之也何曾是犯我輩未須學不校須先學他犯字弟子心服其言

一百六十八

嘉靖乙丑杜靜臺先生偹與不佞俱下第不佞館於董宗伯份先生館於鉞駕部鎮不佞執贄拜先生門下一日侍講席不佞不能慎言偶語及友人過差先生正色曰攻其惡無攻人之惡臨川何為如此不佞慚謝罪嗚呼末俗弟子初學為文其師鮮有加面責者此先生所以為真道學歟

一百六十九

余聞之杜靜臺先生曰宋儒有一門人素慱聞廣記詩書滿腹忽遺不如意事冗冗年餘

昔所有者盡昏憒若忘去後靜養山中久許故學旋復焉隆慶丁卯余肄業都門崇國寺覺此心頗清乃少年所讀文字不加溫習悉能通篇成誦信哉先生之言不我欺也故知學以養心為本

一百七十

溫飽富貴之家不能廢僕從勢也彼僕從求悦其主人何所不至所貴乎高明者有禮義以制之耳余有一良友同筆研最久每見其小便童子執溺瓶以玉莖入之余輒隱諷不

改此友後不果壽以明經卒逮不俟年漸長目見前事又不止二三人矣

一百七十一

余垂齠時領先贈君命嘗赴親隣之席水果不過五盤殽不過六盤湯不過三盞此喜筵也若歲朝隣人相呼坐客或五六人或八九人俱用冷殽四品以有蒂磁鍾輪飲並無一客一杯者自予猗冠以後而此風杳然不可復見矣

一百七十二

唐一菴先生自少至老與人拜帖及書啟莫不出自手筆江西新淦黃仁山歷官給事中知府予至淦公年已八十有二其親書拜帖手啟亦與吾唐先生同盖前輩持身以勤又寫字可以驗精神衰旺故其用心如此

一百七十三

余少時見一隣人施姓者於余家亦瓜葛親一日持古磁大碗問余太孺人典米數升予幼弟誤擊碎之太孺人驚懼曰此古器也彼欲原物將何以償焉越數日果持米來太孺

人以情告願加米數升抵償施怫然曰孺人何出此言我自以碗來典非汝強我也竟校原米執碎碗而去嗟乎辭受之節富貴人識者罕有况貧者乎此事若在今日則其說長矣何可湮沒不書也

一百七十四

隆慶丁夘歲大江以南流言選取宫人民間女年八歲以上者俱嫁出良賤為婚不可勝紀鎮人陸君相有女年二十衆勸從權陸曰萬萬無是事也　皇家選宫女須用北

人南人必不與選萬一吾女與選何福勝戴吾當親送入宮耳女竟以禮如期歸時俗元旦供天馬設香燭糕果名曰接天君曰吾家房子窄小何能容太上天尊遣衆不從其他賽神事一切不尊不信可以訂頑公殆賈而儒者矣

一百七十五

不倿一日對客嘆曰天下最誤人的是體面兩字客曰何也曰假如吾家間房借人住初先不察賃與做賊人或悖義逃來之人自己

先不是了至官府詰捕主人來跟尋一切聽之連忙說我家不是巳是遲了若主人要爭體面家人又貪些酒食錢財極力庇護不容勾攝掌會自云吾家體面好看殊不知外有體面內有肚腸這等都是肚腸一團私欲的話頭但知有己不知有人惡在其爲體面之好看也容笑而退

一百七十六

郡中有富翁家可萬金其父原以尅剥細民起維之以禮義滋之以寬仁猶患其弗能久

也乃縱慾不撿私其親侄之婦身不嗣姪婦之子嗣焉卒未踰年而家已蕩盡無卓錐矣君子曰天道好還寧其然乎

一百七十七

余少聞先贈君云無錫縣有一老人當除歲夕賊穿壁入其室老人起而執之則隣人子也老人不號于衆私語之曰賢侄何至此汝父與我頗厚想[illegible]貧迫不得已而為之耳贈百錢為度歲計[illegible]贈數百錢為資本頓首謝去愧不能故土[illegible]遷之他方頗有樹立越數

年買舟訪老人夜分至門外看見一人繼其門呼同舟人為撻至舟上棄之湖水而去又踰年再訪老人告以前事老人曰藉君之力多矣前死者日間曾與小兒鬧來竟不得其死踪兒倖得免施者報者盖兩付之忘言云

一百七十八

盧國之醫姓秦名越人號扁鵲漢長沙太守張機字仲景號長川公著傷寒論金河間人劉完素字守真號宗真子又有曰子和者宛人即張戴人是也李東垣元初人名杲字

明之號東垣老人有濟生拔萃十卷行于世

一百七十九

醫者意也得其方而不得其意為庸醫其害可以殺人得其意而不局於方為良醫其功足以濟世昔湖人有患食戌肉停滯者諸醫悉用消導之劑愈消導元氣愈薄停滯愈不通垂絕延周用仁治之用人參大補之劑諸醫驚愕不踰時停滯大通矣驗之皆大塊戌肉蓋食時倉忙不暇細嚼所致也周名濟明州儀鳳橋人

一百八十

萬曆五年平湖縣有一木匠其妻通於僧僧以箱籠衣物寄其家姦婦悉盜之比索止返箱籠僧訟之令令不責詰僧姦罪竟以盜寄之罪罪匠匠不堪大怒提屠豕利刃奔入邑堂先殺一皂令從後堂奔入匠追及之僅傷令一指幾死匠若發狂人不能執縛後卒升屋擒之夫令一邑之主也一事少不當於民心禍遂至此民風民情可畏哉

一百八十一

陳全蘇州人父以牙人起家積累頗富喜游蕩入南京日與諸名妓狎亦多巧智善謔家為蕩廢先是有客托千金病其家卒客子來求金隱閉不發及生全聲音笑貌儼與客弗殊也其母不知父獨自知曰索債者至矣果報之驗安可云無

一百八十二

吳江錢皓女如潔許嫁按察僉事曹公璞冢子禧禧有廢疾不能娶自願解盟錢氏不聽曹乃先娶中人之家沈氏女與居以嘗之禧

終不知夫婦之道及禧卒錢始更許烏程温氏女聞累日不食毋强之乃食止蔬食扣其故俛而不荅至温迎娶女知不免乃佯乞沐浴遂闔户更衣書于寢壁云前緣巳定禍福同當等語遂自經死年二十六遺書與其姑董求瘞曹氏墓側從之沈氏終為室女亦無二志人有勸之嫁者沈作色曰錢氏未歸于曹者尚能舍生而不改適我之歸曹久矣何以嫁為年八十五時人目之為雙烈云並蒙

恩旌表

一百八十三

婦人女子之隱行氷霜爭絜者頗多惜其不傳於人間而苦於無力奏　聞泯泯泉下可哀也予長女有乳母姚者王某之妻鄉俗催乳母約以三年為限彼意謂必限滿此是夫婦會合之期執之甚堅乃一日夫家住頗近偶出看其祖父夫摟抱求媾媾之而隨孕焉孕三月婦惶恐不勝口稱曰吾盖見老爺盖指余也連日求死者再予令女使解之曰多少做乳母者不惜廉恥汝親夫相會得禮之

正於事體何妨萬勿介意而余內人華亦數四觧慰之婦竟不從多服水銀而死予率長女殮而奠之大爲號咷云君子曰姚氏婦雖細人妻亦可以當烈婦名矣

一百八十四

婦人女子性有偏僻非人所能救藥者儘多予友施君坷其母氏囊槖不下千餘金悉以私其女若壻頌居尔子媳彬衍馬施君偕其妹氏妹夫不但不怒於言不怒於色恬愉和易終其身若忘其毋之有是蓄而付之不聞也其賢

於人遠矣易曰君子厚德載物施君以之然
而天之所以報施君良亦大且渥矣

一百八十五

侍郎少吳沈公夫人范氏予表兄嫂也予長
女出閤辱夫人來送一切珠翠文綺屏絕不
用此夫人天性夙禀不足為羨素冠平金弋
綈衣作客僅同中人婦一老婢隨身更無少
年艷粧夜與張氏媼共榻起居如如然也沈
氏後昆藉其厚庇其昌熾寧有艾乎

一百八十六

婦德閫行非出自天成則父母訓誨漸染所自來也予兄東野繼嫂吳氏靜正簡默婉委柔順事先贈君最孝自奉甚儉欵客唯恐不豐婢僕有過不見聲責平居不輕言笑言必出自真誠雖尊以訌諱弗屑也東野兄暑月當飯嫂每從傍輕扇予偶及見吝予揖傍扇弗輟也自少至老與兄未嘗有反目時仍女流上乘人物云

義米本末啓夏少府

荒鎮建館之地一河相距其東曰青鎮隸桐

鄉西曰烏鎮隸烏程不佞目擊萬曆十六年斗米賣銀一錢六分饑莩塞路正懷所以豫後之計而何公祖下車亦蒙軫念商及故不佞浼醫士方時吉對渠同鄉典舖商人勸諭幸商人凡九典俠義樂施各捐中白米二十石共得一百八十石青鎮八典計一百六十石烏鎮一典止二十石爾不佞又同舍親夏冲褒各出米三石以風青鎮居民共得一百石其烏鎮居民央耆老唐國憲王漢齡亦行勸諭竟乏好義者升合未之有也不佞以數

報何公祖相約此米萬不可報上司以滋查盤出入之弊家下貯一百石餘寄頓廒實之家數人俱不佞親故必無踈虞者不知何公祖何意報守道張老公祖張老公祖曾面諭不必申報蓋有以燭將來弊竇之微也遠常平倉既建又不知何公祖何意欲將義米入倉不佞力陳收發不便不蒙見允入倉訖一百仍貯家下何公祖亦曾令黨正出陳易新柰何黨正各行其私春時即領賣銀盤放至冬買下等雜色米充數易於浥濫即今七月

所發之米甚惡是已敝鄉大户貯米大都賣於七八月青黃不接之時何公祖奉委日多早發甚賤其貯家下九十石零以八月間發賣得銀七十六兩零照黨正賣數每石多銀二錢零此二十六年事即此可徵在官倉在民間在家下之應與不應有利無利矣夫郡邑各有疆界不幸遇災荒上司郡邑賑濟亦有疆界常平者穀賤則增價而糴穀貴則減價而糶以利民也此義米三四百石一遇災荒止可量力分救央得過之家煮粥以贍

饑民粥不給或人與米一升二升爾此不佞初意也若謂之常平則災荒時便當減價便民恐不須一日之程千石可罄況止三四伯石哉且何公祖亦幸不值災荒而去爾若值之則此三四百石之米青鎮四郊之民孰不知有此豫備也難道全以力主張混同烏鎮饑民一槩給發若一槩給發勢必相聚為亂其烏鎮可發可濟者止有二十餘石爾雖商人入典義助跡似公物然亦藉青鎮之人有此當房容商開典而後有此義米實與青鎮

米同終不可謂烏程米也本館前謂止可云義米不可云常平事理甚明今若欲移而貯之湖州烏程倉則青鎮之民粒米無望即有當路許容遇災給領竊恐遠百里而待哺闕支其驅窮民於必死可預卜者願一籌之不佞年迫七十何乃自苦求晉此米第免編倉夫可以絶其偷盜糴糶以時可以年年增米不幸而荒又可就近發賑家下所貯另為一室不混食米懸有官米之牌及寄頓民間全數以時報署以憑申道不審尊裁何如倉夫

閔朝漢曹彬虧欠米四十石九斗零望一併留神不妨以此啟抄白呈各位老公祖即求畫一高見顒俟顒俟

見聞雜紀卷之三　終

見聞雜紀卷之四

吳興李樂彥和述著
朱國禎文寧校正

皇明憲綱　凡糾舉官員生殺予奪悉聽
上命着已有　旨發落不許再劾　凡監察
御史按察司官分巡去處如有陳告官吏取
受不公等事須要親行追問不許轉委違者
杖一百　凡監察御史按察司官巡歷去處
若有官吏犯罪畏避追問故將財物婦女潛
入公廨設計裝誣沮壞風憲者並許取問實

封奏聞犯人重處財物及官婦女發有司收
問其出巡官吏仍不得自生嫌疑廻避致妨
巡歷　凡巡按御史按察司官巡歷去處但
知有司等官守法奉公廉能昭著者隨即舉
聞若奸貪廢事蠹政害民者即便拏問其應
請　旨者具實奏聞若知善不舉見惡不拏
杖一百發烟瘴地面安置有贓者從重論
凡分巡所至不許令有司和買物貨及盛張
一筵宴邀請親識并私役夫匠多用導從以張
聲勢自招罪愆　所至下學諸明倫堂生員

講說經史監察御史按察司官中坐本處提調七品以上正佐官序坐於左教授學正教諭訓導序坐於右聽講餘皆立聽布政司官下學亦同若布政司按察司官與御史一同下學御史左邊正面坐布政司官按察司官依品級右邊正面坐問荅之際教官生員不許行跪禮　獄禁所當矜恤仰本府州縣官并司獄司官常加點視督令獄卒將見禁囚人如法收禁冬設暖柙夏備凉漿合得囚糧依數支養若有疾病令醫治療不許縱令獄

卒人等尅落衣糧非理凌虐因而瘦死及将平民枉禁違錯仍具獄官吏卒名数及見監囚数開報　指揮千百户鎮撫總小旗並要撫恤軍士各令得所不許生事虐害勒取財物尅減月糧　凡係衛所去處務要高城深濠門堞堅壯如有損壞即撥軍餘修理不許怠慢常常嚴督軍士各遵紀律守禦地方不許擅離信地擾害小民仍於門禁關津守把盤詰奸細但有鄉村人民挑擔貨物柴薪等項入城貨賣不許指以盤詰為由生事刁蹬

因而勒要錢物

二

至聖先師孔子母顏氏以魯襄二十二年庚戌之歲十二月二十一日庚子生孔子於魯昌平鄉鄹邑三歲父叔梁紇卒十五歲適闕孟仲之子殺豎牛於塞關之外乃憮然而論之十七歲魯大夫孟釐子病且死誡其嗣懿子曰吾聞聖人之後雖不當世必有達者今孔丘年少好禮其達者歟吾即沒若必師之十九歲娶宋亓官氏二十歲為委吏料量平

二十一歲為司職吏畜蕃息二十四歲母顏氏夫人卒夫子少孤不知父墓問於鄹曼之母然後得合葬於防二十七歲剡子来朝夫子見而問官二十八歲又見剡子而學禮二十九歲聞師襄善琴適晉學之三十一歲齊景公遣使来聘遂適齊三十二歲在齊景公欲以廩丘之邑為養辭不受三十三歲在齊周使至言先王廟災公曰何王之廟夫子曰其釐王之廟乎公曰何以知之子曰釐王變文武之制作玄黄華麗之餙宮室崇峻輿馬

奢侈天災所宜加也既而使者報鞏王廟災公驚曰善乎聖人之智過人遠矣三十四歲訪樂於萇弘弘謂劉文公曰吾觀仲尼有聖人之表河目而龍顙黃帝之形貌也修肱而龜背長九尺六寸成湯之形體也言必稱先王躬履謙讓洽聞強記博物不窮其聖人之興者乎三十五歲自衛反魯與南宮敬叔俱適周見老聃而問禮焉既辭去老子送之曰吾聞富貴者送人以財仁人者送人以言吾竊仁人之號送子以言曰聰明深察而近於

死者好議人者也博辯廣大而危其身者好
發人之惡者也夫子自周反於魯弟子稍益
進焉三十六歲魯昭公率師擊季平子平子
與孟叔孫三家共攻公公師敗魯亂於是適
齊為高昭子家臣以通乎景公公與齊太師
語樂聞韶音景公欲封以尼谿之田晏嬰進
曰孔子盛容飾繁登降之禮趨詳之節累世
不能殫其學當年不能究其禮君欲用之以
移齊俗非所以先細民也景公曰吾老矣不
能用也遂行反乎魯三十七歲自齊歸魯見

延陵季子聘於上國季子之子死往觀其葬曰季子其合禮矣四十二歲桓子穿井得土缶中若羊問仲尼云得狗仲尼曰土之怪羵羊也吳伐越墮會稽得骨節專車使使問仲尼骨何者最大仲尼曰禹致群神于會稽防風氏後至禹殺而戮之其節專車此為大矣吳客曰善哉聖人四十三歲在陳四十四歲在魯桓子嬖臣曰仲良懷與陽虎有隙陽虎執懷桓子怒虎因囚桓子由此益輕季氏故夫子不仕退而修詩書禮樂弟子彌衆四十

六歲在魯觀於桓公之廟有欹器焉顧謂弟子曰試注水焉乃注之水中則正滿則覆夫子喟然嘆曰嗚呼夫物惡有滿而不覆者哉四十七歲定公以為中都宰一年四方之諸侯則焉定公以為司空乃別五土之性而物各得其所生之宜由司空而為大司寇由大司寇攝朝政七日而誅亂政大夫少正卯於兩觀之下五十二歲公會齊侯於夾谷請具左右司馬齊有司請奏四方之樂夫子曰吾兩君為好會夷狄之樂何為於此有頃有司

又請奏宮中之樂優倡侏儒爲戲而前夫子曰匹夫而熒惑諸侯者罪當誅請命有司有司加法焉手足異處景公懼而動歸而大恐乃歸所侵魯之鄆讙龜陰之田以謝過五十三歲爲大司寇國人謗之既而政化盛行國人誦之五十四歲言於定公曰臣聞家不藏甲大夫無百雉之城今三家過制請損之使仲由爲季氏墮三都（郈費郕）五十五歲在魯與聞國政三月魯大治齊人聞而懼陳女樂文馬於魯南高門外桓子微服往觀再三受

之君臣怠於政事郊又不致膰俎於大夫乃作猗蘭之操遂行宿于屯適衛主顔濁鄒家五十六歲在衛靈公致粟六萬居十月去衛自衛適曹自曹至宋五十七歲自宋適陳過匡匡人圍之五日甲者進曰吾初以為陽虎也遂解圍五十九歲在衛居月餘靈公與夫人同車宦者雍渠參乘使夫子為次乘夫子醜之去衛適曹又去曹適宋六十歲在宋與弟子習禮大樹下司馬桓魋欲殺之拔其樹弟子曰去可以速矣遂適鄭與弟子相失夫

子獨立郭東門鄭人有喪家之狗之誚至陳主司城貞子家歲餘六十一歲自陳過蒲有公良孺者以私車五乘從夫子靈公聞夫子来喜郊迎六十二歲靈公老怠扵政不用夫子将西見趙簡子至扵河聞竇鳴犢舜華晉賢大夫之死也臨河而嘆曰美哉水洋洋乎丘之不濟此命也夫乃還息乎鄹鄉作鄹操以衰之遂反乎衛主蘧伯玉家六十三歲自衛之陳自陳遷扵蔡自蔡如葉葉公問政夫子曰政在来遠附邇時宰予在楚楚昭王欲

以安車象飾遺夫子宰我曰夫子無以此為也時齊有一足鳥飛集於公朝舒翅而跳齊侯怪之使使問之夫子曰此鳥名商羊水祥也頃之大霖雨水溢泛時楚昭王渡江有一物觸王舟使使問之夫子曰此萍實也其甘如蜜吳伐陳楚救陳軍於城父聞夫子在陳蔡之間楚使人來聘夫子將往陳蔡大夫謀曰楚大國也來聘孔子孔子用於楚則陳蔡用事大夫危矣乃相與發徒役圍夫子於野不得行絕糧從者病莫能興夫子講誦絃歌

不衰子路子貢顔淵侍於是使子貢至楚楚
昭王興師来迎然後得免昭王欲封書社地
七百里令尹子西沮之昭王乃止於是自楚
反乎衛六十四歲衛君欲得夫子為政不果
六十六歲夫人亓官氏卒六十七歲伯魚母
死朞年而猶哭夫子聞之曰嘻其甚也孔文
子將攻太叔問策於夫子辭不知退而命駕
而行會季康子逐公華公賓公林以幣迎乃
歸魯作五陵之歌是時周室微禮樂廢詩書
缺乃追迹三代之禮序書傳上紀唐虞之際

下至秦繆編次其事古者詩三千餘篇夫子去其重取可施扵禮義凡三百五篇晚而喜易序彖繫象說卦文言常編三絶六十九歲子伯魚卒七十歲在魯哀公館焉問政七十一歲哀公春狩大野獲獸以爲不祥仲尼視之曰麟也反袂拭面涕泣漣洏 曰吾道窮矣乃因史記作春秋其文約其指博吴楚之君自稱王而春秋貶之曰子踐土之會實召周天子而春秋諱之曰天王狩於河陽推此類以繩當世貶損之義在位聽訟文辭有

可與人共者弗獨有也至為春秋筆則筆削則削游夏之徒不能賛一詞七十三夫子病子貢請見夫子方負手曳杖逍遥於門歌曰泰山其頹乎梁木其壞乎哲人其萎乎既歌而入當户而坐子貢聞之曰泰山其頹則吾將安仰梁木其壞哲人其萎則吾將安放夫子殆將病也盖寢疾七日而没乃哀公十六年四月乙丑哀公誄之曰旻天不弔不慭遺一老俾屏予一人以位煢煢予在疚嗚呼哀哉尼父葬魯城北泗上弟子及魯人往從冢

而家者百有餘室因命曰孔里今名孔林

三

復聖孟子名軻字子輿生三歲喪父母仉氏有賢德初舍近墓孟子嬉戲爲墓間事母去舍市又嬉戲爲賈衒事母曰非所以居子也遂徙舍學宮之傍孟子嬉戲設俎豆揖讓進退母曰此可以居子矣稍長就學歸母方績問曰學何所至軻曰自若也母以刀斷織軻懼自是旦夕勤學請見子思子思敬而悅之既娶將入私室其婦袒而在內孟子不悅遂

去不入婦辭母而求去曰竊聞夫婦之道私室不與焉今者妾竊惰在室夫子勃然不悦是客妾也婦人之義蓋不客宿請歸父母母召軻責之軻遂留婦道既通適梁見惠王又去適齊宣王以爲上卿孟子處齊擁楹而嘆母詰之對曰道不用於齊願行而母老是以憂也孟母曰婦人之禮精五飯冪酒果養舅姑縫衣裳而已故有閫内之脩而無境外之志少則從父母嫁則從夫夫死則從子禮也今子成人也而我老矣子行乎子義吾行乎

吾禮子何憂乎孟子乃去齊適梁惠王不果用退而述唐虞三代之德仲尼之意作孟子七篇今鄒縣四基山有孟子墓

四

天目山高三萬六千丈廣八百里其巔有千丈峰千丈岩東南有瀑布下注匯爲蛟龍池東南一峯曰翔鳳林上有平地方一千五百尺東西峯各有天湖如天之兩眼故曰天目湖中有異形之魚當是潛龍也産有龍鬚草靈壽藤天目東峰從臨安入踈豁可行高峰

和尚道場在馬西峰從孝豐入深僻不易山中寒氣早嚴山僧至九月即不敢出冬来多雪三月後方通行上有紫陽觀梁大同五年建昭明太子勒碑記當時恩獎之盛傍有石室可容千人

五

成湯問於伊尹曰壽可為耶尹對曰王欲之則可為不欲則不可為也湯乃益勤修德政以逐天休年百餘歲而崩　周公相成王使伯禽代就封於魯公誡之曰往矣子無以魯

國驕士吾文王之子武王之弟成王之叔父也又相天下吾於天下亦不輕矣然一沐三握髮一飯三吐哺猶恐失天下之士吾聞德行寬裕守之以恭者榮土地廣大守之以儉者安祿位尊盛守之以卑者貴人衆兵強守之以畏者勝聰明睿智守之以愚者善博聞強記守之以淺者智夫此六者皆謙德也

師尚父陳於武王敬勝怠者吉怠勝敬者滅義勝欲者從欲勝義者凶　鑑之銘曰見爾前慮爾後盥盤之銘曰與其溺於人也寧溺

於淵溺於淵猶可游也溺於人不可救也楹之銘曰毋曰胡殘其禍將然毋曰胡害其禍將大毋曰胡傷其禍將長杖之銘曰惡乎危於忿懥惡乎失道於嗜慾惡乎相忘於富貴矛之銘曰造矛造矛少間弗忍終身之羞予一人所聞以戒後世子孫

六

周封箕子於朝鮮朝鮮云者以其在東先見海底日故名秦屬遼東漢初燕人衛滿據其地武帝平之置真番臨屯樂浪玄菟四郡漢

末公孫度幷有其地晉永嘉之亂扶餘別種酋長高璉入據其地稱高麗王居平壤城始列化外唐征高麗拔平壤置安東都護府其國東徙距鴨綠江千餘里五代唐時王建代高氏闢地益廣建都松岳以平壤爲西京其後子孫遣使朝貢於宋亦常朝貢遼金歷四百餘年其主未嘗易姓元至元中西京內屬置東寧路總管府畫慈嶺爲界本朝

太祖高皇帝洪武元年遣符寶郎偰斯奉璽書諭其國王二年國主王顓上表賀卽位正

東偏北日本雖朝實詐即古倭奴國東西南
北相距萬餘里國主世以王為姓臣亦世官
唐咸亨初惡倭名更號日本
太祖高皇帝何等威靈倭無歲不擾我海上屢
遣公侯都督重臣議防議戰今安可以易視
嘉靖間大賊如汪忤瘋徐必欺毛醢瘋魏純
楊淮顧文明等為害屢年今日不知海上防
患區處之策如何

七

守溪王先生五湖記曰吳郡之西南有巨浸

馬廣三萬六千頃中有山七十二襟帶三州蘇湖常也東南諸水皆歸焉其最大者二一自寧國建康等處入溧陽迤邐至長塘湖并潤州金壇延陵丹陽諸水會於宜興以入今寧國建康之水不由此矣一自宣歙天目諸山下杭之臨安餘杭湖之安吉武康長興以入而皆由吳江分流以入海一名震澤書所謂震澤底定是也一名具區周禮職方揚州之藪曰具區山海經浮玉之山北望具區是也一名笠澤左傳越伐吳吳子禦之笠澤是

也一名五湖范蠡乘舟出五湖口大史公登
姑蘇望五湖是也五湖者張勃吴録云周行
五百里故名虞仲翔云太湖東通長洲松江
南通烏程霅溪西通義興荆溪北通晉陵滆
湖東連嘉興韭溪水凡五道故謂之五湖陸
魯望云太湖上禀咸池五車之氣故一水五
名然今湖中亦自有五湖曰菱湖莫湖游湖
貢湖胥湖莫釐之東周三十餘里曰菱湖其
西北周五十里曰莫湖長山之東周三十餘
里曰游湖沿無錫老岸周一百九十里曰貢

湖胥山之西周六十里曰胥湖五湖之外又有三小湖夫椒山東曰梅梁湖杜圻之西魚查之東曰金鼎湖林屋之東曰東皐里湖而吳人稱謂則惟曰太湖云

八

薛方山先生舜紹堯論曰夫天下大矣生民衆矣而生生之道乃繫於一人之身其責任不大艱難矣哉余觀尚書載堯咨四岳以巽位而自叙在位七十載蓋言耄期倦勤非避難也四岳自言德忝帝位而師錫有鰥在下

之虞舜蓋言責之難稱而唯有德者斯足以當之非故以難事累舜也其時之人心氣象如何哉故許由善卷之徒當時目爲避難之士而彼亦不自以爲高也後世視君位爲富貴尊榮逸樂之具而失上天生民之初意於是莽操懿温之徒紛紛接跡於天下而上古之逃隱者斯擅其高矣

九

摘吏部侍郎兼學士馮公琦萬曆辛丑會試録序

高皇帝神聖兼總條貫至風厲學官齊一統類
萃萬世之耳目而懸之一鵠獨禀於紫陽之
訓詁夫宋儒之訓詁豈必千慮無一失然而
王制也即今為之新說者豈必千慮無一得
然而非王制也先王所是著為令士安得倡
異說以自弛於維結之外乎臣與諸臣奉
詔旨取士即明與諸士約離經旨棄傳註恭
用釋老者皆置之令既具壹意禀尺幅從事
而諸士習詭異者且數年舍故步而從臣一
日之約宜不能盡雅馴臣亦士耳寧不相體

其文醇亟收之醇而不能無小瑕亦收之然而上駟當中駟矣其在繩墨之外即絶塵而奔棄不錄此非臣負士士負臣非負臣負王制也

十

鄭端簡公教子曰膽欲大心欲小志欲圓行欲方大志非才不就大才非學不成學非記誦云爾當究事所以然融於心目如身親履之南陽一出即相淮陰一出即將果蓋世英才皆是平時所學志士讀書當知此不貽世

之能讀書能文章不善做官做人者最多也

十一

宋倪文節公思歸安人經鉏堂雜記云釋氏論十不善業身三殺盜淫意三貪嗔癡而口業居四妄言也綺語也兩舌也惡口也故人於口尤不可不慎

賤而謙卑未可貴貴而謙卑斯可貴矣貧而儉約未可貴富而儉約斯可貴矣衣食有餘而能知足未可貴衣食粗給而能知足斯可貴矣血氣已衰而能絶欲未可貴血氣未衰而能絶欲斯可貴矣

晝扇不如𠂢扇，錦綺不如布帛，巨艦不如輕舟，高堂不如低屋，金寶器物不如磁瓦，麗妻艷妾不如中等之姿，食前方丈不如隨分蔬菜。　或問生死，曰晝夜；或問今生來生，曰今日來日；或問淨土，曰清淨慈悲；或問地獄，曰貪濁忿怒；或問快樂，曰知足；或問尊榮，曰無求；或問報應，曰形影；或問久長，曰如常；或問享福，曰無禍；或問壽考，曰不朽。　晉元帝初渡江，以酒廢務，王導諫之，遂覆杯終身不飲。非有絕人之識、剛斷之資，孰能與此。

十二

書曰必有容德乃大必有忍乃濟君子立心未有不成於容忍而敗於不容忍也容則能恕人忍則能耐事一毫之咈即勃然而怒一事之違即憤然而發是無涵養之力薄福之人也是故大丈夫當容人而不可為人容當制欲而不可為欲制觀晝師德丙吉之為人則氣自平而理自明矣　以言譏人此學者之大病取禍之大端也　稠人廣坐之中不可極口議論逞己之長非惟惹禍抑亦傷人

豈無有過者在其中耶即議論到彼則彼不言而心憾如對官長而言清則不清者見怒對朋友而言直則不直者見憎彼不自責其将我有意而爲之矣彼或禍我我能免乎惟有簡言語和顔色隨問即荅庶幾可耳　人之病在乎好談其所長長於功名者動輒夸功名長於文章者動輒夸文章長於游歷者動輒夸所見山川之勝長於刑名者動輒夸讞獄之情此皆露其所長而不能養其所長者也惟智者不言其所長故能保其長　張

九齡以功名忠義奮振一時可謂君子矣然或者謂其處士大夫之有辜者必致窮絕之地以故一念不仁所以無嗣人心之不可不仁如此

寶器珍玩不可示之於權勢之人古琴名畫不可夸之於貪污之士一經其目則動其心既動其心必索之於我矣有識畏禍者與之可也不然由物生禍其能逃哉

大凡君子之生於世也不可有過言過言非吉道也何也其瑕易露也吾有么麼之清動欺以包拯之清夸人吾有么麼之德動輒以

顔子之德矜已一有微瑕則衆人指而責之矣殊不知清者已之職分所當爲德者天性之所當率豈可以此而驕人哉往往清者爲人所汚德者爲人所敗職此之由也　險人之前不可語人之陰私奸人之前不可論人之機巧我一時言之彼一時聽之言之者固不爲難彼聽之者蓄之於心而不忘矣險者資其陰私以爲訐本奸者用其機巧以爲利基豈不楨人害理之甚哉以上俱載筆疇

十三

商伊尹壽百二十歲見竹書紀年周太公壽百四十歲見金石錄漢竇公本魏文侯樂官至漢文帝時二百八十歲見懷瓘書斷魏羅結壽百二十歲見北史唐李元爽一百三十六歲見白樂天集蜀范長生先事劉玄德至李特時一百三十餘年宋譙定一百三十餘歲猶橫經授易見蜀志則彭祖之壽非誣也

導筋骨則形全剪情欲則神全靖言語則福全　元倉子格言

視而不見聽而不聞非真不見不聞也見不起色雖見而似不見聽

不出聲雖聞而似不聞必也見超乎色之外始謂之明聽出於聲之外始謂之聰汩沒於聲色之中者謂之聾瞶超脫乎聲色之表者謂之聰明　日光之白曰皜月光之白曰皎男子之白曰皙女子之白曰皉老人之白曰皤草華之白曰葩雪霜之白曰皚鳥羽之白曰翯以上載秇林伐山　東方朔曰推甲乙之帳幡之於四通之衢帳多故以甲乙第之堯舜飯土簋盛飯器歠土鉶盛羹器皆燒土爲之　漢帝坐宣室宣布政教之所也或曰

室在前殿之傍齋則居之　太公為周立九府圜法周官太府玉府內府外府泉府天府職內職金職幣皆掌財幣之官故曰九府圜均而通也　椎埋謂椎殺人而埋之　轀輬車車有窗牖閉之則溫開之則涼天子所用漢以其車載霍光柩　報睚眦眥然舉目相忤者即報之　抗䟐抗舉也謂上之也䟐者䟐條其事而言之　三秦章邯為雍王司馬欣為塞王董翳為翟王分王秦地故曰三秦縣官東平王宇曰今縣官年少不敢指斥成

帝故曰縣官　緡錢緡絲也以貫錢也千錢爲一貫　跅弛之士　跅音㡯士行有卓異不拘俗檢而見黜逐也　緩頰徐言引譬喻也

執金吾金吾鳥名主辟不祥天子出行職主先導以禦非常　戊巳校尉甲乙丙丁庚辛壬癸皆有正位戊巳居中以鎮四方官設於西域撫四夷也　五兵矛戟弓劍戈　計然者濮上人博學無所不通尤善計筭嘗南遊越范蠡卑身以事之　籧篨口柔觀人顏色而爲詞佞也　首級斬敵一首拜爵一級

級謂一首爲一級又生獲一人爲一級 三尺法以三尺竹簡書法律於上也 古者天子嘗以春解祀祀黄帝用一梟破鏡梟鳥食母破鏡獸名食父黄帝欲絶其類故使百吏祠皆用之 解罪求福曰解 鴟夷形如榼可以乘酒多所容受而可卷懷吳王取馬革爲鴟夷受伍子胥沉之江 藝文志八體一大篆二小篆三刻符四蟲書五摹印六署書七殳書八隸書 漢二府謂丞相府御史大夫府 文帝身衣弋綈弋皂也 九流儒家者

流道家者流陰陽家者流法家者流名家者
流墨家者流從橫家者流雜家者流農家者
流小說家者流諸子十家其可觀者九家而
已 申生雉經晉獻公嬖太子申生乃雉經
扵新城之廟蓋為俛頸閉氣而死若雉之為
樓櫝小棺也給流民不能自葬者 貫高
絕亢而死亢即喉嚨也 樵蘇後爨師不宿
飽 樵取薪蘇取草飲泣淚流被面入扵口也
句吳於越 句音鉤夷俗發語之發聲也亦
猶越為扵越爾從無典故 三楚江陵為南

楚吳為東楚彭城為西楚　琴本五絃曰宮商角徵羽文王增少宮少商故有七絃　太公六韜一霸典文論二文師武論三龍韜主將四虎韜偏裨五豹韜校尉六馬韜司馬　六丁謂六甲中丁神也　封君達服黃連五十餘年入鳥舉山又服水銀百餘年竟成仙常乘青牛出入又號青牛道士　玉搔頭漢武帝遇李夫人就取玉簪搔頭自後宮人搔頭皆用玉　牛黃味苦無毒牛出入呻者有之夜有光走角中牛死入膽中如鷄子黃神

農本草曰能療蠱癎除邪逐鬼　金蠶晉永嘉末發齊桓公墓得水銀池金蠶數十箔　折角巾郭林宗嘗於陳梁閒行遇雨墊一巾角時人乃故折巾一角號林宗巾其見慕於人如此　蔡侯紙蔡倫用樹膚麻頭及敝布魚網舂以為紙帝善其能故天下稱蔡侯紙倫漢人　三輔京兆左馮翊右扶風共在長安中分領諸縣　詩有三家魯人申公受詩於浮丘伯號魯詩齊人轅固生傳詩號齊詩燕人韓嬰為韓詩外傳號韓詩又趙人毛萇傳

詩故曰毛詩　大酺漢律三人以上無故群飲罰金四兩恩詔横賜得令聚會飲食或三日或五日曰大酺酺布也　太白星天之將軍唐詩常用之　内學謂圖讖之書其事祕密故曰内　太白經天太白少陰之星以巳未為界不得經天而行經天為不臣之象今至午是為經天也　八行見馬融與竇章書書雖兩帋帋八行行七字　五星東方歲星南方熒惑西方太白北方辰星中央鎮星任城何休好公羊學遂著公羊墨守左氏膏

肓穀梁廢疾鄭玄乃發墨守鍼膏肓起廢疾休見而嘆曰康成入吾室操吾矛以伐我乎以上載兩漢傳聞

十四

矜己之能非智沒人之善非仁攻人之惡非勇唯忠恕之道可以永譽博奕之交不日飲食之交不月勢利之交不年唯君子之交可以終身

相國池烏程令李晤誕相國李紳於縣署幼美之歲墜於治廨之東池逾數刻若有物翼出故名

消暑樓在郡南子城上

今四城唯南樓尤敞蓋其遺也牧之佐宣城
時来訪郡公崔元亮題詩有時陪庾公賞之
句　金婁樓在魚脯之東金漊好道築樓以
居遇異人得太乙養元之道後因尸解有過
洞庭者見之魚脯貢魚脯於此脩製　清容
軒在慈感寺鄞袁桷字伯長號清容居士與
趙子昂交讀書於此　孺山漢徐孺子哭友
人姚元起於此山下有孺子祠紹興中重脩
江都唐法記　鄭端簡公荅汪春谷書自古
亂天下者貪夫暴夫讒夫而讒夫之禍烈于

貪暴吁可畏也邇来寵賂公行官邪政亂小民苦於貪酷迫於徭賦困於饑寒相率為盜理固宜然不塞其源而徒事軍旅亂反殷爾况軍旅又未足恃乎

荅問御史書遄歸有期例應事竣舉劾代巡之政莫此為大願留意焉悶悶者或有裨於細民皦皦者或無裨於實事循良者或未盡出科甲貪殘者或非皆由異路門下照臨罔私諒無遁情矣今日御史馬頭未出都門而腹中已盈薦獎大約甲科易上而鄉貢終難以表見柰何豪傑不

解體而孤寒者不日志於橐裝乎　戎政之
名　肅皇帝所定罷團營仍復三營曰五軍
曰神樞曰神機即三大營也設總督武臣一
員協理戎政文臣一員給戎政之印華內外
文武提督官　陽明先生曰勿爲嬰兒之態
而有丈夫之志勿爲終身之謀而有天下之
慮不求人知而求天知不求同俗而求同理

十五

皇明遜國臣浙江凡二十三人

文學博士方孝孺字希直一字希古台寧海

人
兵部侍郎徐垕字宗實黄巖人靖難後杜門
終老家覆没于京師
户部侍郎盧迥或曰盧珙仙居人縛就刑長
謳而死
都御史陳性善名復初以字行山陰人洪武
十八年進士靖難後　成祖縱之歸性善衣
朝衣躍入河死
太常少卿盧原質寧海人父中母方孝孺姑
也洪武二十一年進士第三人靖難後召見

不屈死

左拾遺戴德彝奉化人洪武二十七年進士第三人靖難後不屈而死

翰林修撰王叔英字原采　成祖登極治姦黨妻金安人繫獄死二女赴井死有貞烈祠在黄淡縣上

給事中龔太字叔安義烏人洪武十九年鄉薦

監察御史葉希賢或曰浙東松陽人洪武間舉賢良方正

監察御史鄭公智字叔貞台寧海人坐方黨論死

工部尚書嚴震直烏程人起家布衣建文遜位後奉使安南遇建文君於雲南悲愴吞金而死

僉都御史程本立崇德人今析桐鄉改江西副使未至任聞 成祖入南京自經死

按察僉事林嘉猷名昇以字行臨海人以遜黨論死

鳳陽知府徐安鄭人洪武中人材累官濟南

知府謫戍雲南
劉環字仲璟其父文成太師也　成祖登極
詣闕猶稱殿下且曰殿下百世後逃不得一
篡字詔獄自經死
蕭縣知縣鄭恕字本忠仙居人靖難兵攻破
蕭縣恕死之
吏目鄭華字思孝臨海人洪武十八年進士
建文元年謫東平州吏目靖難兵至長吏棄
城走華率吏民力守救援不至不食五日而
死

梁田玉　梁良玉　梁良用　梁中節俱定
海人同族同仕一朝棄官去有爲僧者有寓
市肆者有爲舟師者其効忠守節則一爾
侍郎學士王景字景彰松陽人洪武初起家
教諭山西叅政謫雲南靖難後晉學士時言
建文君崩　上問景葬禮景頓首曰宜用天
子禮　上從之
翰林侍講樓璉字士連金華人　成祖命草
詔璉惶懼不敢辭歸而自經死

程公本立字原道號巽隱河南伊川程先生之後初以明經薦爲　秦周二府引禮舍人被累改雲南郎甸長官司吏目徵入翰林纂修

高廟實録晉左僉都御史爲舍人時事貴戚之主能匡廸以正不少詭随在雲南餘九年當王師初靖遺孽尚驕而能周旋其間懷柔撫字約束以情人至於今德之應天尹向瑤學士董倫皆以學問優長守身廉潔薦於朝及涖史職入憲臺則又公筆削肅臺綱暨華除

時卒擯以死嗚呼非涵養之充見明守定而在夷狄在患難能以炳炳朗朗不隳其操如此哉士有竊一善以自名値幸會而爭奮及其流離顛沛輒改其素者比比皆是噫不哭之孩孰不能抱於是見都憲所就眞足以敦薄夫詔来裔英聲義氣凛凛乎若存矣都憲既卒家益落至其孫寛始稍自振治田築廬以耕鑿爲事循循有宦家風鄉里以善人目之寛子庠生山嘗掇拾遺稿得詩及文共若干首帙藏于家請序於予予既祀三先生於學

徐綱貝瓊及公也朔望叅謁思其平生而追踵焉何幸又見其心聲之存哉其文平易典實不事剽刺詩莊重非騁奇鬬妍者之比

國朝渾厚之制猶可想見讀其集儼然正人碩士之在側也方今持文柄以崇雅黜浮為意則是丈詎可少哉

弘治乙丑知桐鄉縣事莆田李廷梧序

巽隱集載桐溪古蹟

雪佛碑　天花墮虛空平地忽三尺異哉西方神現此水精域胎非託摩耶意象亘刻

乃贍白玉相安用黄金飾一洗熱惱心悉休
清淨力紅日起扶桑終焉化無跡其無本非
空其有亦非色君看東逝波滄海不可測我
來鳳凰溪古寺久荆棘摩挲雪佛碑碑斷字
莫識金石亦已壞况非金石質萬事等泡影
感之三嘆息

洗馬池

房星下照天池水
水光一碧静如洗驊騮何來塵滿身解却金
羈濯清泚不識誰人樂少年春風柳下曾揚
鞭驊騮忽爾化龍去空餘池水凄寒烟我聞
渥洼在西極此水得名徒遠憶却憐駿骨世

閒稀佇立池邊三嘆息　建炎槐宋高宗年
號百尺高槐舊相門傳聞南渡此移根心經
百歲風霜苦身受三朝雨露恩破穴中霄經
電火繁陰六月似雲屯池臺錦繡知何在幸
爾青青獨尚存　鳳鳴梧　梧桐生高崗亭
亭凌紫霄鳴鳳丹山来依此百年喬良材中
琴瑟和聲合簫韶我非漢中郎詎識爨下焦
龍眼池　寶地多奇蹤雙池鑿龍眼秋水
涵遠空寒波應靈響陰雲翳或結夜月晴熏
朗對此長湛然塵心自蕭爽　迎鳳橋　鳳

過桐溪水溪橋迎鳳名光揺錦翮動影落彩
虹明夾岍梧桐老芳洲杜若生尚餘千古迹
登覽一傷情　惠雲塔　老禪西来兜率宫
金曇舍利開芙蓉平地起作寳光相七級上
凌天九重摩尼頂珠現穹碧冊霞掩暎雞足
峯八窻玲瓏懸皎月層欄翠滑扶神龍我欲
秉壺求帝釋雲梯高峻紅塵隔簷鈴停語寂
籟冷白鶴飛下蒼烟夕　浴鳳渚　鳳鳥從
何来来止桐溪傍錦毛濯春雨綵翮晞朝陽
蘋藻動浮彩蘭芷生幽香鳳去今不返空餘

鷗鷺行　橫湖　橫湖如疋練風景此中稀日暖赤鱗躍天晴白鳥飛寒松鐇石岸春水浽苔磯幾度斜陽晚漁舟渡口歸　東山陟彼東土山惆悵思謝安草露濕我衣海日升巖巒愧無如花妓醉舞追前懽飄飄谷風来吹墮頭上冠　桐溪　梧桐蔭清溪溪水波粼粼上有五色鳥下有黄金鱗秋雨洗白石春風生綠蘋願學羊裘子時来垂釣緡

十七

太魯生師朴愚子将辭而南遊于楚朴愚子

戚然不悅生曰吾從夫子久矣楚仕國也今將往焉而夫子不悅何也曰若才高而好辯才高則上人好辯則不屈禍之招也嘗觀之智者先覆巧者先辱惟匿知于愚而不伐其知天下不以吾為知寓巧于樸而不伐其巧天下不以吾為巧是莫與吾校者已故外患不至彼知者先覆巧者先辱非知巧之過過在吾伐其知巧也荊山之璞閟其至美而未之知也混于珞珞之石一旦光氣屬天如虹覘卞和氏怪而獻之舉國信其美雖十城不

易也然璞毀而不完和亦再刖而死無足昌若混珞珞之石耶今若不能自閟如荆山之璞恃才與辯而求合于時器狹者不足與論海處闇者不足與論天彼將驚焉而不吾容其禍甚于刖而至美不得全矣抑反諸大庭無為之天伏若形鈐若喙之為愈乎昔孔子歷聘諸侯卒窮陳蔡之間七日不火食㮧肰幾死太公任弔之曰直木先伐甘井先竭子飾知以驚愚修身以明汙昭昭如揭日月而行故不免也盍校其得失焉生退而遯于山

洊數月曰吾幾喪吾而夫子存之遂反華而質易巧而拙椎鋭而鈍毀圓而方黙而不復言與人居而不知異于人捐是非絕毀譽以太魯號之終身

國子助教貝瓊著

十八

或曰莊子義則劣矣其文玄曠疎逸可喜可愕佛經所未有也諸為古文辭及擧子業者咸靡然宗之則何如曰佛經者所謂至辭無文者也而與世人較文是陽春與百卉爭顏色也置勿論子欲論文不有六經四子在乎

而大成於孔子吾試喻之孔子之文正大而光明日月也彼南華佳者如繁星掣電劣者如野燒也孔子之文渟蓄而汪洋河海也彼南華佳者如瀑泉驚濤劣者如亂流也孔子之文融粹而温潤良玉也彼南華佳者如水晶琉璃劣者如珉珂珷玞也孔子之文切近而精實五穀也彼南華佳者如安南之荔大宛之葡萄劣者如未熟之梨與柿也此其大較也業文者宜何師也而况乎為僧者之不以文為業也　予少時見前賢闢佛主先入

之言作矮人之視罔覺也偶於戒壇經肆請數卷經讀之始大驚曰不讀如是書幾虛度一生矣今人乃有自少而壯而老而死不一過目者可謂面寶山而不入者也又一類雖讀之不過採其辭致以資談柄助筆勢自少而壯而老而死不一究其理者可謂入寶山而不取者也又一類雖討論雖講演亦不過訓字銷文争新競高自少而壯而老而死不一真修而實踐者可謂取其寶把玩之賞鑑之懷之袖之而復棄之者也雖然一染識田

終成道種是故佛經不可不讀　沙門蓮池
袾宏著

十九

林逋字君復居杭之孤山二十年不入城市臨終詩云湖上青山對結廬亭前修竹亦蕭踈茂陵他日求遺草猶喜曾無封禪書逋不娶無子教其兄之子宥登進士

二十

唐先生國琛集載本朝賢官十四人而張永不與焉永事詳端簡公今言中　雲奇南粤

人預知胡惟庸逆謀力阻　高皇帝行駕亟
爪槌下　阮安交趾人清苦善謀畫　成祖
營建北京大有勞績　陳蕪交趾人永樂五
年入宮至景泰年卒　成祖賜範金圖書四
顆一忠肝義膽　一金貂貴客　一忠誠自
勵　一心跡雙清　沐敬建文中人　成祖
北征兵困糧竭力勸回鑾　劉永誠三扈
成祖北征便習騎射屢立戰功景泰末召還
成化朝具辭累朝所賜產第祿從　興安性
廉守不能干以私　景皇縱樂中外恐恐安

雖短於才而能諳信二三大臣贊襄救正好
佛法命作沉香龕子粉其骨作浮屠供　懷
恩成化中以直道黜居鳳陽弘治改元召還
司禮　孝宗信任之黜內閣萬安召還王恕
皆恩之力也　王岳　何文鼎弘治末人鼎
力抵戚畹被司禮李榮杖殺岳清介不伍俗
維持士節執法認真謫戍孝陵賜死臨清舟
中　蕭敬詳諳國典持重老成正德中諸奸
疊肆上每召問之輙對曰非先朝故事多所
救正　黃律　呂憲　晏殊嘉靖間人清苦

雅重徹屏華玩動以書史自隨恂恂然儒者
風也　孫裕孝皇時人嘉靖間懷　孝皇不
考及戚畹憚憲泣控　天子頗過激竟自縊
廟中嗟乎此吾師闡幽之意也公卿大夫小
善微勳文士大為揄揚成書遠播乃中貴則
忽之矣吾師不忽人之所易忽此雖未盡其
人之善者當俟後之君子續焉

二十一

禍莫大於從已之欲惡莫甚於言人之非
聲色者敗德之具思慮者殘生之本　薄施

厚望者不報貴而忘賤者不久　坐密室如通衢馭寸心如六馬可以免過　聞人有過如聞父母之名耳可得聞口不可得言也

大祭之禮大羹即太古煑肉汁也不用鹽梅調和　和羹以豬脊脅肉為之用調和藁魚藁者乾也　形鹽周禮所謂刻為虎形之類是也　東坡居士贈張鶚曰吾有一方服之甚効其藥四味而已一曰無事以當貴二曰早寢以當富三曰緩步以當車四曰晚食以當肉　宋趙方少從張栻學令青陽告其守

吏彌遠曰催科不擾是催科中撫字刑罰不差是刑罰中教化古今以為名言　陳希夷嘗戒种放曰子他日遭逢明主跡動天顔名馳寰海名者古今之美器造物者深忌之天地間無完名子名將起必有物敗可戒之放至晚年侈飾過度營産滿豐鎬間門人戚屬亦怙勢強併歲入益厚遂喪清節李子曰人有言神仙難遇放親承希夷教戒奚止遇之而已然卒不保其終易之恒曰君子以立不易方旨哉　希夷召至闕下問有士夫請其

所止願聞善言以自規荅曰優游之所勿久戀得志之地勿再往聞者以為至言　考遺

胡公宿官至太子太傅字武平常州晉陵人中天聖二年進士知湖州為政有惠愛築石塘百里捍水患大興學校學者盛於東南自湖學始丁母夫人憂去州人思之名其塘曰胡公塘學者為公立生祠於學中至今祀之　載歐陽文忠公墓誌

宋陳堯叟同中書門下平章事堯咨節度使堯佐相仁宗父秦國公尚無恙客至三子常侍立左右故天下皆

以秦公教子為法尭咨精於孤矢自號小由基方出守荆南還毋馮夫人問之汝典名藩有何異政咨對曰過客以咨善射無不嘆服馮夫人曰汝父訓汝以忠孝輔國家今不務仁政大義而專卒伍一夫之技豈汝先人之意耶以杖擊之金魚墜地陳氏訓子不但有父而且有毋古今之所罕及也

狄武襄公青起家從軍有大度才識過人以樞密副使奉命討儂智高廣源川蠻也有因貴近欲從青行者延見之曰從青之士能擊賊立功朝

廷有厚賞青不敢蔽也若不能則軍中法重
青不敢私也聞者大駭勿復有言從青者上
從諫官韓絳疏欲以侍從文臣副其行龐籍
為相力以為不宜分青權已而果大敗智高
上恍公呼吸操縱如神而忠誠一念懇懇不
欺朝廷韓范之為西帥也皆隸其節下二公
咸奇之曰此國器也事親甚孝遭父喪哀戚
過人養母尤篤他如善制豪士劉易不認梁
公仁傑為祖特其細節爾矣　司馬温公與
諫議田錫子書曰常恠世人論譔其祖禰之

德業壙中之銘道旁之碑必使二三人為之夫其德業一也銘與碑奚以異曷若刻大賢之言既納之壙又植於道其為取信於永久豈不無疑乎願審思之脫或可從請附刻於碑陰之末

唐先生樞書湖州府農桑誌後曰湖絲遍天下而湖之民終身不被一縷者有之人亦有云畜馬者羸步而走種粟者半菽而飽其是之謂乎

愚嘗默坐以心想心思天下之物無有妙於心者以空洞言則海濶天高萬里寥廓渾無一物蔽翳以富有言

則墁林大盈百珍咸集森無一物不具以嚴肅言則凛然大君峩冠南面而庶司拱翼兩階以清淨言則瑩然氷壺貯盛寒水而秋蟾照映中外以鎮定言則泰華凝峙萬感不得而搖以活動言則江湖流轉百折不得而滯以縝密言則層室重門深封固閉半埃點塵之不入以變化言則白雲紫霧倏升乍散神出鬼沒而不知以恒久言則寒暑屢遷元氣未嘗少改以感應言則桴鼓相答形聲不容少間心之妙有如此者善事之則衆美悉有

將可賢而可聖不善事之則衆美悉亡爲愚爲不肖而已人可不知所以善事此心耶

世人動以好名斥人愚竊笑之夫好色好貨好詐好勇之儔比比皆是何嘗有好名之人猥論人於三代之下而疵其好名不亦迂耶

陳勍曰三代以上惟恐好名三代以下惟恐不好名苟能好名甚君子其庶幾乎如甚好堯舜之名則必影響堯舜之事甚好孔孟之名則必依稀孔孟之爲譬之好利甚者必百計以求得好酒甚者必多方以覓飲雖其心

在好名未免徇外為人之累與務實近裡之學不侔而其施為大畧則固與君子無異矣孟子曰好名之人能讓千乘之國自其讓千乘之國觀之則與泰伯季札何異苟不色於豆羹何害其為好名哉簞食豆羹之見色正以其好名未甚故不免有踈漏處也孔子曰君子疾沒世而名不稱君子亦未嘗不好名也使每事而好名焉有辱名喪節之事耶錢文子以漢武好名為人主之累夫漢武何嘗好名哉厚斂黷兵貽譏萬世正緣其不好名

之過也文子與之誤矣譏之尤誤矣好名者在聖賢病之則可在吾人則不容扵輕議天之所命因人所當順受而人謀之所當盡者則不可無也譬之耕然勤三時人也有秋罔有秋則天命也譬之漁然具六物人也得魚不得魚則天命也勤三時具六物而不得禾與魚者有矣未有三時不勤六物不具而得禾與魚者也今之人怠荒扵人事之脩玩愒乎當然之務士弗勤學女弗勤織商弗勤扵貿遷工弗勤扵造作及不如志輒曰命也

是正害三時棄六物而誘禾與魚於命者耳豈理也哉蓋必謹疾如伯牛而亡方可言命不惰如顏子而夭方可言天才名如李廣而不侯方可言數故曰君子行法以俟命而已矣

人之性每惡其所反者而刑罪之加亦多于其反己者而置之毒也武后猜狠淫織而操威福之權恣殺戮之暴吾恐狄仁傑朱敬則宋璟徐有功諸人亦岌岌乎殆也賊當其時其所寵信邪惡之人反多不免而當世號為賢士則皆未有死者而於狄宋諸公護

之尢力豈非人心之天理猶存歟噫武后一婦人耳尚能辨識乎忠佞保全乎正直陰能任陽剛之事如致堂胡氏所許者況不為婦人者而可使忠直網羅賢良坑塹反不免瓦全玉毀之悲耶　栝蒼華彥民著

二十二

金臺紀遊叙曰余孤拙人也僻居靈宮者期餘交游最少日惟枕書靜卧閑操楮穎以從事于古今之後了如在野中夏初始得交于烏程李彥和氏沈元明馮子漸二氏又在交

李彦和後彦和性簡而言訥交遊亦寡予不
意繁華披靡中有此人焉既定交而契之予
躭趺坐竟日夜向達人前輙趑趄不肯進將
以予性癖彦和亦耻言世利絶無俛仰傴僂
狀予比年斷酒彦和為開消滴顧向他人不
欲飲也彦和能飲復厭沉酣向予則忘其量
矣以此相契往来吟詠間遂不覺其篇章之
幾許彦和因出舊冊命予彙而書之予僭題
之曰金臺紀遊彦和優于德尤長于才與予
應鄉聘俱十三年以前人世故更涉不為少

矣念惟此優游散澹景何能久得無何天涯聚散人各一方白衣蒼狗倏焉變態金臺之遊何年能復重紀乎嗟乎冠履之崇卑勳猷之顯著是予與彥和口不言而心自信者今姑弗之論矣

隆慶戊辰陽月劉伯燮書于蘆葦别舍 戊辰進士乙卯解元

附卜居四首

性僻偏幽適人閑只舊編舍傍還陋巷案外有青天朝罷聞僧語呼来識客賢自能甘閒

寂非是愛逃禪　不耻貧原憲誰論老伏波
朝回人事少坐定鳥聲多主聖看堯舜臣賢
縱孔軻此中無限澤汲汲欲如何　趺坐無
何有禪關寄此身頻聞疑在野得祿愧拖紳
事業誰千古韶華忽幾春祇憑些子意夢裡
覺吾真　禪關元獨閉朝去暫時開為愛幽
閑色常如風雨来庭前無候吏堦下有荒苔
試問人生事于今好自裁
李彥和沈年伯母壽届六旬詩以賀之二首
畫省題名日慈幃樂壽年五花看子貴百歲

羨金仙臘意桃風裏春光栢酒邊還聞多令
器戲綵正蹁躚　聞道西王母筵開浮玉山
地隣東海近冊自九成還鴈塔新承寵燕闕
一望頳應餘百歲裡金紫日斑斕

見聞雜紀卷之四終

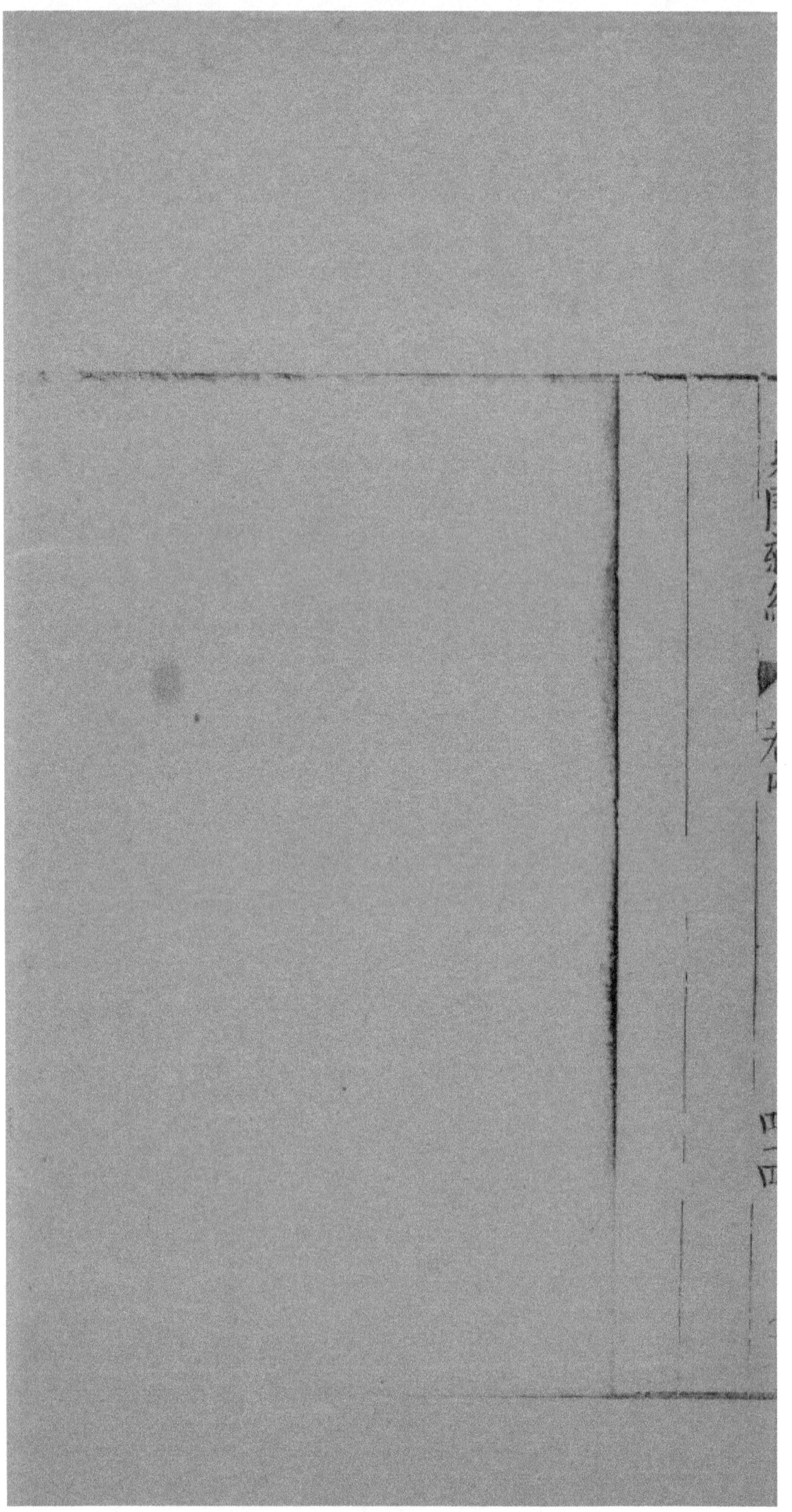

見聞雜紀卷之五

吳興 李 樂彥和述著

朱國禎文寧校正

一 本朝大明律未成書時聞自御榻至殿廡皆粘律文於上朝夕覽觀親加刪正然後成書仁義並用雖曰懲過實令民遠罪之書也惜乎今日任情而廢律爾進律表尚書劉惟謙等上

高皇帝未登極時曾用葉春王興宗為皂隸後以其老成不貪春除儀鸞司副累遷至福建

布政使興宗除金華知縣累遷至河南布政使其不拘資格如此真大聖人作爲非漢唐英君誼辟所能彷彿其萬一者

二

郭民敬山西人嘉靖間進士仕爲山東某縣令公出過隣邑有少婦先浴于河一男子故下河挨身同浴郭訖男子二十竟死地方咸仰郭爲神明自是男女無復混雜矣

三

人子不幸丁繼母憂然而繼母亦難言矣其

父果禮聘室女或雖再醮而恩及子女甚厚
素以母道事者方可言憂嘉郡太守王公某
父有副室素不以母視者既卒父強在家子
舉人丁憂持文書報太守太守無可奈何勉
強以憂去或吊之無慼容也里中陸公喪妻
甥女憐其老以無夫老婢侍公漸侍衾枕其
稱謂漸隆老婢卒人謂孫廩生無父當承重
陸公予表叔也時入其內備知不當承重狀
乃白之文學博士廩生得無服焉人間繼母
若此類者儘多恐不止王公陸生而已此今

日憂制之當議者

四

軍政條例載各處起解軍丁並逃軍正身務要連當房妻小同解赴衛著役無妻小者審勘的實止解本身此條載第六卷可考近来無妻之軍或有妻故賣移累里遞情狀難悉縣官唯其所欲不審如娶子婦略不查勘縱惡長奸仰負 朝廷德意可嘆可嘆

五

徐文貞公階與鄭端簡公為同年其誌端簡

有曰余與公同舉進士者四百十人公獨遇余厚余外以兄事公心實師事焉前輩不難扵自屈如此　相嵩醜子世蕃以蔭補順天治中求轉尚寶司丞端簡公以非故事不從未幾公出部得轉尚寶少卿

六

見小人誣陷君子時當起憐憫心憐其用心之謬也當起得師心曰其為人如此可鑒也當起定心不憤不怒不為惡境所動也若直是惡之忿之我與小人賢不肖不能以寸

七

余僉閫憲左轄沈公僚友叙談云公等但見郡邑官受賄至四五百金遂目為貪官這眼眶太小了我在廣中見取珠送要地者巨細不等中有如荳之大者以斗計不以升計又非一次而止若照貪官例當加何罪所以做堂上人須放些寬大方好

八

嘉靖丙辰倭賊攻桐鄉城甚急城中有冶人善鎔鐵以滚鐵盛杓潑下被之者無不立死

賊懼馬如湖城外寬轉須防賊囊土上城四
週近城四五里間俱要用樹枝大者塞河道
絶其来路又懸賞格募善浮水人暮夜能鑽
賊船致破受上賞其紆曲小河須留以待民
間往来逃避城外米穀柴草俱宜運進城中

九

劉忠宣公大夏憂民如有病見客似無官固
是學問所造必其胞胎帶得分數居多不然
必有敗露之時焉能永久不渝也今人視民
疾苦恬不相干纔做些小官渾身是官態欬

揮其去忠宣遠矣

十

郡邑官見士夫亦有口言求教者貺本無是心姑為套語耳吾鎮添設二守王公懋蕪湖人每過吾家吏捧關防到廳便放下遠去餘人無一侍立者懇懇詢民間疾苦衙門利弊不佞雖無知識敢不竭誠相告哉公雖以調去湖卒轉刑部副郎啣命讞獄惜不永年未究設施爾

十一

萬曆廿九年辛丑六月寒氣逼人單衣不能禦倍而裌又倍而綿聞富陽山中飛雪成堆人言縣官裝桶觧撫臺未知的否又言杭州深山中亦積雪至七月始熱八九月仍熱如故人爲裸體沐浴可怪也里無不病之家家無不病之人天變于上而人變于下豈細故哉

十二

閩城林文安公瀚官宮保工部尚書子廷㭿廷機並尚書廷機子燫亦尚書少子烴叅政

奕世八座，自開國以来未易媲美。予仕閩，及與橋梓兩公相接，家風儉素，僕從簡少，所居尋常，弗弘麗也。登其堂，有不心羡心師者乎？松江陸平泉先生樹聲、吳門袁裕春先生洪愈，吳人，而林行皆所謂豪傑之士也。

十三

耿公定向撫閩，將福州一郡條鞭懇予更定。予閲舊冊，大為發嘆。官司墻頭荊茨凡數十金，按察司獄卒五十餘名，每名工食銀十三兩八錢，問獄囚幾何，則二人而已。初甚駭其

太學已而詢其故或云此工食借獄卒爲名
非獄卒所實受也本司六房吏書又有大作
帷事不知何時何憲長定奪因閩省八郡地
有肥瘠事有煩簡六房各分郡分縣如吏房
又兼有户禮兵刑工房事其五房皆然蓋六
六三十六房矣己卯秋予暫署司事語吏人
曰吾性拙不諳若舊規若須分六房明白吾
始僉押不月餘吾解署任若等行也墻頭茨
改令三縣每冬月里長一人各送一大把約
二十斤獄卒工食揭耿公自裁而罷

十四

張江陵在朝氣焰凌人意所欲爲事不必面囑亦無煩作書承望者悉逢迎爲之殺人求媚不可勝紀其最慘者有吳士期南直隸寧國人曾上書誚江陵而當事者又不欲杖死顯示人令獄卒絶食飲數日間乞食不得饑弗能忍初咬所穿衣衫既而咬木柱窗楞痛慘備極死恐行法外之誅戮忍傷天地之元和自古未有酷烈於此者

十五

吏部隶銓黜陟攸係生民之利病關焉賢否固資詢訪而定潔白則自家主張非人之所能贊襄也三十年來予所目覩嚴公清雲南籍嘉興人棲止吏部火房不攜家不交際庶幾一塵不滓求其孅美嚴公者則先後餘姚兩公孫公鑨陳公有年矣乎五臺陸公光祖有意氣能加念人才雖屢招浮議而所守皭然或未可以輕詆也惜乎諸公皆與政府不相協在位不久弗竟設施

十六

戊辰進士謝君良弼鳳陽之永平縣人仕爲平湖令辛未應　朝在官無所取空橐北上於京官書帕儀概不相通毀譽得失之際漠然不介其懷也賢矣哉予是年亦應　朝送一大座師禮自謂儉約過人然自揣不及謝君

十七

王恕謚端毅陜西三原人仕終吏部尚書在官四十五年疏凡三十餘上公憂世之志如范希文濟世之才如司馬君實直諒如汲長

孺慈愛如鄭子產卒年九十三今人郎在言職者一歲中上十餘疏士大夫必群起而誚之公以道事君遭時遇主疏及三十百代希覯

十八

平湖曹君文鏵隆慶間為東平州守予識其人但未知其素履在官何如耳然言談爽朗性行軒豁每多可取為州守當道薦之者少行獎者多公作文宰一犬祭城隍神數當道諸公不法文中有有如此狗之句亦頗聞於

當道當道莫之奈何卒轄肇慶府二守行又一日按臺離地方公送之道左問曰老大人此行薦知州否荅曰本院已行奬公面曰没天理此公峭直迂狂想非瑣屑庸人也

十九

戶部尚書方簡肅公名純湖廣人端毅嚴重有大臣風節一日戶部三堂同飯方公曰各邊巡撫盡將戶部軍儲銀兩饋送人只説戶部吝財致誤戎事天理何在某侍郎曰我却不敢方曰公在鎮三轉官二廕子非戶部銀安能得

此侍郎面，亦語塞分宜聞之遂恨乃方不久
去位

二十

杜靜臺先生曰惱怒只害得自已何嘗害得人其能害人者必自惱怒生出枝節也　先生止京師崇國寺朝暮打坐時多不曾教跟隨二人也打坐然二人也却常坐　海内知先生名者衆弟子亦多在官之人然先生却漠然自守一毫不去干人人即餽之先生未嘗濫受也　先生書齋對聯無求勝在三公

上知足常如萬斛餘

二十一

友人纇侍御其家人媳與外人通姦稔誅死其親夫侍御君弟憐其婦不忍置之法侍御君召其婦之兄弟謂曰汝両人知情當坐罪汝為我處婦貧汝兄若弟乃將婦沉之水死侍御不出詞不縱惡遠邇義而快之

二十二

王沂公曾祥符中在掖垣時瑞應疊臻嘗請對上語及公奏曰斯誠國家承平所感而致

願陛下推而勿居異日或有災沴庶可免夫
輿議夫不曰主上盛德至治所感而曰承平
所感如沂公者雖列於皋夔周召何愧乎
公嘗以大臣執政不當收恩避怨或問之曰
恩欲歸己怨使誰當聞者嘆服

二十三

白比珩山西寧鄉人父某文學博士終其官
止餘俸一十六金公由貢授邑令陞州守所
至一塵不滓一僕自隨賴公道昭明得轉刑
部副郎獨處宦邸天津備兵某憐其貧贈勘

合一道令其子奉母来京子係明經若繼祖父之志長途儉約自為奉母勸合竟返備兵公不用斯人斯德前有賢父後有令子可謂世不恒有者乎副郎與予里夏公爋同部夏言其詳如此

二十四

李文定公迪真宗不豫大漸之夕公與宰執以祈禳宿内殿時仁宗幼冲八大王元儼者有威名以問疾留禁中累日不肯出執政患之無以為計偶翰林司以金盂貯熟水曰王

所須也公取案上墨筆攢水中盡黑令持去王見之大驚意其有毒也即上馬去

二十五

曾魯七歲能諳誦六經稍長泛濫史籍凡有扣之者如山川出雲層見疊數

高皇帝起公修元史初任禮部主事因安南有篡弑之變進表更名公覈得其實 上悅即日召拜本部侍郎 練子寧名安以字行少以名節自砥礪聲望蔚然廷對極言朝政無所避忌 太祖嘉之擢第二建文初拜吏部

侍郎尋陞都御史靖難兵起迭乍李景隆責
國 成祖登極不屈族誅親戚被逮而死者
數百人先是子寧生時其父夢其祖泣謂曰
佳兒生第嬿太好爾嗟汙久之蓋死難之先
兆云 金幼孜建文元年進士靖難後陞檢
討上太子春秋直指三卷屢從 成祖北征
所過山川夷險悉令公記之為人簡易沉默
寬裕能容不伐其善木川之變公在軍中秘
之護還朝始發喪 三公俱新淦人

二十六

予初令淦試本學諸生但鄧生任字[illegible]之逵為首三博士皆慶得人蓋鄧前江右督學何濱巖先生所拔士也何公名鏜嘉靖丁未會魁按季再試則鄧生不赴余怪而詢之博士博士曰渠恐再試不出一二三名人以為私故避嫌爾　余行取離任典史某因解南糧有獲餽予五十金郤差人至省下不可返懼其人之匿也鄧生至正色謂予曰先生若操三年今胡受幕賂也予曰久欲返之不得其人爾生竟為予璧去　鐵溜洲名祐以貢任

知縣致仕家居居當邑衙後自不入邑門予每候之先生綸巾布袍相迓語不及他事懔懔民間利弊焉　鄉飲酒禮塗人士最重必行誼高雅者始赴然終令之任止一赴自無再赴者庠友亦無受賄私舉賓介之風君子謂塗有三美

二十七

嘉靖其年桐鄉令曾士彥廣西人聰敏過人長于剖判惜不能自愛累贓四五萬金賴僉憲王公訪覈撫臺趙公拏問發回原籍定戍

衙門倚官諸役大加懲創一時稱快焉去後不三十年吾里侍御錢公夢得巡按其地詢士人曾已物故無地卓錐矣不知四五萬金安頓何處先是曾聽訊於郡庭雪中有被害民毒之深呼曾曰兒子汝亦有今日乎將雪一團從頸滲其衣內為民父母受辱至此孟子所謂今而後得反之也貽玷衣冠極矣

二十八

貝瓊字廷珍號清江崇德人今析桐鄉少穎悟不群負才積學聞楊鐵崖倡古文於會稽

負笈往從之避元不仕以詩賦自適　高皇帝召與修元史授國子助教中都分教能多方造士舉稱其職與宋學士景濂程公本立議論相契合晚居癸山所著有清江集又撰石經大韶二賦載　皇明文衡集中無之先生子五人長翀都府經歷次翔楚府紀善次原翬武安縣知縣

二十九

予讀遜國記一時慷慨伏義諸　臣其為建文君所親信倚任者固可悲矣乃　溧州教授陳

思賢寧其徒伍性原等六人即明倫堂為舊君哭臨如禮竟以身殉沛主簿唐子清典史黄謙永清典史周縉舉人劉政生員高賢寧輩大節凜凜皆不可奪而死孰謂忠義非天植耶三復之不能不為泫然淚下

三十

同年鮑侍御當按浙辭江陵江陵曰此行就要管大計了出以語所知所知曰相公止言大計而不言科場或不欲兄管場事耶鮑如其言隨註門籍不行浙巳聞鮑辭朝前代巡

吳出浙境上候代而鮑竟不來場事迫近時
己七月二十後矣二司復往境上請吳還省
吳固辭然勢不得已八月初方復入省進簾
中闈事體舛錯難以縷悉皆鮑所知一言起
之甚矣揣摩之害事害人也江陵或以大計
為重何嘗謂鮑不足以管場事哉今天下才
子皆以揣摩為仕途妙訣求以投當路之意
而不顧萬一更有大於場事雖有善者亦無
如之何矣

三十一

吏兵部尚書楊公博官巡撫時與巡按同拜
聖節吏並設地上氈公謂巡按曰老夫若有不
是任憑道長指謫此行禮　君前自有等級
不可並也巡按氈為下尺餘余按鋪氈行禮
亦相沿之弊丹陛下何曾有氈都御史龎公
尚鵬撫閩偶接　詔書時余與焉俱拜地上
安得病其為立異也

三十二

湖郡賢守唐有顏公真卿宋蘇公軾王公十
朋胡公宿陳公與義本朝則劉公天和呂公盛萬公

雲鵰卓乎不可尚已據余所睹記則熊公汲江西南昌人栗公祁山東夏津人李公順江西餘千人沈公孟化福建永定人陳公經濟河南禹州人皆以廉能稱士民所追慕而樂道者

三十三

靖難死事諸臣大理丞鄒瑾永豐人編修王艮吉水人紀善周是脩太和人御史曾鳳韶廬陵人教諭王省吉水人御史魏冕永豐人知縣顏伯瑋縣丞劉亨俱廬陵人八君子者

皆吉安郡屬邑產也嗚呼感矣文彭與明烏
安人裂冠裳棄官變姓名去

三十四

烏青鎮添設館通判自嘉靖庚子年始加銜同知欽給關防自萬曆甲戌年始諸公材品不同未聞有大貪極惡者薦能最著則府判唐公堯臣西郭全公祉同知□庵劉公治仰齋羅公斗守原王公懋懷溪禇公國祥羅稍嚴切詳見去思碑然其守終不可汚蔑也

三十五

嘉郡守趙公瀛陝西人吏治嚴肅鋤強抑暴務禁地方賭博及婦人市肆操守粹白其餘事爾濬郡城諸河運磚土成今南湖烟雨臺以障風氣待各屬如初學小生各屬仰視亦如嚴師終歲未嘗留一茶也近年郡邑官謁二道道先留郡官茶次及縣郡官譚久雖盛暑縣亦穿衣危坐以待至有日中還邑者上下皆不能超脫以廢時失事可厭哉

三十六

太守呂公盛之治湖也素以信治民如金石

堅不可易而民亦信之當湯麻九之亂黨與甚衆殺人頗多罪在不原已奉　朝旨欲用夷族之條矣呂公曰第緩之俟吾親往觀其意向若何公果傳信入其穴麻九列兵伏開轅門以迎呂公不隱忍直示曰汝罪不赦如麾下某等某等皆不赦汝若自首妻子族人皆可免死在我身上擔當麻九頓首伏罪太守行即隨太守後到府同數人繫獄後俱解京斬市若無呂公地方屠戮之慘未易言也嗣後四十餘年安吉江天祥者勢不及麻九

然巳白日殺人官府不能制吾師唐一菴先生亦單身入山諭之天祥悅服許以回心後卒為其黨沈龍所殺非先生保全之初意也前輩人作用不可易及如此

三十七

吾湖士大夫屢屢歸咎郡邑諸公若不肯虛心咨訪者不佞竊謂士大夫與有責焉未必皆郡邑諸公之過也何者一日偶同諸大夫謁太守太守頗虛心求教問地方利弊中有一士夫對曰郡中害人事唯鸕鷀船為甚衆

愕賊里中唐明府家曾被地方白日擄搶是真但失米不知幾何石太守對諸士大夫問曰唐家失米云二千石此須用大船五六箇方可承載果有之否有一士夫年長在前對曰實有之次又顧不佞問不佞曰擄搶之事目睹有之但米數生實不知也兩大夫先不能信其心何以望太守取信

三十八

句踐信讒賜劍殺大夫種真是長頸烏喙之人不可與共安樂不仁不義憾不當其時為

種報復雖霸何足取也宋高宗為奸檜所束縛至矯詔殲戮鵬舉全然不悟可為千古不君之戒漢武帝英雄蓋世視竇太主之寵董偃恬然甘心幸其第縱飲且容入朝又與太主合葬烏在其為武耶

三十九

潞河有李五者曾出入董宗伯門下越二歲宗伯子懋德偕嚴壻及余往京赴試嚴道病卒李五莊上覓佳椑不得纇捐百金李五曰無庸覓也若家前歲曾有椑寄予舍可用之

在董巳忘其為寄而五一賈人也不因其忘
而匿之良可謂義士矣

四十

今天下遠處地方予不能知耳目所覩記其
害民而且大者有三事恨予乏力不能遣家
丁陳疏以備
聖覽爾衙門吏胥原有定額今郡邑吏想如故
胥較前增十倍不止朝穿青衣而入暮各持
金而回胥之外又有白役防夫快手人等亦
增十倍居官者利其白役無工食宴慰差遣

之竟不知食民膏髓為可痛惜一大害也十年一造黃冊一推一收一縣細箕不知費銀若干不過將舊冊略略撍損抄過一畨纏轂里長各名出銀若干其僉光書手者甚至破家目下而上所費已不貲矣慎天下一度黃冊之費可以富國強兵而有司全不知惜攢利損民二大害也僧尼道士道人徧天下而修庵觀寺院無虛日民間方苦於匱乏乃獨於施捨則樂為於官糧則拖欠貧民效富室媚神病則竭力祈禳死則棺槨不具三大害

也有世道之寄者當如拯溺救焚以圖之

四十一

萬曆元年五臺陸先生光祖爲南太僕少卿次子隨任以羊羢作褶紅其裡或以告先生先生大怒當元旦次日召跪於庭下剥其褶焚之仍欲加責同官者力解得免嗟乎先生訓子之嚴近日膴仕之家不可復見

四十二

本朝舉業文字自永樂天順間非無佳者然開創首功惟文恪王公鏊爲正宗弘治則有

錢公福嘉靖則有唐荊川順之薛方山應旂

瞿昆湖景淳三先生文恪周公兼夷狄驅猛

獸而百姓寧會試文字何等氣格何等精練

當百世不磨三先生文佳者何可指數今後

生小子將數公文字置之高閣即見以為不

時不加工夫模倣細玩如何學得好文字出

四十三

浙總制胡公宗憲濫費之過或不可免而當

時寇勢方張人無固志使公徒隨常謹守出

納之吝何以使陳可願等挨死行間餌致徐

海王直輩哉古云財者君之所輕死者士之所重君不能委其所輕而責士以捨其所重不亦難乎漢高以黃金四十萬聽陳平所行終至勝楚亦知此術耳然則公之度量豈易及哉此其功之不可掩者況世蕃誅求百出稍不如意公又將繼張經李天寵而肆諸市朝矣所謂權臣在內而大將豈能立功於外者其語不誣公之獲保首領蓋能以餌王直者餌世蕃爾亦可悲夫

四十四

歸安令李際春楚人予不能悉其政事若何南離錢先生鎮特見士也大不滿其為令一日予同先生及范子應期游峴山李君去思碑文豎山寺門首視之則范子所撰也先生謂范曰若何等官何足去思而汝為若文也對曰姚子聊所撰不出於門生之手先生曰即不出汝手必汝許其代作故敢書汝名范語塞色慚是碑先生亦列名于後先生立命家僮取斧手劈錢鎮二字去之

四十五

江陵柄國力能驟貴顯人人望而趨之唯恐不出其門下予同年張楚城江陵人陳蕖應城人蕖又李尚書之甥二君同在省垣江陵所深注意者乃不願為都給事各以左給事中補憲副去其賢加人一等矣江陵沒物議不及張官至光祿卿以足疾致仕陳今為戶部尚書

四十六

文士各成一家言其足耀今垂後者不少然互相標榜或至失實者亦有之李于鱗集雄

視海内不待言汪司馬道昆序之曰前漢兩司馬昭代一攀龍斯二言也其可爲千古不磨之定論乎

四十七

京差監兑本省糧儲職名雖異其爲兑軍一也糧儲奉有專勑官職尊於監兑若不高坐省城而徧歷兑軍各州縣則監兑之可無差萬分不須商確况止浙西三郡其勢易於徧閲乎自多設此差浮費何止千金有司又處餽送常儀不無有損監兑名節誰爲惜之又

誰爲之疏罷也

萬曆二十五年　題華

四十八

禮科給事中張寧海寧人天順間朝鮮與女直毛憐衛仇殺廷議舉寧往問罪遼東奏兩國搆禍乞詔寧擇進止寧曰君仁臣忠義難自侵乃急趨朝鮮宣　上德威示禍福君臣震慴引咎解兵馬時論寧此行不減重兵十萬橫行鴨綠也　公善詩有　集傳于世其在朝鮮與館伴賡和有溪流殘白春前雪柳折新黃夜半風之句館伴不能和心服　英

廟復辟每眷注公嘗獨召公議事對廷臣有真給事之許李文達不喜公出為汀州知府引疾致仕

四十九

狀元唐皐徽歙人舒芬江西人皐家貧力學慱洽群書下筆數千言立就而氣槩英邁使朝鮮歸日行囊唯一硯投之鴨綠江中行誼表表僅官侍讀而卒芬清直敢言以翰林修撰謫福建市泊提舉凡夷人至撫處得宜俱感其德以憂離官朝鮮長史金天爵等送之

至泣下其爲人大略可知矣

五十

吾湖自嘉靖初以前古風猶在閔莊懿公以御史大夫家居入城毋多步行莊懿公之安于徒步其卓越不待言而城市人不敢擯擠使莊懿公之得安於徒步其氣象人心可想也不意萬曆庚辰不佞歸田至辛丑纔二十一年爾中間所見所聞唯湖乖張詭異者不一纔今以往萬一又生他釁以費郡邑大夫區處有世道之慮者詎能高枕無憂耶因紀

其事有五、董氏之變尚書董公頗無大過其對不佞亦自認奴僕過多奴僕既多則爭趨覓利者不少田產廣大馬能價值盡平只宜出示聽愚民告之郡邑任其剖斷可也而伊孫祠部君不諳世故自出處分之語語一出愚民謂登其堂者即可袖金而還不旬日擁至大門者百千餘人主人閉門不納愚民群聚罵詈吶喊隨之其後終以門客之言大約田畝十分之中退還原主二分喧嚷稍息代巡彭公臨湖准狀極百餘分批郡邑一旬之内官差官船不知凡幾而支持浮費不啻数千金愚民自此唯知有利不復知有八座之尊矣　二范氏之變司成范公予執友也董氏亂方熾人有言范亦不免予入山諭其家人毋私相塞賓徒費錢財一一聽之官司事方有緒可處而司成快意日久不耐窘迫愚民群聚狀大約如董而董公何如胸次哉司成計拙居於城寓予勸其還第不從昕夕不勝忿忿食不下咽彭院所准狀近六十帋當時處分將完未幾而長子自盡矣又未

幾而司成以家難自經矣已而疏再上戍父毋官罷王撫臺逮彭按院此三吴未有之亂所損吾湖非淺鮮也易有云君子以作事謀始董范所遭蓋謀始之未慎焉　三閔潘之變尚書潘公家事有奴善掌細民德之無怨詈者閔有諸生飲酒於娼而潘奴失避致得罪於閔生閔故守禮義巨族時春元某者初無甚罪潘意也何當諸生内有好事者必欲以主使罪罪潘之諸公子两家至戚諸公子之不主使三尺童子皆知之獨不見諒於諸

生時諸士大夫會議於慈感有一生者無故袖索突出以刼潘長公賴僕從衆護不遭其毒此其變不在閔亦不在潘而在好事者可怪也潘雖無大害大費而不侫與諸大夫對三學諸生講解累日費辭亦足悲矣

四華亭徐氏之變故相徐文貞公曾督學吾浙樂吾湖風土之淳故搆廬而居一孫不意一孫既居而湖士遂利其有聞有一生者雜與徐公子及其家奴往來杯酒既稔遂通財貨生負券徐奴索償不遂或又云起於賭錢生自

投徐宅不返聲言因禁生又自縶一足於卓間諸生乃群掖之奔守道門門閉衆槌門以示亟切守道亦莫之誰何盖意不在懲徐奴將以累其主人而快巳之欲也時太守沈公入覲署二守趙君一籌不展郡若無人任諸生赴府延賓館以官法唱名取齊白事行跪禮一生不到則衆生造其廬而攻之郡内外士若狂也賴沈公北還一言而定猶幸文貞公孫其官京堂善自貶損以消諸士之忿而醜態不甚張焉然已非章縫之顔見矣

僧士之變 閲之主潘之奴其是非得失一庸人能辨之 上自兩臺二司以至郡邑初不為潘貴顯而挫辱及於閲生也時方丈宗在省類考而王生其 與兩家初無干涉不知何見解藍袍而緇衣削玄髮而僧帽衆中突出上下駭焉 王生衣冠之裔必自有說第庸德之行不為 逝而希世之事則為之亦足以當一變矣

五十一

萬曆戊寅 已卯閒嘉郡太守黃公希憲江右

人敷政嚴明豪强歛手時有一二明經干法
公不少假借行笞諸生畏憚可知也曾幾何
時而諸生恣肆至督學使不能制時耶人耶

五十二

萬曆戊戌八月桐令謝諫上官辛丑應朝四
月二十七日復任隣邑舉人馬鍾二氏来訪
謝拒不見二舉人家人與閽人相罵詈因并
及謝頗醜次日謝通呈文書辭官蒙以文草
及揭二舉人皁見示而謝已不出堂矣不倭
出城相候謝亦不見不倭對其使力勸出堂

不從閩方伯馮公先一日已勸之自是予二人者不復求見謝所親厚而昕夕密謀於衙者有諸生二三人自院司守巡而下留謝亦至再三不知何因何見六月二十三日竟挂冠去不忍其去而杯酒留連遠送戀別於情似或宜然指數盛美赴上保留不知於公論相應否爾

五十三

今天下文士務恠逞奇不如是不足以投時好而取青紫何可深罪雅是少讀四書及朱

夫子集註至解文義而悖叛朱夫子明示攻擊敢為異說而不顧此不但自壞心術貽害後生如

太祖成祖表章尊崇之至意何司文教者當知所以力排矣第犯涉貴顯公子郤便心疑手軟所以孤寒之士亦得有所挾以藐視主司若雷古和薛方山屠坪石三先生處之決無此病

五十四

劍門趙公炳然嘉靖乙未進士至嘉靖壬戌

以後始以都御史總制吾浙前輩不亟于通顯銓曹亦務得老成人方有此舉動

五十五

萬曆癸酉麟陽趙公錦念齋陶公大臨俱為亞卿宴吾两浙两衙門諸大於公所時趙公年長於陶一切迎送與客酬酢對談皆趙公為主而陶始終不發一語若嚴事之然然則為人弟侄者有長兄叔伯在前而對客妄談畧無顧忌觀此亦可自警矣

五十六

兩京彛倫堂　祖宗朝屢次　駕幸凡　主
上登極亦必　視學升堂用翰林宿儒大臣
說書故大司成少司成皆避中堂不坐在外
明倫堂雖非　聖駕所臨然顧名思義除鄉
飲酒禮外决不當設席其中今不惟設席又
加演戲主與賓皆可謂讀書不識字矣時事
舛錯不應至此

五十七

天下本無事庸人擾之耳宋人有言庸人何
足以擾天下之事擾天下之事者智者也予

謂庸人所擾其害小智者所擾其害大而私智穿鑿天下之所尊信者其害為尤大

五十八

天下大勢崇佛之地多而婦人女子尤多吾鄉東南西北百里之內有稱佛爺佛祖佛師巍然上坐群男婦數百人羅拜其下聲色不動若輩不知幾何人哉以一傳十以十傳百不須牌票拘集二三日間響應可數千人也往歲馬道之變吾鎮焚燒殆盡可鑒已一日以語分署某公求預處公顧左右言他事若

惡聞之逾三年又以語某公公怡然飲酒如故恬不介意皆今之所謂巧於宦者

五十九

里中故有佛會如老人婆子輩念佛群聚而已自萬曆辛丑而惡少始倡觀音會則費在二三百金以上矣強人之所不欲以陰濟其私官司不為禁約其明年壬寅則風益熾費近五六百金而四郊鄉村之家爭來市上親友家看會說者云共費千金無故而裂繒市馬聚娼辟金析柵卸坊侈靡無狀事屬不祥

倘踐踏爭鬭之禍出自意外不知誰任其咎哉予力不能止姑論其理如此嗟乎大士出會則靈否則不靈吾亦何靳於費也今會亦靈不會其靈亦自若也然則何取於會哉

六十

督學歲考生儒則生儒求進之心不必作之而自奮所以歲考二字自来相傳聞往時吏禮二部年終獨於督學使加意有品第等次今也法網太廢如吾浙已六年不歲考矣如何教生儒不放肆得纔放肆便犯上作亂勢

所必至此不特生儒之罪也予所目睹浙省督學如雷古和先生薛方山先生阮函峯先生皆一年一考不知何年将舊規廢壞起

見聞雜紀卷之五終

見聞雜紀卷之六

吳興李樂彦和述著
朱國禎文寧校正

六十一

余爲童子時聞一督學使初蒙簡授請敎於大老大老曰多退老廩少進童生不知實有此言否夫多退老廩稍近於刻必文理不通之極者方行黜革纔可至少進童生則斷斷乎爲格言也但須放一條大路與他人方肯向上或問其路如何曰

祖宗朝儒士應試仍作民生不得入學其以儒

士中鄉試者儘多今日讀書人多若入學太少又恐觖望生變須得充廣解額如兩京之數每科中儒士一二十名則人人知不做秀才不妨於進取讀書之志既不至於隳頹而濫進童生之弊自可潛消默奪矣

六十二

鄭端簡公曉其尊人吾校公博綜今古之士端簡公方四歲即呼與同寢每事教之十餘歲徧讀古今書及三場文字講解精熟至十四歲方作舉業文不輕作也至發解公年二

十四爾今人父兄子弟俱好名胸中不曾讀得書輕易作文誇於人曰已作文矣未久又誇於人曰文已通矣非徒無益而反害之此之謂也　嘉興府題名記鄭端簡公嘉靖癸巳年所撰云德政入人深至於今思之不衰者楊公繼宗徐公溢也其不濫與如此自癸巳至今辛丑凡七十年予生也晚聞見孤陋不敢妄為評隲而輿論所喜談樂稱者如趙公瀛之方嚴劉公愨之循良王公聡德之清介或可以續二公之後乎　端簡公任南光

禄寺卿見洪武時故牘膳羞甚約親王妃既日支羊肉一斤牛肉即免支或免支牛乳御膳亦甚儉唯奉先殿日進二膳朔望日則用少牢

六十三

顔子深潛純粹是他天分如此博文約禮是他傳習如此如有所立卓爾雖欲從之末由是他地位如此一問為邦夫子就告以放鄭聲遠佞人二事是有氣魄的事非温軟人做得畏匡在後便說子在回何敢死若不在必

不甘休看他何等剛斷和風慶雲四字宋儒也只對却孟子道得一邊非通論也

六十四

宋諫官王覿劾執政忤旨落職知潤州曾公肇封還詞頭言覿之一身出入內外不足為輕重陛下寄腹心於大臣寄耳目於臺諫二者相須不可闕一今覿一言論及執政即日去之是何異愛腹心而塗耳目豈不殆哉上悟加覿直龍圖閣

六十五

高南宇先生儀為大宗伯戊辰同年數十人覲政本部有進士未應選者見先生求差還籍先生曰討差一節是進士大不好的事不過假差還家一番添得一番榮耀却有終身事被他壞了的果有萬不得已之事然後求之可也先生之言真是藥石

六十六

不拘郡邑官前邊有好事後人未必效法有一不好的事却私便身圖後人准准學他吾桐有一父母官赴會城考滿學校諸生迎至

北新關今父毋正官自浙江来則迎至錢塘江濆自鎮江来則迎至鎮江若蘇州尤耻以為近不知何年何官方能痛華此病而一見恬退之風也　知縣於諸生為提調官　先朝常加考試提調官得行鞭朴口稱止曰老大人今不以老大人為尊而必以老師為親富家宦族類餽厚幣拜為門生其不才者每乘此囑託反以覔利其利愈厚則餽師益豐師非不覺而誤受彼此意原不在送文請益問也盖自萬曆戊戌以至辛丑而官箴士風

澌滅矣哀哉　金之川燕嘉靖癸丑進士安慶潛山人爲桐令來聞有秀才拜門生者亦未聞有秀才餽送者有公宴則儒學三愽士與鄉先生共席先賓三愽士而後鄉先生想自開縣以來舊規如此至萬曆間而愽士某江右人曲意事令口呼老堂尊夫堂尊丞簿輩所稱也儒學自來無此稱稱之自某始今間招鄉大夫飲則愽士坐主席不復列于上矣誰問舊規爲哉

六十七

不佞嘉靖庚戌入泮及見太守以下黎明詣廟至丁祭則設鋪於兩齋皆齋宿而致祭焉恐自丙辰以後而此規隨廢歸田後見太守季考諸生有一年而發案者有七八月而發案者先期失處賞賚臨時慢事朔望日諸生說書甚少即說亦漫無可否夫儀失禮若罔聞知自以為老成寬大而諸生放恣則自此釀成矣

六十八

吾湖莊懿公珪為御史大夫雲間張東海先

生汝弼官太守予得睹往跡張手札上閔公稱曰朝瑛都憲執事朝瑛閔公字也此成弘間前輩風味想不獨東海一人爲然俯視今日尊稱有二十餘字者不勝其陋矣

六十九

今天下諸事慕古衣尚唐段宋錦巾尚晉巾唐巾東坡巾硯貴銅雀墨貴李廷珪字宗王羲之褚遂良畫求趙子昂黄大癡獨做人不思學古人且莫說　國初洪永間只嘉靖初年人也不追思倣傚閒有一二欲行古人之

道人便指摘譏貶此之謂不知類也

七十

國家有大吉慶事　詔諸臣例得進階所謂進階者止於本品上進其勳階如不佞官叅議初授朝列大夫進階則朝議大夫之類非謂五品可進四品四品可進三品也往時府同知間住日見忽有金帶黃傘者彼曰進階人亦曰進階誤矣

七十一

里中潘輔之者起家可二三萬金其子某心

事坦直無顧後慮兒女親唐生者欲援例須三百金家貧不足潘賣米四百餘石代為納唐得卒南雍業焉後官均州吏目官囊可二三千金潘故其子即吏目壻也家事日落不加一念不施四五金之報亦不具雞黍帋帛致奠於潘之塋遠邇皆唾罵吏目不知官所自來云

七十二

萬曆壬寅二月桐令楊公日森上官李子辭以右目眊令僕通姓名不親候居旬日作書

具下程差僕候之楊公荅書過謙求教懇懇

又月餘李子因訪方伯馮公入座楊亦偶来訪馮其下人報李子在內李子避之馮圃令固求見差從請者三馮使請者再李子辭以冠服不具令又曰願易冠帶入圃又託方伯面懇曰廹斯以見矣李子曰此賢者之事予何敢冒焉弟士大夫相見貴成禮禮不成則吾三人胥失之不可請令還邑李子具衣冠先拜而後令荅拜如何令從之邑人觀者皆曰李子其達下禮乎

七十三

同年沈豊陽藻海塩人自二十歲至三十九俱館於同邑某姓之家更無別處至登科而後告辭里中寓公龍訓仕終邑博士初館潘姓訓其父又訓其子歷三十年不但課以詩書凡為其身家謀者靡不至焉兩君温雅從厚大畧相同背也沈官不顯壽僅幾六旬而卒龍享年八十餘又乏嗣天之所以報善人者何弗齊乎

七十四

况鍾字伯律江西靖安人始以吏事吕尚書震以尚書薦授主事遷郎中擢蘇州守授璽書假便宜從事初視事佯為不解事者諸吏抱案牘環立請判鍾左右顧問吏吏所欲行止輒聽而諸弊蠹悉識之於是吏大喜謂府公愚通判趙忱肆慢侮不校既月餘命左右具香燭案呼學官子弟及僚屬畢來云有勑未宣今宣勑勑中有僚屬不法徑自拿問語於是諸僚皆惕息恐慄禮畢坐堂上呼衆老前曰吾聞郡人多武斷傾害良善吾不能如

閻羅老子自剖別今以屬若等其速以善惡户報善者吾優視之禮請其賢者與鄉飲惡者吾且為百姓殺之今列二簿俟之矣已召諸府胥悉前大聲言某日某事汝作如此擬應竊賄若干某日某如之群胥股栗不敢辯鐘命引出擇有膂力者四人擲一胥空中攧殺之不死鐘大怒曰吾為百姓殺賊鼠輩顧不為我盡力耶高投之必死不死若鼠輩死矣於是立擲殺六人尸諸衢乃盡斅屬吏出貪墨者五人庸懦者十餘人郡中不寒而栗

謂太守神威咸畏法不犯於是掃剔諸宿蠹置通関勘合簿防欺詐痛繩衛卒之為暴横者而郡禮始尊簿得民善惡名籍而榜列之示懲勸令民婚喪必以禮諭告反覆而校督其不如命者戒禁大行蘇賦重而官田尤甚民苦之鐘為奏減重賦焚香祝天乃具疏上卒得請復與周文襄畫收糧法建濟農倉置綱運簿防運夫侵盜置館夫簿防非禮需索綜理周密而行之又甚不難大抵鍾為治專戢豪狡撫善良至寒門下士挾片藝皆獲收

故吏畏民安述職錫宴賜詩九載滿民上章
乞留者八萬人楊文貞贈之詩十年不愧趙
清獻七縣重迎張益州竟卒于任鐘剛果敏
達不畏彊禦嘗上奏與巡按御史爭相見儀
弗慊然度量廓如也興學禮士蘇人至于今
誦之以為廉潔之操一塵不滓操履之介千
夫莫回云其後南光祿寺卿蔚能陝西朝邑
人亦起吏由光祿寺典簿累寺卿進禮部右
侍郎後光祿三十餘年未嘗持一禁臠歸家
嘗偕僚聯名疏請查入內供應器皿下禁獄

問而由能奮曰上怒不可測能老矣當獨
任不以累諸公也獨受責降官未嘗有後言
論者謂以吏奮身如能與况鐘者殆士人高
等何可以資格拘也

七十五

孫承祐吳越王妃之兄憑親寵恣爲奢侈每
一飯宴凡殺物命千數常膳亦數十品方下
筋所居室中爇龍腦不下數兩從車駕北征
以橐駞負大斛貯水養魚自隨至幽州南村
落間日巳旰西京留守石守信與其子駙馬

都尉保吉及近臣十數人尚未朝食適遇承祐即延所止幕舍中膽魚具食窮極水陸但取恣口腹不計其費也死不數年子孫皆乞丐餓死

七十六

嘉靖戊戌進士陳憲城中人通于其氏其夫亦寖知矣然以其為進士或利其有忍弗發也久之聞陳與氏議欲殺其夫一夕將曉兩人熟睡夫先殺妻復殺陳刎二首槌郡門訴太守太守壯之後五十餘年予里中廣福寺

僧姦一婦厥夫亦殺三人頭告之官皆得免罪

七十七

里中有中人之家貸錢開油餅坊其傭工人與市上一人劇飲而醉相毆傭工人推其人墮水死主人不知其飲亦不知其互毆也事聞于官官不詰責下手之人主人費六七十金半償死者之家半路衙門人事竟得寢今嘉湖間皆然假如親弟殺人貧甚有兄饒裕被害家竟訟其兄而置其弟財盡家破縲罷亦

不聞弟有伏義賑兄者此等寃枉朝廷何由而知不佞竊憤之然舌柔於締即對有司道著彼亦認作老人迂濶爾

七十八

萬曆二十八年庚子冬烏程地方有云七里者著姓溫族所居也其姓人有婚嫁事故事設酒宴隣近人其許薄衆不喜又有怒其邀不徧者衆即揚言曰嫁女酒任汝薄却恐救焚酒薄不得難道不請我們是夜先用討扃其處外使內者不得出更餘縱火自外焚之

其家男子以送親不在婦人及眷婦凡九人二婦又懷姙而諸婦女俱在臥榻被火倉皇莫措開門不得出家故開油坊畜牛数頭牛驚火㖃跳奔躍撞諸婦慘酷難狀不踰時屍雜諸煨燼中難識認蓋死者凡十一人而牛不與焉諸縱火者竚橋觀火拍手大笑郡邑及觀察公初聞亦駭其事然卒以為無證不加嚴究死者雖多含冤而誰恤也傷矣哉傷矣哉此地方亘古以來大變恐不應埋沒縱悪到此

七十九

里中趙姓者出南渡後裔趙某少讀書有義氣父沒其母通其伯趙已積慮一日目睹用釗殺伯母卒自盡越五里許錢君子明卒有妾通於門下客客日食飲於主人受恩厚共次子生員亦用釗殺客告之邑大夫金公燕金同可將屍擲之水不必聞官也嗟乎錢子幸而遇金爾若移至今日不知府縣生事妄費受累到恁田地

八十

司禮貴人孫隆號東瀛監蘇杭織造此老讀書識事體蘇杭山水景佳處不惜厚費多所點綴曾於岳武穆神像前用銅鑄秦檜夫婦万俟卨張俊四像俱鐫姓名於胸次跪之殿中欄以木柵圖不毀不十年予再遊岳墓惜四像已不存矣士大夫求一時之利不顧名義殺人媢人如四人者比比有之可惜可惜

八十一

世宗朝大學士翟鑾柄國其子二人一榜俱中甲科給事中王交浙寧波人論劾有一鸞

當道雙鳳齊鳴之語賴

主上明聖不少假借二子進士俱革仍編戍籍

八十二

陳恪歸安人猶澹劼毖卬首如癡然令縣視民如子為大理丞家食會歲歉饘粥不給蔫者謂其氷清于潔此四字

孝宗皇帝書之御屏恪官至大理卿子應和官至右方伯清約一如父風

八十三

漢武既崩昭帝不永漢幾岌岌矣霍光以畀

姓鄉行剳見事廢昌邑王賀而立宣其勝畧功勛不在伊尹周公下嚴延年獨劾奏大将軍擅廢立無人臣禮奏雖寢然此奏天地間不可少與武王伐紂應天順人而夷齊叩馬一諫意同惜延年人品不夷齊若爾

八十四

仕為邑令郡守有暇時不必讀閑雜書只看龔遂黄霸兩治行傳其有裨益甚大遂為昌邑王郎中令剛毅有大節時諫諍於王及治渤海年七十餘勸民解兵器力田畝戶種樹

畜雞豕而盜自息不煩刑也上以遂年老不欲勞以公卿拜水衡都尉覇亦先教化而後誅罰務在成就全安外寬内明故得民心而上下詔旌之所重只在宣布詔令百姓嚮化豈像今日専事催科善事上官為也覇由頴川徵守京兆尹後遷御史大夫卒代丙吉為丞相觀於漢臣之所治郡及上之所以待治行者而古今治亂迥異厥有由矣

八十五

陳壽字本仁新淦人戍籍遼東成化八年進

士弘治元年以都給事中陞大理寺丞御史爭寺丞劾公吏部尚書三原王公言壽薦正稱執法吏改南光祿少卿陞卿南鴻臚十三年陞僉都御史巡撫延綏十六年陞南京副都御史正德元年南京科道劾逆瑾被逮公抗疏救諸言官瑾怒奪職八年薦起巡撫陝西未幾遷南京兵部侍郎九上疏乞休陞南京刑部尚書致仕初壽在科萬貴妃寵族人橫甚中官梁芳又結妖僧繼曉公疏論繫詔獄得釋在榆林會火篩入寇出奇兵却之加

俸一等既歸田杜門謝客陝西鎮守內臣廖鏜暴雹吏民楊文襄公言公忠鯁輕去就宜起公撫陝公至陝鏜畏歛戢比公去陝人號哭擁公不得行公卒久之都督楊宏陝人也上疏言壽仁廉恤下知兵能遏虜請卹其後公歷官四十年大半在散地食祿任事不久而廉名最著老無所歸諸子旅寓飄泊公歿不能塟久之親舊相周僅歸其喪公為言官時直論時政得失不彈劾人曰吾父戒我勿作刑官枉人若言官枉人尤甚吾不敢妄言

文襄公曰宋王素爲諫官言人才難得無事之時當爲朝廷愛惜程明道爲御史告君丨丨使臣拾遺補過則可若搜索臣下短長以沽直名臣不能也本仁得之矣長子以蔭仕至知府能讀父書亦以清謹稱

又

受人之恩而不忍負者其爲子必孝爲臣必忠　有施貴勿念受施貴勿忘

八十六

有賈人乘車而出道遇朱衣婦人求載載之

賈曰男女何可同車吾當徒步爾婦感其義詢其鄉貫住址賈為詳道婦曰汝勿遠行其日汝家當有回禄之厄六神俱已著字可急回徙其家資什物廬必燬矣言畢忽不見賈如其言竟得免于全禍朱衣婦蓋火星之神也

八十七

二千石本尊自郡中設守巡道則士民習見二千石素衣卑礼日漸生輕狎心有情告府不伸便欲求伸於道太府且然其藐令不必

言也即如督學使諸生習見素衣侍坐於三院近来末俗巳多輕狎心須效两直隸設提學御史庶為救弊之微權乎議者又謂守巡道如嘉靖以前專駐會城有故則暫臨各郡此亦未為不可

八十八

萬曆壬午間成安吴公善言以中丞督撫我浙夜夢獼猴数百紛擾於前爪傷其面驚覺言於館賓金大輅曰此公侯封兆也吴曰不然方夢寐時精神恍惚殊驚怖不寧恐非

吉徵也吳時承江陵風吉議減兵餉營兵擾

嚷控訴吳不聽衆遂鼓譟破幕府門擁吳出

走營中備極毆辱果傷其額流血被面褫職

羅歸此浙之兵變也

八十九

里中許彥芳彥才兄弟同居彥芳病瞽目予少同其兒輩讀書目睹盛暑中彥才携其兄手合口歌唐人詩往復数四不倦此同氣白首盛事甚有故家遺風焉

九十

吳孝子名璋字廷用吳江人年十一歲而孤母陸氏守節永樂癸卯命選天下孀婦給事内庭陸以例行宣德丙午随親王分封廣東韶州改封江西饒州孝子棄家往来二藩時母子不相知者二十年矣孝子哀痛不已誓

欲求見正統丁卯啓本情甚懇切王憐而許之遂得入見養贍所而陸已病篤不能言孝子計無所出退而焚香籲天刲股作糜以進陸啖之遂甦於是母子相勞苦抱持以泣王聞而召之賜白金五兩綵段一疋奬諭而遣之陸竟以舊疾卒於旅舍舁櫬歸葬先兆哀慕終身○初往韶州舟中設觀音像一軸朝夕禮拜求見其母誠心懇惻哀聲可掬將至廣偶患痢一日百餘起昏瞶中猶諄諄呼娘不置頻同行僧蘊空護視得無恙及抵韶而

陸已移江西矣遂與僧別從陸路徃饒州奔馳沙磧間兩足俱腫自脛及指分分皆裂不復能進乃卧野寺廊間有道人自言姓焦解囊取藥傅之隨傅隨愈明日兩足完好如初一日行過嶺有黑蛇從草中嚙其足即昏聵倒地復見前道人至以藥塗之即于嚙處抽出黑涎尺許而愈宿一孤村有婦人出留甚殷勤具湯沐浴方登榻而婦人求薦寢孝子曰吾半死枯藤豈有春意力拒之出門而路上雪深一尺徬徨風雪中勉強前進憊一枯

廟中忽見焦道人冒雪而來撫之曰為母忘軀若是乎真鐵漢也出餅與啖頓忘飢寒天明尋路而行及至饒扣王府門訪問則母果在也啓本求見不允屢啓屢不允乃就府東賃一室中書思親二大字傍帖云萬里尋親歷百艱而無悔一朝見母誓九死以何辭江右士夫憐而與交贈詩文以慰之孝子素善銀工其業極精府中諸内史見而悦之求造器飾遂有為之地者復具啓以進中有云危嶺草深幸脱命于毒蛇之口寒更雪擁幾失

身于婺婦之門王問其故左右以實對王大賢之遂允其請子孫為尚書者二人京堂藩臬者數人至今科第不絕

又

東廣陳海山先生丙辰進上名萬言時為江右督學使此老真率肯訓誨後學從滕教樂白江右人錢財難得汝與他省得銀子三分時彼百姓夫婦睡在枕上也說汝好余時念其言不忍悖也

九十

萬曆辛丑之七月榷稅私人橫索民財而蘇

城六門尤甚有葛誠者號召數百人手不持刃而動中紀律手捶私人八九人至死焚燒鄉宦與私人通者一二家誠即自投府願入獄待死太守義之誠在獄士大夫有餽酒殽詩詞者受絶不受金錢一時名譽遐布斯舉也故相申公中貴孫公多所調和保全甚衆雖事出駭常而葛誠者其罪固在不原激烈有足稱矣

九十一

建安李公羔太宰默之弟也令吾桐邑其貌

矍然其見卓然其守礭然不俟强制也發號出政咸有成規不可撓易尤嚴於生員入見見亦不假顏色在邑二年無分毫可疵惜也上官輕其貢途又值太宰遭纔之後卒為鹽臺所劾而去予友槐江錢君貢詳其為令事欲為立碑識思未遂遽余僉閩憲公逝未久也予得為文而奠之○公居官廉靖持法無可訾議嶶人汪其宋其輕其由貢途也誣訐之太守納兩人千金之賄初頗加意於李卒雜織去官無何太守大察以貪坐褫問後來

淛聽理天道好還然哉

九十二

嘉靖二年癸未以至二十年辛丑廷試例進呈舉人所對策十二卷不但俱經御覽且奉有御批詞指朗朗為章於天真自古帝王之罕儷也辛丑以後臣不及睹○嘉靖八年己丑取中唐順之等廷試賜羅洪先程文德楊名及第先是大學士楊一清等以洪先文德名及唐順之陳束任瀚六卷進覽上一一品題首卷各御批於洪先曰學正有

見言讜而意必宜擢之首於文德曰探本之
論於名曰能守聖學以為此知要之說於順
之曰條論精詳殆盡於東曰仁智之用著之
吾心此不易之說於瀚曰勉吾敬一之為主
忠哉六策以有　御批刻録○乙未殿試
上親賜策問其讀卷畢降諭曰卿等所進卷
朕各覽一週其上一卷正合題意周道善而
備朕所取法其三說仁禮為用夫仁基之禮
成之亦甚得其意其上四論仁敬夫敬而能
仁可以保治矣其上二畧泛而滯於行其下

二郄似讜雖與題不合言以時事故朕取之可以甲首餘以次列去盖自有制科以来朝廷策士未有親承聖問躬自披閱如是舉者後禮部因以聖諭恭列登科録篇首其十二人對策俱以次刊刻非似别科僅録鼎甲策對而已其上一韓應龍上三吳山上二孫陞下二李璣上四趙貞吉是科自鼎甲外九人皆選庶吉士皆留官翰林其後以尚書入内閣者一人郭朴兩京六部尚書八人吳山孫陞趙貞吉李璣尹臺康太和林廷璣何維栢

庶吉士之致高位亦惟是科為盛獨榜首韓應龍以早世官不振

九十三

做得一分好人定有一分効驗里中陸公孝先篤朴温厚人稱長者邑大夫延致鄉飲賓其孫媳病癇大詈翁姑於公則絶口無一惡言相加恭敬如平時人尤異焉

又

韓魏公琦為丞相每見文字有攻人隱惡者即手自封之未嘗使人見　杜正獻公衍歷

知州轉運未嘗壞一箇官員其間不勤者即委以事使之不暇惰不謹者諭以禍福俾之改過自新或咎公持心太恕公曰為政去其太甚者爾　胡文恭公宿知湖州前守滕公大興學校費錢不貲滕去群小菲然謗議通判以下不肯書其簿公當坐折之曰滕侯之謀倘有不臧何不早發俟其去乃非之豈古人分謗之意一坐大慚

九十四

范文正公為參政與韓富二公銳意天下之

事患諸路監司不才公取班簿視之每見一人一筆勾之以次更易富公素以丈事公謂公曰六丈則是一筆焉知一家哭矣公曰一家哭何如一路哭耶遂悉罷之

九十五

廉潔所以立身卻只了得自家事不得因此自恃形人之短漢世原涉父爲南陽太守卒于官例得賦斂送葬在萬金以上涉一切辭之名滿天下竟以任俠殺人終於自殺又何取于廉潔也孟子說獻子之友五人只取他

無獻子之家無之一字不容易得故無之一字不可無有之一字不可有人一有有心便生出許多害来故曰讓者有而不居之謂也

九十六

孔道輔字原魯知寧州道士繕真武像有蛇穿其前数出近人人以為神州将欲視驗上聞公率其属往拜之而蛇果出公即擧笏擊殺之州将以下皆大驚已而[illegible]大服由是知名天下

九十七

陳希夷先生摶仙品也然所言何嘗方遠迂濶周世宗召至闕下問以黃白之術對曰陛下為天下君當以蒼生為念何暇求此大宗召之宰相宋琪等問元默修養之道對曰正使白日昇天何益於治主上仁聖有道正君臣合德以治天下之時修鍊無以加此上喜甚太祖微時與太宗趙普同遊希夷一見喜甚左手綰太祖右手綰太宗愈顧愈喜頭上巾為棹落已而飯肆中趙普與二帝列坐希夷扯普坐傍蓋已燭其君臣之定分矣

九十八

石守道作慶曆詩忠邪太明白韓公琦與范公仲淹適自陝西来朝道中得之范公拊股謂韓曰為此恠鬼輩壞了韓公曰天下事不可如此如此必壞萬曆廿二年甲午浙代巡彭公應參按湖謬愛不佞媢不佞扁曰真君子第夫不佞本非真君子也此扁一出湖之士夫俱笑曰然則吾輩皆真小人耶彭不但無益於不佞其損不佞多矣不佞已而自悔方送扁時還欠極力推辭此不佞資質庸鈍處

彭按臺之被逮也官校奉　旨行法於嘉之西水驛環驛觀者何止萬人皆爲流涕所遇亦云顛沛矣嘗曰不俟差一使通書臚以十金蓋荅其禮貌之慇懃也公如故荅書却金不受書出手筆若不被逮然得古人蒙難而弄之意不俟預卜其無大禍已而果止以爲民還籍

九十九

杜正獻公衍越州人嘗戒門生曰天下唯漸人褊急易動柔懦少立衍自在幕府至於監

司人尚不信及為三司副使累於上前執奏不移人始信之吾子慎勿為時所上下也李予曰凡吾浙人可以自考自勉

一百

呂誨字獻可官御史中丞王安石初參大政上意所向時議亦翕然重之獻可上章彈劾温公亦謂其太遽也已而皆如其言故温公嘆曰呂獻可之先見范景仁之勇決皆予所不及　范鎮字景仁成都人故事殿庭唱第過三人則奏名曾為首者必抗聲自陳以祈

恩雖考校在下天子為擢上列以歐陽公之耿介猶不免馬景仁獨不肯衆始服其恬退白是士知以自陳為耻

一百一

薛簡肅公奎絳州人契丹使蕭從順来朝時明肅太后垂簾聽政從順謂南使至契丹者皆見太后遂亦請見朝議未有以决公獨以理折之從順乃止近年關白遣小西飛来朝朝議請　主上臨御見之百官俱服大紅右都御史兼兵部侍郎沈思孝獨穿青入朝已

而　主上免朝不出士論皆偉沈焉

一百二

王沂公曾正色立朝與丁謂議論不合謂爲山陵使附内侍雷允恭擅移動陵穴沂公托以他事後諸朝臣秉間奏上太后大驚差官按劾其事謂遂得貶公雖以計出謂人不以爲詐也

一百三

劉元城先生名安世字器之大名人與溫公爲同年契因從學於溫公者數年溫公薦充

館職且語之曰光居閒足下時節問訊不絕光位政府足下獨無書此光之所以薦也章惇蔡卞用事必欲致公於死故方竄廣東則移廣西既抵廣西則遷廣東閒關遠道人皆謂公必死然七年之間未嘗一日病年幾八十堅悍不衰此非人力所及殆天相也轉運判官某章惇之私人也必欲殺公以報惇郡將遣其客來勸公治後事涕泣以言公色不動轉運離貶所二十里家人聞之益號泣不食公飲食起居如平時夜半伺公酣寢

鼻息如雷也忽聞鐘聲上下皆驚黎明問鳴鐘者則轉運因[illegible]歐皿而斃 公亦無喜色

蘇子瞻與客論元祐人才至公則曰器之真鐵漢不可易及也今江西南安府地方有鐵漢楼

一百四

憤世不如玩世多情不若忘情文過不如改過能言不若寡言 譬諸賢於我者則道心日長譬諸貧於我者則侈心日消

一百五

張忠定公詠字復之濮州人自爲令以至尚書其政大都以嚴明爲主然却肯教導人如民有買菜於市者公怒之曰何不自種而食情若此笞而遣之所以殺人頗多不入於酷至如賊有殺耕牛逃亡者公許自首拘其母十日不出釋之再拘其妻一宿而来公斷曰拘母十夜留妻一宿倚門之望何疎結髮之情何厚就市斬之於是首身者繼至並遣歸業治才真奇絶矣

一百六

金日磾本匈奴休屠王太子與毋閼氏弟倫俱沒入官輸黃門養馬卒拜馬監武帝甚信愛之長子弄兒常在帝傍或自後擁帝項後弄兒壯大不謹自殿下與宮人戲日磾適見之惡其淫亂遂殺弄兒帝大怒泣涕嗟乎人臣有不私其子如日磾者乎天下何事不可辦只爲情欲之私割絕不斷庇護其子孫因以亡家誤國殆日磾之罪人也

一百七

董潯陽先生份人但知其有過不知其却有

過人處教子課孫甚嚴整得前輩人體段待至親故友無所不用其厚可惜不免好勝之病

一百八

湖庠名士黄榜唐先生入室弟子也以貢仕爲南平學諭不佞僉閫憲及與相與不五六日即請過衙内叙舊論心公言偘偘誾誾無一毫阿附意礽不以貧故語及地方事云卒以毋年八十乞歸當路留之者衆余爲白之撫院耿楚侗先生資其路費得歸尋卒

一百九

富文忠公弼再使契冊只為獻納二字國書與口傳之辭不同不憚馳還奏曰政府故為此欲置臣於死臣死不足惜柰國事何呂夷簡爭之曰恐是誤上以問晏殊殊亦曰夷簡決不為此誠恐誤爾公怒曰晏殊奸邪黨夷簡以欺陛下公殊之壻也其忠直如此公豈三代以下人物哉若在今時則病富公以為行薄不能委曲者十居六七誰云朝廷大事為重

一百十

范延貴為殿直，押兵過金陵。張忠定公為守，問曰：天使沿路來，還曾見好官員否？范曰：昨過袁州萍鄉，邑宰張希賢者，入其境，驛傳橋道皆完葺，田萊墾闢，野無惰農；及至縣，則廛肆無賭博，市易不敢諠爭；夜宿邸中，聞更鼓分明。以是知其必善政也。忠定公大笑曰：希賢固好官矣，天使所取若此，獨非好官耶？即日並薦於朝。

一百十一

劉恕字道原筠州人與王介甫有舊介甫參大政欲引道原修三司條例道原曰天子方屬公以政事宜恢張堯舜之道不應以財貨為先介甫尚未怒也及呂獻可得罪道原往諍之極論所更法令不合衆心宜復其舊則議論自息介甫大怒遂與之絶今與政府為故人者如道甫幾何人哉

一百十二

陳師道字履常因侍從合薦為徐州教授傳公欽之初為吏部侍郎聞師道游京師欲與

相見先以問秦覯覯曰師道非持刺候公卿之門者殆難致也傳曰非所望也吾將見之惧其不吾見爾子能介於陳君乎傳知其貧甚因懷金餽之及覿其貌聽其議論竟不敢以出口　明蔡春臺國賢為蘇州守王鳳洲同諸公具帖欲邀酌既見蔡亦不投帖而出其事畧與陳傅同

一百十三

真宗即位自未嘗除右僕射一日以命向公敏中翰學李昌武當對上命潛察敏中家有

賀客否昌武往向徐賀曰今日聞降麻士大夫莫不懽慰公但唯唯又曰自上即位未嘗端揆非徳重眷殊何以至此公復唯唯又歷陳前世僕射榮遇公亦唯唯卒無一言親戚賔客無有来賀者中厨寂然不設宴昌武具以告上上咲曰敏中大耐官職

一百十四

環慶大饑師守坐不職罷去范公純仁代之至則餓莩塞路若無穀以賑恤公欲發常平封樁粟麥以賑之州郡皆欲俟奏請得旨後

散公曰人七日不食即死何可待報諸公但勿預吾寧獨坐罪也

一百十五

趙抃字閱道衢州人王荆公初參政下視廟堂如無人一日爭新法怒目諸公曰公輩坐不讀書爾趙公獨折之曰君言失矣如皋夔稷契之時何書可讀荆公默然　熙寧中以大資知越州兩浙旱蝗米價涌貴死者十五六諸州皆榜衢路禁增米價閱道獨榜衢路令有米者任增價糶之於是諸州米商輻集

于越米價更賤民無饑者

一百十六

韓魏公琦在大名得玉盞二隻表裏無纖瑕可指絕寶也每開宴特設一卓覆以錦衣俄爲一吏觸倒玉盞俱碎公神色不動咲謂座客曰凡物成敗亦自有數顧吏曰汝誤也非故也何罪之有　公帥定州夜作書命侍兵持燭侍兵旁視燭燃公鬢以袖摩之作書如故　古人不但知人又能知己且不難扵屈已歐陽文忠公嘗曰百歐陽脩不如一韓公

其自屈如此今人有歐陽公地位那肯讓人筴来只是未嘗學問　入内都知楊懐敏坐衛士夜盜入禁中驚乘輿出為和州都監然懐敏用事久勢動中外未幾召復故職胡文恭公宿知制誥封還詞頭不草制論曰衛士之變蹤跡連懐敏得不窮治誅死幸矣豈宜復在左右其命止　宿常州人字武平　蔡公襄為文清遒粹美尤工於書畫頗自惜不妄為人書仁宗尤愛稱之御製元舅隴西王碑文公奉旨書後命學士撰温成皇后碑文

又勅公書公辭曰此待詔職也余謂成蔡公之美者賴宋仁宗在上若後代便有此行不去　王懿敏公素旦之子也仁宗問曰大僚中誰可命相公對曰唯宦官宮妾不知姓名者乃可充選帝憮然曰其富弼乎公下拜曰陛下得人矣　劉敞字原父吉州臨江人判考功時夏竦卒賜謚文正公上疏曰謚者有司之事也且竦行不應法今有司各得守其職而陛下侵臣官疏三上天子嘉其守改謚謚文莊公曰姑可以止矣　唐介貶嶺南將

行上遣中使賜介金又畫其像於便殿改施
復州未至召充言事御史帝曰知卿被謫以
來未嘗以私書至京師可謂不易所守介頓
首謝退就職言事無避如前君臣直千載
一時嗟乎不通私書於貴人者今世未嘗乏
人也安得受知如介乎

一百十七

劉松石公天和父家居夜有盜入其室抱而
視之族人也不為驚怖喊叫款諭之將已
財物盡共資其貧終其身不言松石公父卒其

人感德痛哭幾絕事在麻城鄉賢祠記

一百十八

福建長樂縣陳姓最著本朝登甲科者二十七人登鄉薦者四十餘人自正卿亞卿翰林科道以至二司郡邑官皆有任之者予仕閩及交亞卿公省號幼溪省之父雙溪者亦甲科官不甚顯爲人却剛正最有家法雙溪宴邑父母官者止出送酒不侍坐客前父只呼陳省一日予同右轄吴君送天使渡海封琉球幼溪用二人肩輿下訪邀酌于其家子舉

人数里外来迎甚謹恪亦不待酒予二人羅
酒送如初較吾鄉士大夫子弟不知禮者天
淵矣　陳氏長樂之十二都人是都馬鐸中
永樂九年壬辰科狀元未第時母逼於嫡母
改嫁李氏生子名李馬識不忘馬也繼鐸戊
戌科亦以狀元及第
成祖御筆於馬字傍加一其字因名李騏同胞
二昆甲且前後相繼蓋人文之異数云

一百十九

予為舉人赴省起文會試時嘉郡伯唐岩劉

公懿已為右方伯矣謁之敘話云昨貴府一士夫令郎來見長揖不行跪禮余問姓誰公曰不必言其人又曰貴府申文云鄉官縣不作里長予批曰此載何令甲公江右萬安人宦族世家其言論如此豈萬安士大夫未嘗不編里長耶

一百二十

羅念庵先生洪先嘉靖己丑㒷甲父循登進士官副使毋有賢行在任與同寅閩人宴集布衣荊簪介於珠翠文綺之間或勸之加飾

曰朴素乃吾性爾　先生父宦游見一寺停棺七具捐俸金命僧瘞之已而產先生自號念庵言一念之善也大鼎天下人亦以爲陰德云

一百二十一

余入桐邑偶邑幕到任有一二甲科仕宦以金花二幣賀之侍御錢君巡廣西而邑幕廣西人也幕具帖治席敢於邀侍御君此二事恐是宇宙間恠事

一百二十二

湖郡守萬公不知用何術凡富民之家設宴款仕宦公悉知之闇召富民曰汝請某鄉宦飲將以恐喝細民耶民惶懼求免責一日命二富民修學宮工畢勒碑富民懇仕宦求鐫姓名於碑陰公召而詰之曰太守命汝修學宮汝應命分也柰何欲令姓名同太守勒於一石耶杖而遣之

一百二十三

吾桐自宣德四年析崇德而縣此周文襄所經畫也聞令初選者牛姓名用和上覧之曰

生民之父母何以姓牛　御筆改牛字為生字此不知果否然事在　祖宗朝不以令卑官而弗加念况縣當首創理或然也

一百二十四

弟子群集侍唐先生先生曰人生世間做的一事要做帶得棺材裡去的方好弟子驚問曰何物也先生曰棺材元帶不得物件来只盖棺後人人說箇好此便是帶得去的也　一日里中人互争者来訴于先生說那人種種不是又說自己許多是處言罷先生問曰你

說那人不是信然矣說自家許多是果一毫不說謊否人有良心斯人默然而退　又曰乞丐不同有有學問的有沒學問的弟子請問何故先生曰乞丐討不得東西飯食退而自怨自責莫不是我口氣硬又不看得主人顏色討之非其時或少至再至三所以求討不來這等便是有學問的乞丐若求討不得退後便呪罵主人一些不說自巳不是這便是沒學問的先生斯言借賤以喻貴有痛省後學之意　天下不明之事賢者不能脫然

凡居官被黜退或外補或降調准定駕一詞說某人恠我所以處我至如科道陞轉僉憲知府此亦不見得　朝廷屈我也要尋一箇對頭餙罪自巳不是處全然不加講求此即唐夫子所云沒學問的乞丐也　先生一日嘆曰天下從此亂矣門人問曰何徵先生曰只看爲善的人往往不得利便是

百二十五

不但先聖先賢格言後人當念當守即鄉黨先達老人說話日月愈久則愈有徵驗吾湖

閱莊懿公戒子孫置田不得過五百畝茅南溪先生嘗曰凡做人家完官秋糧若及五百石這便是豪惡人家了其言有深味可玩

百二十六

學通天地人謂之儒宋周程張朱先生始不負於儒之稱孔子教子夏曰毋為小人儒這小人不是尋常人只為利名念頭割不斷些始皇坑儒這儒也不是汎汎讀書之人當時有一等非先王之道毀朝廷之政自為高論以驚世者故坑之今秀士醫卜濫戴儒冠動

自稱曰貧儒寒儒其鄙人曰腐儒迂儒俗儒此等儒正始皇之所不屑坑者何以儒為

百二十七

排難解紛地方里閈一美事然不易言非公其心愛憎不作潔其守賄賂不通乎其事是非不爽者不足以語此余自四十歲以前鮮見地方處事之人有之則人或懇求而後應者不三十年而以處事為家不求而出者紛紛矣然却為郡邑諸公輕聽人言詞訟任人和息所以此輩獲利又不十年不意我輩讀

書人亦甘心去學處事廉耻掃地大可惜也

百二十八

里中許世英予方讀書古山時常携果見訪坐間諄諄告我曰先生他日及第慎勿受人田產寄在戶上予問何故曰難道不得些利必有一日他家欠了官錢糧府縣比追掛先生姓名出来此時多少醜看

百二十九

距家五里許有顏姓老人年八十七歲少讀書亦頗能詩每出市必經予門予留酌老人

告我曰大人難得昆玉五人俱全不必拘殼饌豐儉須兄弟時常聚首一酌莫錯過好光景也其言甚有可采

百三十

士大夫居官常要思量此官今日要回就回明日要回就回得方好往往見尊官大吏一聞罷職萍然自失哭泣嗟咨繼之可笑可笑然一官特小者爾至於未死時也要常想這死不是極苦極大事要曉得是吾身上一件少不得的事其間也有樂處一日兒女親沈

憲副卒余移書其叔曰唯天為大視一家一人之死如千山萬山墮一黃葉山靈竟不知也不須甚呰這話可與知者道

百三十一

宋人有園丁種菜菜被人盜去者主人詰園丁園丁曰自己固要喫也須著把些與他人喫主人默然曰也說得是

百三十二

人才不以多寡為盛衰取中才十人不如取傑士一人今之郡邑當督學按臨誤認人衆

為盛動稱作養人才　督學多取至併其不才者而進之都是只管目前學問若想着這不才的他日究竟如何自然不輕進了然予少時所見不過郡邑曾取首名或督學見遺故復　收之未至於私請也其後則為鄉縉紳請矣又其後則為富室請矣難言哉

百三十三

趙心堂南刑書為巡撫時余遣家丁同沈三石家丁候之於宅心堂冠帶出見兩家人送近地僧舍安置已而作書　禮兩家人告辭

心堂仍冠帶出親授書致謝予詰家丁趙爺或有客至乘便冠帶乎家丁曰此時俱無客心堂可謂以禮自處以禮處人者矣敬其主以及其僕豈人所易能哉

百三十四

長興丁靜吾少忝為諸生時曾有延不佞為師之意不果越二十餘年予與靜吾俱官二司一日范巡按繼川臨湖予兩人同謁之坐於客廳靜吾不肯並坐予強之靜吾曰先年雖不及師先生然此念已發今日何可並坐

公有家教子元薦亦登甲科

百三十五

烏程令袁公光宇常熟人在任五載屢值水旱災錢糧屢虧正額停俸方開復停公不介意終其官自不差一皂快下鄉烏程人陰受其大賜不知也操履廉潔無赫赫聲其初任也不佞謁之會袁病不相值已而半載許彼此不相識一日公以公事下鄉至南潯先作一書致殷勤想慕之意約次日下顧詰朝天方明予未及梳洗家人報公已入門矣公能

輕身以先於沉淪之仕宦殆不拘時套者乎

百三十六

不佞讀宋史將日昃意欲飲酒數行適讀至秦檜張俊万俟卨諸人殺岳武穆事心傷淚隨不樂而罷飲次日又讀至史彌遠殺韓侂胄於玉津園其首傳畀金人彌遠固是邪人然殺侂胄以舒神人之共憤宇宙間一大快也不覺呼酒飲二大觥

百三十七

距鎮五里許鈕君明者少貧壯能自立慷慨

有大度起家萬餘金雖不事詩書然出言有序處事近理親友鄉黨有難能不惜勞費以辦紛且不伐功不倿相與四十年未嘗見其誇言傲氣惰貌憂容也年八十餘人無老少咸稱雪舟翁地方倚以爲重云

百三十八

自古及今忠臣義士得天地山川至清至粹之氣貪夫奸臣稟天地山川至濁至戾之氣孔子所謂上智下愚不移也伯夷叔齊不食周粟甘餓死首陽上是上智之品賈似道當

褰樊闔急猶起半閒堂於葛嶺與群妾踞地鬪蟋蟀逮貶循州固是囊橐有備然妾婢尚帶數十人鄭虎臣縊之於木棉庵悉被屏逐非天下下愚而何

百三十九

友人業尚書師事練川湯先生日新先生曰汝等凡作舉業文字不可汎汎把與朋友看其不知文字者不但不能攻其過且加贊美一番非徒無益而反有損我平生文字只把與呂宇嵩穆卜岐山鎬看見餘人不多見也

百四十

近日秀才不惟才高氣傲才不高者亦氣傲小試不利便罵督學場屋不中便罵試官全不反己進脩余嘗教子侄曰學問無窮唐荆川瞿昆湖兩先生二十餘歲就中會元假饒己丑甲辰二先生不第回來二先生亦必更求進難道面壁不復讀書凡人自道高妙者總是没見識虛己下人尊師取友便是人家賢子弟

百四十一

吉安太守周公之屏號鶴阜湖廣湘潭人嘉靖已未進士重厚古雅舉動端凝事有成法可守各屬令不怒而畏如嚴師也以公事下省未嘗遣郵余淦館舍在隔江一日偵人報公駐余命衙内治菜五盤酒一壺候之公怡然相叙不以為薄予曰此非老先生曉生何敢作這主人已而會造黄冊同年張九山謂予曰周太尊曾言造冊事甚妙甚簡我行矣試請教焉得教遵而行之洗凈俗套不兩月不靡財而冊稿告成此可與知者道爾

百四十二

宋方臘淳安人有漆園苦造作局屢酷取之遂聚游手之徒以誅朱勔為名旬日衆至數萬人遂陷建德婺歙衢杭等州吾桐每歲派修上司官船多委之丞簿典史其酷取合用艌船等料害人甚大而船以內家火一切責備管修之官上司不曾議有公價即議亦不及半不知何意一年織造中貴官船亦吾桐認修可笑父母官不肯申呈中貴衙門一申呈他極千極萬錢糧要造金船力亦可辦何

憚而坐視民艱漠然不顧也

百四十三

莫儔黃朴賈安宅吳興人俱狀元及第金人立張邦昌為楚帝宣贊舍人吳革死之莫儔與范瓊等欣然自以為佐命功非端人矣賈字居仁年二十一魁天下以舊學為給事中封駁無所迴避累司文柄皆得成材歷官戶部侍郎

百四十四

吾湖萬曆間仕宦享上壽者二人副憲茅公坤嘉靖甲午舉人戊戌進士至萬曆辛丑冬九十而逝副憲孫公銓嘉靖丁酉舉人戊戌

進上至萬曆壬寅九十尚強健茅濶大不拘細節孫謹飭動有成法材品不同其享天年一也

百四十五

密印寺僧責以通詩書識世故者甚少大都勤儉守家是其所長而學爲詞狀恃老害人處同居之僧不少含忍玷辱山門則五十年来自惠鐙始萬曆辛丑之冬卧火櫃中火自下起四傍皆焚鐙身受慘毒越二日而死天道無心此舉若有擇焉奇矣哉

百四十六

嘉興知府王貽德廣西人在官秋毫無取亦不以地方財結交上官時各邑有三大貪令皆公所劈斷劣處其趙清獻之後身乎　通判張廷相江右人癸未進士以部官謫任閩其清廉平恕頗超流俗嘗織染歲例可二三千金全却者唯公一人

百四十七

士君子居下位其上官相知與否想是命中帶來勉強不得桐令蔡公時爲治行儘是卓

矣乃李公賢太守也獨不以蔡爲賢兵部尚書胡公宗憲初令餘姚此公量大善飲與六邑諸令謁太守胡多飲酣時太守不以爲嫌語六邑曰若輩雖不飲却不及胡也詎不可謂命乎

百四十八

榷稅中貴分督諸省唯吾浙所差馴謹於民不甚擾則司禮孫公與有力焉所可惜者郡邑諸公太是避事應稅物件只憑中貴跟隨人主張其最細者如民間卧床草薦兒童作

戲鬼臉亦在稅中鄙瑣極矣宋仁宗朝農器得以免稅到今仍之

百四十九

宋仁宗朝大内災宮室略盡比早上御拱宸門樓百官皆拜樓下呂夷簡為相獨立不動上使人問故對曰宮庭有變群臣願一望天顔上為舉簾俯檻見之夷簡始拜此舉確有大臣風度　孫公奭愽平人事太宗真仁三朝位至翰林學士永興軍朱能上言得天書真宗躬拜迎入宮公時知河陽上䟽切諫以

為天且無言安得有書得來唯自於朱能嘗
信只聞於陛下其質直如此賴上優容頃之
能果敗　仁宗朝歐陽公脩余公靖范公仲
淹尹公洙相繼抗疏論列大臣蒙貶天下賢
士大夫相與惜其去號為四賢　歐陽文忠
公宦轍所至民便既去民思如楊青南京皆
大郡公至三五日間事已十減五六一兩月
後官府如僧舍或問公為政寬簡而事不弛
廢者何也公曰以縱為寬以略為簡則弛廢
而民受其弊吾所謂寬者不為苛急耳所謂

簡者不為繁碎耳識者以為知言　富鄭公請老家居三上章皆云天子無職事唯辨君子小人而進退之此天子之職也此言可為萬世告君之法　歐陽公不容於時執政賈昌朝陳執中亦惡公欲因其甥女張氏事深治之令蘇安世鞫獄不成蘇云不如鍛鍊就仍乞不録問内官王昭明為監勘官正色曰上令某監勘正欲盡公道爾鍛鍊何等語也公遂得脫昭明之賢於士大夫也遠矣　公權知貢舉是時進士為文以詭異相高號太

學體文體大壞公患之所取率以詞義近古為貴諸以險怪名者黜去殆盡榜出怨議紛然久之乃服而文章始有復古之漸

百五十

王陽明先生弘治十七年以刑部主事主山東鄉試人言一部試録俱出先生手筆前序文古簡絶與近年體格不同五策余少嘗誦讀久而失其本榜首穆孔暉人品端方官至太常卿贈侍郎謚文簡

百五十一

不佞訪巽洲沈先生先生著白巾問曰何制荅曰家侄女適某者病故且無子應有大功服先生時巳八旬其不忽卑幼之喪如此

百五十二

中書令趙公普際時行志事有不當上意反覆奏之不巳太祖欲使符彥卿典兵普以為不可宣巳出普復懷之入奏上曰卿苦疑彥卿何也朕待彥卿最厚彥卿能負朕耶普曰陛下何以能負周世宗上默然太祖之寬仁普之切直三代以後罕得也　曹彬歷典兵

政未嘗妄殺一人初克成都有獲婦女者彬悉閉於一第竅以通食事罷咸訪其親以還之無者備禮以嫁之師還唯載圖書無銖金寸錦之附將而儒者古今罕及宜其子孫之貴盛也彼曹翰好殺沒未三十年子孫有行乞道上者天道詎不昭然

竇儀兄弟五人儀居長家法嚴整弟儼等官既通顯與兄譚時多侍立儀有才望太祖嘗意用之一日召儀語及趙普所為多不法儀盛言普開國元勲公忠亮直毫無忌意儼為學士被召入至

屏樹間不出中使促之不應蓋知太祖燕服
也待上袍笏然後趨出偁質直方正為晉府
記室時每諸王宗室宴集賈琰必怡聲下氣
褒讚捷給偁叱之曰賈氏子何巧言令色之
甚晉王怒已而發極思偁賢自樞密直學士
拜參政且告偁曰以卿嘗面叱賈琰故置卿
左右欲聞直言也　呂文穆公蒙正子從簡
應奏補舊制宰相子起家即為水部員外郎
公辭於上曰從簡始離襁褓一物不知膺此
寵命恐罹陰譴上允之止授六品京官遂為

制辭尊居卑綽有古人風度　公夾袋中有
冊子每四方人謁見必問有何人才客去悉
分門疏記國用文武臣取之袋中而足焉
呂正惠公端以蔭補官至相真宗大不可及
者三事保安軍奏獲李繼遷母萊公議欲殺
之端奏曰陛下今日殺繼遷母繼遷可擒乎
此徒樹怨益堅其叛心耳宜置延州善養視
之上拊髀稱善　太宗大漸李太后欲立潞
王元佐既崩使宣政使王繼恩召端端知有
變鎖繼恩於閣內使人守之而入太后曰宮

車已宴駕立嗣以長順也何如端曰先帝立
太子正為今日誰敢違命遂迎太子立之
眞宗既即位垂簾引見群臣端於殿下平立
不拜請捲簾上殿審視然後降階率群臣拜
呼萬歲　錢若水為同州推官有富民家小
女奴逃亡不知所之訟於州命録事鞫之録
事嘗貸錢於富民不遂劾富民父子數人殺
奴棄水中富民不勝榜箠誣伏若水疑之留
旬餘訪得女奴召奴父母認之父母泣曰是
也乃釋富民罪知州曰推官之賜也欲奏論

其功若水固辭曰朝廷若以此為若水功當置録事於何地耶知州愈嘆服太宗聞之驟加襃擢二年為樞密副使　李文靖公沆真宗初即位公為相日取四方水旱盜賊奏之時王旦參大政以為不足煩上聽公曰人主少年長使知四方艱難不然不留意聲色狗馬則土木甲兵禱祠之事作矣吾老不及見此參政他日之憂也已而文靖之言果驗乃嘆曰李文靖真聖人也　帝問治道所宜先沆曰不用浮薄新進喜事之人此最為先帝

問其人曰如梅詢曾致堯等是也帝深然之

帝又問公曰人皆有密啓而卿獨無何也對曰臣待罪宰相公事則公言之何用密啓人臣有密啓者非讒即佞臣嘗惡之敢效尤乎

寇萊公始與丁晉公善屢以丁之才薦於公而終不用一日寇謂公曰比屢言丁之才而相公不用豈其才不足用耶公曰如斯人者可使之在人上乎萊公曰如謂者相公終能抑之使在人下乎公嘆曰他日後悔當思吾言也晚年與寇交相傾奪卒有海康之

行始服文靖之識　家人勸治居第未嘗荅
弟維語次及之公曰身食厚祿時有橫賜計
橐裝力可治第但念内典以此世界爲缺陷
安得圓滿如意自求稱足巢林一枝聊自足
爾安事豐屋哉劉元城論本朝名相最得大
臣體者唯公一人　王文正公旦屢於上前
稱寇萊公之善而萊公數詆文正之非誠哉
休休有容之大臣也他如處趙德明求粟蝗
死不隨衆稱賀宫禁火災賴以減死者百輩
張師旦兩及門則深惜之大都厚德長者惜

乎晩節不兢受珠買妾不免為聲色所移爾

百五十三

天下無事公卿之言輕於鴻毛天下有事匹夫之言重於泰山蔣子之言也今天下承平無事余所深慨者則謂何止公卿之言輕於鴻毛雖

主上之言亦輕於鴻毛矣何也如吾鎮初設府判專為鹽盜也既而加銜同知又

欽給關防文憑註以係銜為鎮地方何等嚴重而當時部覆且云上司不許差委守巡道不

時巡察萬曆二年間奉
聖旨是矣今同知不署州署邑則終年累月居
郡城衙舍不赴地方盜賊任其縱横鹽販任
其出入何人管着又何曾見上司問来是
朝廷不為地方設官為本府備差備委而設
此官矣若把　旨意為重必不倒闒至此故
愚臣謂　主上之言亦輕於鴻毛非　主上
之言果輕盖諸臣之輕　主上也可為太息
流涕

百五十四

友人同胞兄弟不睦弟余同年友也一日兄招余飯不邀弟遣童子固請余余語之曰上覆大相公不請二相公我不好来得童子去道竟屢邀而罷想其兄覺悟也又一日訪其弟訊曰向来與令兄和氣浹洽否荅曰這幾時不通往来倒好余正色諫曰兄誤矣凡弟兄不睦畢竟為弟者罪過居多即無過古人更有許多宛轉求和工夫若自以為是兄讀聖賢書何用年友默然不以余言為罪卒兄弟相好如初所以君子貴朋友麗澤也

百五十五

今人但見人多過便罵不是人等之為貪歟吾師唐先生不然一日論及潘天泉仲縣先生曰彼有善根可取又論及豊南禺坊先生曰豊特帶些臭氣不是極惡余有一同年某真是惡請問狀先生曰不須指数只夜卧一節家人自十二歲以上俱揆兩手或用枷鈕無輕放者一夕大盜入其室見而駭之問主人何在童子口指其卧處用亂鎗殺死去亦不刼其財也荀子但不當云堯舜偽也其云

桀紂性也恐是確論然究竟紂之惡尤甚於桀武王懸太白旗斬其首以洩天地神人之忿正是聖人作用蘇子曰武王非聖人蓋從子謂武未盡善上發揮是文章家駭人語非通論也

百五十六

歸安李蕖號觀稼鄉飲賓縣令戚南玄公偶以小嫌得罪於一上官觀稼翁多方為解且有所費然秘其事終不令戚知也久之戚擢諫垣去始及聞嘆曰吾在此老包涵中矣嗟

乎今之冨家巨室能包涵父母而不令其知者幾何人哉

百五十七

前輩汲引後學致書游揚大都不令人知余僉憲南閩時徐文貞公尚在與都御史龎公尚鵬書薦不佞不令不佞知也龎一日言及始知之已而轉江右少參潘公季馴亦與陳巡按守軒書薦不佞亦不令不佞知也嗟乎較之索謝發書與計較謝儀之凉薄者其賢不肖豈不徑庭矣哉

百五十八

宋朝諸公在史館者其人雖未必皆賢然畏清議扶公道者儘多如王安石王欽若丁謂章惇蔡確輩實録瑜瑕不掩庶幾太史公家法也　本朝人傑如王陽明先生聞實録有言曰守仁性警敏善機械能以學術自文此三言者或出忌者之筆恐宋人未必肯下也豈古今人果終不相及哉

百五十九

陽明先擒宸濠其初爲諸宦竪所擠既　世
廟登極首擢楊新都與王晉溪相讐晉溪至
下獄謫戍而陽明故晉溪所拔者故訛言萬
端謂南昌之破教人擄掠甚於盜賊及修
世廟實録執筆者新都副之者董中峯董故
不喜王且迎新都意極其剪斥後徐存齋鄭
端簡薛方山諸公皆履其地得其詳事乃大
白伯安復封爵董之説遂大詘

又一百五十九

添設少府劉公治鄱陽人居鎮署延予友頒

生訓其子顏生居數日公每見必懇行責生淹遲有待也一日公子背書少熟顏生呵之要打一書童遂背起公子了一書童扯其兩足一書童送竹箆于顏生責訖公子長揖曰謝先生教至下午掌家開宴生問曰有何客至對曰相公令早責五叔故謝相公劉公世家有家法其尊師重傳嚴課其子固如此